1945~50년대 재일코리안 자료집 I

재일코리안 민족교육 교과서

1945~50년대 재일코리안 자료집 Ⅰ
재일코리안 민족교육 교과서

초판 1쇄 발행   2017년 2월 25일

엮은이 ㅣ 김인덕 김경호
펴낸이 ㅣ 윤관백
펴낸곳 ㅣ 도서출판 선인

등록 ㅣ 제5-77호(1998.11.4)
주소 ㅣ 서울시 마포구 마포대로 4다길 4 곳마루 B/D 1층
전화 ㅣ 02)718－6252/6257
팩스 ㅣ 02)718－6253
E-mail ㅣ sunin72@chol.com

정가 94,000원
ISBN   979-11-6068-042-3   94900
        978-89-5933-594-7   (세트)

· 잘못된 책은 바꿔 드립니다.

청암대학교 재일코리안연구소
재일코리안자료총서 2-1

1945~50년대 재일코리안 자료집 Ⅰ

재일코리안 민족교육 교과서

김인덕 김경호 편

 도서출판 선인

▌목차 ▌

재일코리안 민족교육 교과서

2권. 재일코리안 인권·생활문제와 민족교육

1) 재일본 조선인연맹 『시이쿠마 사부로씨의 연설에 반박한다／성명서』(1946年 9月)

2) 조선인인권옹호위원회 『일본인민에게 호소한다』

3) 재일조선인 인권옹호위원회 『투쟁 뉴스』(1946년 10월)

4) 조선인생활옹호위원회 중앙위원회 『생활권옹호데모사건에 대해』(1946年 12月)

5) 재일조선인학교문제 신상조사단 『조선인학교문제 진상보고회 기록』(1948年 5月)

6) 재일조선인조국방위가나가와현위원회, 『재일조선인은 민족의 압박을 어떻게 받고 있나』
   (1951년 2월)

7) 재일조선인북송과재산동결반대동맹 『재일조선인 강제송환이 뜻하는 것』(1951년 2월)

8) 조선인추방반대도쿄위원회 『뉴스』(1951년 10월)

9) 도쿄도교육위원회 『도립조선인학교 요람』(1951년)

10) 법무성 입국관리국 『입관집무자료 제2호 재일조선인의 생활실태』(1953년 2월)

11) 법무성 입국관리국 『입관집무자료 제4호 재류조선인과 한일관계』(1953년 3월)

12) 법무성 입국관리국 『입관집무자료 제6호 재류조선인과 한일관계』(1953년 4,5월)

13) 법무성 입국관리국 『입관집무자료 제7호 재류조선인과 한일관계』(1953년 6월)

14) 법무성 입국관리국 『입관집무자료 제9호 재류조선인과 한일관계』(1953년 7,8월)

15) 국책연구회 『일본 내에서의 조선인문제의 개황』(1956년)

16) 재일본조선인총연합회 『재일조선인 문제에 대해』(1956년)

17) 일본적십자사 『재일조선인의 생활과 실태』(1958년)

18) 『재일조선인 자녀의 교육과 귀국』(1959년)

19) 『재일동포 학생의 현실』(1959년)

20) 『특집 가나가와 민족교육 작문집』(1959년)

▌해제 ▌

해방 후 재일조선인 운동에 대해서는 박경식 편『조선문제자료총서』(삼일서방, 전 15권) 9권, 1권, 15권 · 증보판 및『재일조선인관련자료집성－전후편－』(不二出版, 총 10권), 민족 교육을 둘러싼 자료에 관해서는 김경해(金慶海), 우치야마 카즈오(内山一雄) · 조박(趙博) 의『재일조선인교육옹호투쟁자료집』(전 2권, 明石書店) 등이 기초적인 자료집이다.

또 최근 일본에서는 재일조선인운동사연구회 감수의『재일조선인관련자료총서』(綠陰 書房)에서 분야별로 자료집이 나오고 있으며, 미국 · 메릴랜드 대학의 고든 W · 프란게 문 고에 수록되어 있는 강점기의 검열 잡지가 국립 국회도서관 헌정자료실에서 공개되었다. 그중 재일조선인이 발행하던 잡지 신문류를 이용함으로써 연구의 폭이 확대되고 있다. 또 민단 계열에서는 재일한인역사자료관, 총련계에서는 조선대학교 재일조선인 관련 자료실 등 재일조선인에 대한 아카이브 시설도 설립되어, 자료 환경은 이전에 비해 월등히 좋아지 고 있다.

이런 상황에서 본 자료집에서는 미간행의 자료를 수집하여 자료집으로 간행하게 되었 다. 이 자료집에는 첫째, 해방 공간 초기의 문화 · 교육을 둘러싼 책자들, 둘째, 재일조선인 단체 강제 해산 이후 한국전쟁하의 재일조선인의 상황을 알리는 생활, 인권, 민족교육 자 료를 수록했다. 특히 프란게문고에 소장된 재일조선인의 신문 · 잡지 자료가 주로 1947년 부터 1949년에 걸친 것임을 감안하면서 해방 직후부터 특히 1949년부터 1950년대의 자료 축적이 비교적 적은 시기의 자료를 실었다.

실제로 해방 직후 시기의 재일조선인의 활동의 기본을 파악하려면 박경식 편『조선문제 자료총서』(제9권, 제10권, 제15권, 보권),『재일조선인관련자료집성－전후편－』(전 10권)에 수록된 재일본조선인연맹의 전국대회 및 중앙위원회 회의록을 참조하는 것이 우선이다.

1권. 재일코리안 민족교육 교과서

제1권은 재일본조선인연맹(이하 조련)이 주도해 만들어낸 교과서가 중심이다. 국어와 국사 교과서이다. 본 자료집에는 박경식의 선행 자료집에 실리지 않은 것을 중심으로 구성했다. 조련은 결성 이후 교과서를 조직적으로 편찬했다. 그 내용을 간단히 정리해 보면, 제1기(1945년 10월~1946년 2월), 제2기(1946년 2월~1947년 1월), 제3기(1947년 1월~1947년 10월), 제4기(1947년 11월~1949년 9월)로 나눌 수 있다. 제1기에는 재일조선인 귀국 준비의 일환으로 광범위한 대중을 대상으로 '조선어'와 '한국사'에 대한 이해를 위한 학습이 중심이었고 계몽적인 최소한의 교재가 제작되었다. 제2기에는 조련이 교재 제작에 적극 나선 시기로 특히 초등학교 교재를 초급·중급·고급으로 나누어 편성했다. 제3기에는 조련의 교재 편찬과 보급 활동이 가장 충실했던 시기로 평가할 수 있고 학년제 도입에 따라 초등학원의 교재가 학년별로 작성되었고, 중학 교재가 별도로 편찬되었다. 제4기는 민족교육에 대한 탄압에 대해 재일조선인이 전면적인 반대 운동을 전개하던 시기로 조련의 교재편찬위원회가 편찬한 교재를 기본으로 해서 조선학교의 교육을 실시하기로 한 규율을 실질적으로 확립한 때이다. 동시에 교과서 부족과 지방 본부 활동의 미비로 인한 교과서 혼란을 바로잡고 교과서의 통일적 사용이 전면화되었다.

한편 조련은 초등교재편찬위원회 신설을 결정, 교재를 만드는 일은 조련 내부의 문화부가 담당하게 했다. 이 위원회는 위원장 이진규를 비롯해 15명이었다. 수록된 교과서에는 위원으로 임광철·이은직·어당 등의 이름이 보인다. 이후 조련은 초등교재편찬위원회를 1948년 6월 14일 새롭게 '교재편찬위원회'로 개편했다. 그리고 여전히 이진규·임광철·어당·이은직 등을 전문위원으로 선임했고, 전문위원의 역할을 일정하게 나누었는데, 기획은 이진규가 담당했다. 또한 교과서 편찬의 책임은 임광철, 어린이잡지와 대중잡지의 발간은 허남기·어당·이은직이 공동으로 책임지었다. 서간문집 발간의 책임은 어당, 부녀계 몽용 독서와 관련한 서적은 이진규가 책임을 맡았다. 특징적인 것은 삽화를 허남기가 맡았던 사실이다.

조련 초기 교재의 편찬은 우선 초등학교의 교과서를 11개 과목으로 나누었다. 그것은 국문·산수·역사·지리·이과·체육·음악·미술·습자·도화·공민 등이었다. 특히 1946년 신학기부터 초등학교를 초급(1·2학년), 중급(3·4학년), 상급(5·6학년) 등 3개 등급으로 나누어 중학 교육의 기틀을 만들기 시작했다.

조련의 교재 편찬 가운데 주목되는 것이 정체성과 관련 과목으로 국어, 역사 등이었다.

현장의 국어 교육을 주도한 국어강습소에서는 교재가 필요했다. 대표적인 교재로는 현재 확인된 것은 도쓰카(戶塚)한글학원의 이진규가 만든 한글 교재이다. 그는 허남기·오수림·임봉준 등과 함께 등사판으로 『한글교본』을 만들어 교재로 사용했다. 이후 이 교재는 조련의 국어교재의 원형이었음은 물론이다.

국어 교재는 전술했듯이 이진규가 편찬한 『한글교본』을 모델로 하여 『초등한글교본』, 『교사용 어린이교본』, 『어린이교본』, 『한글철자법』, 『한글교본』 등이 제작되었다.

한편 역사 교재로는 『조선역사교재초안』(상)(중)(하)를 우선 편찬했다. 당시 한국사 교재인 『조선역사교재초안』은 우리 역사에 대한 인식의 틀을 살펴 볼 수 있는 중요한 교재이다. 또한 어린이용으로 『어린이 국사』(상)(하)도 간행되었다. 이밖에도 조련 시기 확인되는 역사교재로는 문석준 유고인 『조선역사』(조련 문교국 발행, 1947)과 원용덕 편저인 『조선역사』(문화조선사 발행, 1947), 『조선역사』, 『조선사입문』(상) 등이 발행되었다.

1) 『한글 첫 걸음』(1945년)

조선어학회 편 군정청 학무국 발행, 1945년 11월 6일 발행의 복각판이다. 조련 중앙총본부 문화부가 발행, 내외인쇄주식회사 인쇄, 1946년 6월 10일 발행, 18센치, 49족, 활판, 옆으로쓰기를 하고 있다.

이 교과서는 전 1권 41과로 표지 주의에 "1. 이 책은 『초등국어』 중, 하 또는 『중등국어』 상, 하를 가르치기 전에 먼저 국어학습의 기초를 닦고 가르치기 위해 만들어졌다, 2. 이 책으로 가르치는 교사는 『초등국어 한글교수지침』을 참고할 것"이라고 한다. 삽화는 없고, 한자어는 거의 없으나 교재 한단에 한자를 별도로 표시하고 있다,

내용은 다음과 같다.

1-35과 : 문자와 단문, 36과 : 자장노래, 37과 : 속담, 38과 : 여우와 닭, 39과 : 고향 하늘, 40과 : 우리 나라, 41과 : 우리의 할 일

이 책은 한국에서 출판되어 일본에 들어 간 것이다. 1-35과는 자음과 모음 조합으로 단어를 만들고 이들을 포함하는 단문을 실고 있다. 이 단문도 권유형, 명령형, 의문형 등부터 복잡한 문서까지 확인된다.

우화와 함께 민족적 문제에 주목하여 다음의 세 과는 흥미로운 국가 만들기의 내용을 보여주고 있다.

13과

온 나라 사람들아/ 단결이 제일이다./ 나라를 위하여 일을 하자./ 우리들이 아니하면 누가 하랴./ 놀지 말고 날마다 일을 하자./ 한글을 잘 배우자./ 우리나라 글이니 잘 배우자.

14과

이곳 저곳에 만세 소리다./ 기름을 차니 맛이 난다./ 이것이 내 연필이다./ 엿 맛은 달고 잣 맛은 고소하다./ 이 낫은 자 든다./ 늘 웃고 살자./ 새 옷을 입고 춤을 춘다.

40과 우리나라

같은 옷을 입고 같은 말을 하며, 같은 역사를 가진 같은 겨레가 같은 땅터 안에 모이어서 커다란 살림살이를 함께 하고 사는 것을 "나라"라고 합니다.---
우리는 이 좋은 나라의 살림살이를 아무쪼록 잘 하여서 더 좋은 나라를 만들어야 합니다.

주요한 한자어로는 여자, 모자, 효자, 우유, 부모, 우표, 세계, 의자, 의사, 산, 신문, 만년필, 만세, 연필, 학교, 국기, 애국가, 북, 백두산, 남, 금강산, 생도, 교장선생, 동, 약, 비행기, 공중, 한강, 결심, 성공, 강산, 무궁화, 서, 항구, 대문, 태평양, 작년, 시, 십원, 내일, 삼천리, 산중, 그리고 역사가 확인된다. 일체의 인물에 대한 소개는 없다.

2) 『인민한글교본』(1)(이진규, 1948년)
3) 『인민한글교본』(이진규, 1953년)
4) 『국어입문』(이진규, 1955년)

2)『인민한글교본』(1)(1948년)은 이진규가 편한 한글 교본이다. 저자 이진규는 1917년 출생이다. 경기도 용인군에서 태어났다. 일본대학 문화과를 졸업하고, 간다(神田)의 출판사 편집부원 일을 했다. 잡지『인민문화』편집을 담당했다. 조련 문화부원, 조련 초등교재편찬위원회 위원장을 맡았다. 재일조선인전국교육자동맹 위원장을 역임했다. 도쓰카(戸塚) 한글학원을 설립했고『한글교본』을 제작했다.[1]

1948년 10월 15일 재일본조선민주여성동맹 총본부 문화부가 발행했다. 맹원에게만 배포한다고 쓰여 있다. 철필로 쓰여 있는 책이다. 제책의 방법, 편집이 조잡하다.

목차에 앞서 이상의「권태」의 시가 일부 실려 있고, 경어법과 관련하여 "주무신다 – 잔다 / 계시다 – 있다" 등의 일곱 가지 경우를 예로 보여 주고 있다. 차례에는 50과의 내용이 확인된다. 그 내용은 다음과 같다.

1. 자모, 2. 홑소리, 3. 닿소리, 4. 철자방법, 5. 쉬운 철자와 발음, 6. 단문, 7. 연습, 8. 합성모음, 9. 합성모음의 철자와 발음, 10. 합성자음, 11. 합성자음의 철자와 발음, 12. 비(동요), 13. 단문, 14. 연습(I), 15. 연습(II), 16. 받침(I), 17. 단문(1), 18. 단문(2), 19. 여성의 해방, 20. 조선민주주의인민공화국, 21. 엄마소(동요), 22. 고향하늘(동요), 23. 연습, 24. 문명퇴치, 25. 한 병졸로서, 26. 그의 일생, 27. 그리웠던 고국, 28. 받침 연습(1), 29. 받침(2), 30. 토지개혁과 농민, 31. 큰 물, 32. 받침 연습(2), 33. 가는 길(시), 34. 생일날 초대편지, 35. 받침 연습(3), 36. 받침(3), 37. 동지애, 38. R의 죽음, 39. 혼성중자음, 40. 자음의 접변, 41. 전진, 42. 가난과 공부, 43. 예전의 학교, 44. 북국의 가을, 45. 개, 46. 속담, 47. 위원회에 가는 길, 48. 유치장에서 형무소로, 49. 비번째 맞는 8.15(슈프레휘.콜), 50. 인민항쟁(극)

1과 "자모"에서는 자음 14자, 모음 10자 합해서 24자로 하고 있다고 한다. 이후 5과까지 철자와 발음에 대해 서술하고 있다. 6과 "단문"에서는 "기치가 가오", "마차가 오오" 등의 경우를 소개하고 있다. 흥미로운 것은 연습문제를 통해 학습 내용을 확인하고 있다.

12과 "비"는 동시로 삽화와 함께 실려 있다. "비야 비야 오너라/ 버드나무 지나서/ 나무다리 지나서/ 비야비야 오너리." 33과 "가는 길"은 김소월의 시이다. 아울러 19과 "여성의 해방"에서는 유교에서 나온 남존여비사상을 비판하여 가르치면 좋겠다는 언급이 있다.

25과 "한 병졸로서"는 1946년 2월 15일 여운형의 민주주의민족전선결성대회 인사말에서 따오고 있다. 그리고 부기하기를 "조선민주주의민족전선에 대한 설명을 할 것", "고 여운형

---

1) 魚塘,「解放後初期の在日朝鮮人組織と朝連の教科書編纂」,『在日朝鮮人史研究』(28), 1998, 108쪽 ; 김인덕,『재일본조선인연맹 전체대회 연구』, 선인, 2007, 145쪽.

선생의 전기를 이야기할 것"이라고 했다. 아울러 아스타리스크표인 *을 붙이고 "근로대중은 글로대중으로 발음되고 혁명조선은 형명조선으로 발음된다(후의 자음의 접변 참조)"고 하는 서술을 하고 있다. 아울러 41과 "전진"은 김남천의 "어린 두 딸에게"서 따오고 있다.

34과 "생일초대 편지"는 실용 문장의 경우로 "9월 24일 윤숙"이라고 쓰여 있다.

43과 "예전의 학교" 서술 내용 옆 67쪽에는 경어법의 용례가 보인다. 이후도 경어법 용례는 73쪽에 실려 있다.

3) 『인민한글교본』(1953년)은 이진규가 편한 한글교본이다. 발행자는 학우서방이고, 1953년 8월 20일 제3판 발행한 책이다. 가격은 50원이다. 새 책이 아니라서 부기한 내용이 확인된다.

목차 다음에 "가르치는 분들에게"에서는 일본에서 자란 사람에게는 말공부가 중요하다고 했다. 그리고 이를 위해서는 극(劇), 좌담회, 토론회가 열리도록 할 것을 권하고 있다. 특히 진도는 전편에 주목하여 하루에 한 시간씩 공부하여 삼 개월에 마치도록 하라고 했다.

목차는 다음과 같다.

전편 : 1. 자모, 2. 홀소리, 3. 닿소리, 4. 철자방법, 5. 쉬운 철자와 발음, 6. 단문, 7. 비, 8. 련습(1) 9. 합성모음, 10. 합성모음의 철자와 발음, 11. 합성자음, 12. 합성자음의 철자와 발음, 13. 단문, 14. 련습(2), 15. 련습(3), 16. 받침(I), 17. 단문(1), 18. 엄마소 19. 받침 20. 문맹퇴치 21. 그의 일생, 22. 련습(4), 23. 받침(3)

중편 : 24. 인사법(1), 25. 대화(I), 26. 대화(II), 27. 예전 동요 두편, 28. 인사법(2), 29. 밥상, 30. 련습(5) – 맛알기, 31. 조국조선(시), 32. 가난과 공부, 33. 예전의 학교, 34. 위원회에 가는 길(시), 35. 동지애, 36. 개, 37. 생일 초대 편지, 38. 사랑의 편지 – 녀자로부터, 39. 내가 구장이다. 40. 수수꺼끼

후편 : 41. 아이들아 이것이 우리학교다!, 42. 조선민화 세편, 43. 김일성장군 회견기

이렇게 목차와 각 장별 내용이 기존의 『인민한글교본』(1)(이진규, 1948, 101쪽)의 틀과 유사한 부분이 많다. 특히 전편의 경우는 기본적으로 『인민한글교본』(1)(이진규, 1948, 101쪽)의 틀을 유지하고 있다. 아울러 중편은 32, 33, 34, 36, 37과는 동일한 내용이다. 그리고 후편 41과에는 허남기의 시이고, 42과의 내용은 임광철의 「량반과 쌍놈」에서 발췌한 것이다. 그리고 43과의 「김일성장군 회상기」는 서광재의 『북조선기행』의 일부이다. 책의 맨

마지막 쪽에는 김일성이 '재일 조선학생들과 함께' 하는 사진이 부가되어 있다.

특히 중편의 32과 "가난과 공부"는 이기영의 글이고, 34과의 "위원회에 가는 길"은 박세영의 시이다. 특히 37과 "생일 초대 편지", 38과 "사랑의 편지"는 어당의 "인민서간문집"에서 발췌한 것이라고 기록되어 있다.

4) 『국어입문』(이진규, 1955년)은 1955년 9월 25일 학우서방에서 발행했다. 가격은 50원이다. 이 책은 『인민한글교본』(이진규, 1953, 89쪽)을 부분적으로 수정한 것이라고 목차 다음의 "가르치는 분들에게"에 쓰여 있다.

전편 : 1. 자모(1), 2. 모음, 3. 자음, 4. 철자방법, 5. 철자와 발음(1), 6. 단문, 7. 비, 8. 련습(1) 9. 자모(2), 10. 철자와 발음(2), 11. 자모(3), 12. 발음(3), 13. 단문, 14. 련습(2), 15. 련습(3), 16. 받침(I), 17. 단문, 18. 엄마소 19. 받침(II) 20. 애국가 21. 단문, 22. 받침(III)

중편 : 23. 인사법(1), 24. 대화(I), 25. 대화(II), 26. 인사법(2), 27. 밥상, 28. 맛알기, 29. 애국심, 30. 조선민주주의인민공화국 31. 속담, 32. 수수꺼끼, 33. 결혼 청첩장, 34. 조선민화 세편

후편 : 35. 사람들은 어떻게 살아 왔나? 36. 우리는 승리했다, 37. 조선은 하나이다. 38. 공화국 공민의 영예

이 가운데 중편의 20과 "애국가", 29과 "애국심", 30과 "조선민주주의인민공화국", 33과 "결혼 청첩장"과 후편의 35과 "사람들은 어떻게 살아 왔나?", 36과 "우리는 승리했다", 37과 "조선은 하나이다", 38과 "공화국 공민의 영예"는 새로운 글이다.

20과 "애국가"는 대한민국의 애국가는 아니다. 여기에는 삽화로 북한의 경제 발전을 묘사하고 있다. 29과는 김일성의 담화에서 발췌했다. 그리고 30과도 북한정부 수립 1주년을 맞이한 김일성의 보고 내용이다. 33과 "결혼 청첩장"은 구체적으로 김호환, 로상수 양 집안의 결혼 청첩을 갖고 내용을 소개하고 있다. 34과에는 여백에 김득신의 풍속화가 소개되어 있다.

후편의 37과 "조선은 하나이다"는 북한 최고인민회의 제8차 회의에서 채택된 호소문이라고 한다. 이 책은 대체로 북한의 당과 정부, 수령에 대한 "충성"과 총련에 대해 많은 내용을 소개하고 있는 것이 기존의 한글 교본과 전면적으로 다른 점이다.

5) 『初等國語讀本』(中)(편찬위, 1946년)

초등교재편찬위원회편으로 조련 중앙총본부 문화부 발행이다. 조광사 인쇄이다. 1946년 5월 31일 발행이다. 상권은 1946년 5월 15일 발행이고 하권은 1946년 12월 31일 발행이다. 21센치 수기로 옵셋인쇄를 했다. 세로쓰기이다.

표지는 한자로 되어 있고 목차 이전에 슬로건으로 "읽고 쓰고 배우자"를 내걸고 있다. 아울러 한글 조합의 원리를 그림을 통해 쉽게 설명하고 있다.

이 교과서는 전 3권 가운데 한권이다. 18과 70페이지이다. 목차("순서"로 되어 있음) 18과 를 보면 다음과 같다.

1. 朝鮮의 하늘은 명낭하다. 2. 아침 3. 電車안에서 4. 습관 5. 어린이行進曲 6. 문방구집과 과일집 7. 파리 8. 바람 9. 밥상 10. 닭 11. 호박꽃초롱 12. 江물을 따라서 13. 山, 바다 14. 안테나, 15. 설날 16. 샘물이혼자서 17. 학, 붕어, 가재, 18. 지나간날의 참새

중권의 1과는 "조선의 남북은 38도로 갈라졌으나(원문그대로 : 필자), 조선의 하늘은 명낭이다. 모두들 팔것구 밖으로 나오너라. 어데가지든지 어데가지든지 너의발로 걸어가거라."라고 하면서 시작하고 있다. 일제로부터 해방된 후도 금후는 미소에 의해 국토가 나뉘었는데, 조선의 산하는 하나가 되었다는 것이다. "태양이 아이들을 굳세게 만든다. 산은 좋구나. 바다는 좋구나. 바람이 불어온다. 눈도 불어온다. ─ 태양이 조선의 어린이들을 강철같이 만드러줄테니."라고 하면서 결론을 짓고 있다.

5과 "어린이행진곡"에서는 다시 교정에 태극기가 걸려 있는 삽화를 배경으로 두 줄로 행진하는 어린이를 형상화하고, "파-란 하늘에, 태극기를 올리고, 아아 질겁다 조선 독립가.(원문그대로 : 필자) 무궁화 삼천리, 꽃 피는 동산은 아아 질겁다 우리 손으로. 어깨를 잡어라 발을 맞춰라 아아 질겁다 하낫둘 하낫둘."이라고 어린이들의 애국심 고양에 주목하고 있다.

10과는 동시로 제목은 "닭"이다. 동시의 내용은 "물한모금 입에 물고 하늘 한번 처다 보고. 또한모금 입에 물고 구름 한번 쳐다 보고."로 사실적으로 닭의 모습을 통해 한글 학습이 되도록 하고 있다.

14과는 4인의 어린이들이 안테나 놀이를 통해 높이를 알도록 대화 형태로 구성되어 있다. 결국 그림자로 높이를 구한다고 한다. "노마 : 영이 키하고 영이 그림자가 똑 같은 때는

저 안테나 높이 하고 안테나 그림자가 꼭 같은 때란 말이지"라고 했다. 여기에서는 산수 문제도 들어 있는 흥미로운 문장도 확인되어진다.

15과의 경우 독립과 관련한 설날의 의미를 적극 부각하고자 하고 있다. "오늘은 새해첫 날이다. 독립을 약속 하야 맞는 처음 설날이다. 우리집에는 할아버지 할머니 아버지 어머 니 형님 누님 아주머니 동생 족하(원문그대로 : 필자) 모두 차례로 세배를 올리고 다 가치 즐겁게 상을 받고 떡국을 먹었다." 구체적으로 설날의 하루 모습을 잘 가르쳐 주고 있다. 전체 매 과에 내용을 설명하는 삽화가 적절하게 배치되어 있다. 상권은 문자와 단문 학습 등으로 총 50과가 편재되어 있으며, 하권은 14과가 실려 있다.

6) 『초등국어』(4, 후기용)(1947년)

초등교재편집위원회 편으로 조련 중앙총본부 문교국이 1947년 9월 30일 발행했다. 발행 자는 재일본조선인연맹 중앙총본부 문교국이었다. 인쇄는 문교인쇄소에서 했다. 국한문 혼용으로 쓰여 있고, 각종 삽화가 사실적으로 그려져 있다.

목차에 앞서, 1, 2, 3학년과 달리 양적 질적으로 '깊어진 느낌'으로 책이 쓰여 있다고 하 고, 사회사상의 관찰과 비평을 테마로 한 교재가 30%로 늘었다고 한다. 그리고 익힘 형식 으로 여백을 이용해 설문을 해 놓았다. 아울러 국어교육은 교본만으로 되지 않는다면서 작문, 습자, 문장서법, 낭독회, 아동극 등으로 발음 연습을 학생들에게 시킬 것을 독려하고 있다. 아울러 시간 배당과 진행 속도도 명기하고 있다. 교재의 차례는 다음과 같다.

1과 : 아가의 잠, 2과 : 동무, 3과 : 과수원, 4과 : 아침, 5과 : 허수아비, 6과 : 물방아, 7과 : 지구, 8과 : 속담, 9과 : 추석, 10과 : 씨, 11과 : 달밤, 12과 : 제비, 13과 : 단풍, 14과 : 고향 하늘, 15과 : 거북선, 16과 : 야학교, 17과 : 아버지의 교훈, 18과 : 새 옷을 입은 임금님, 19과 : 동경에 있는 언니에게, 20과 : 겨울 밤, 21과 : 앵무새, 22과 : 문익점, 23과 : 싸락눈, 24과 : 활자, 25과 : 엄마소, 26과 : 우스운 이야기, 27과 : 세 사람의 도적

18과는 안데르센 동화 "벌거벗은 임금님"으로 연극이나 '가미시바이(종이연극)'를 해 볼 것을 권하고 있다. 27과는 톨스토이의 동화 "어린이 이야기"에서 발췌했다고 한다.

4년 후기 16과인 "야학교"에는 어느 초등학생이 같은 초등학교에서 열리고 있는 야학을 보러 갔더니 나이도 여러 가지인 노동자들이 열심히 공부를 하고 있었고, 손에 붕대를 감 는 사람도 한 글자씩 글을 쓰고 있었다는 것이다. 익힘 문제로 "여러분이 살고 있는 마을

에는 이와 같은 야학교가 있습니까? 어떤 사람들이 배우러 옵니까?"라는 지문이 작은 글자로 쓰여 있다.

24과 "활자"는 고려시대 불전을 인쇄하는 금속활자가 발명되었다. 세계에서 처음인 일이라서 조선인은 뒤떨어지기는커녕 우수했다고 하면서 지금까지 양반만 학문을 하고 대부분의 인민들은 하지 못했고, 이것으로 학문은 발달하지 못하고 그리고 책도 이용하지 않기 때문에 출반기술도 발달되지 못했다는 것이다. 우리의 재능을 발달시켜서 나라를 빛나게 하기 위해서는 우리 인민들이 모두가 함께 공부를 할 수 있는 나라를 만들어야 한다고 했다. 익힘 문제로 "활자란 것은 어떤 것입니까?", "목판과 어떻게 다릅니까?" 등의 지문이 작은 글자로 쓰여 있다.

7) 『초등국어』(6-1)(1947년)

원본은 조선어학회가 저작자이고, 군정청 문교부가 1947년 12월 발행했다. 번각판은 조선문화교육회가 발행 겸 편집자이고 발행소는 조선문화교육회, 인쇄소는 조선도서출판협회였다. 총 155쪽이다.

표지에 봉황이 비약으로 하고 있고, 조선문화교육회 본부 고무 도장이 찍혀 있다. 목차를 보면 다음과 같다.

1과 : 자유종, 2과 : 8월 15일, 3과 : 장 속의 새, 4과 : 별나라, 5과 : 면양, 6과 : 개미의 자랑, 7과 : 별, 8과 : 동룡굴, 9과 : 세종대왕, 10과 : 금을 사랑하는 왕, 11과 : 가을, 12과 : 소풍(1), 13과 : 소풍(2), 14과 : 율곡선생, 15과 : 가정, 16과 : 옛 시조, 17과 : 간도, 18과 : 백장 스님, 19과 : 격언, 20과 : 큐리 부인, 21과 : 신문, 22과 : 효녀 지은, 23과 : 어린이 시절, 24과 : 크리쓰마스 송가, 25과 : 눈과 어름, 26과 : 석가모니, 27과 : 토함산 고개, 28과 : 누구의 어머니, 29과 : 종소리, 30과 : 천거장, 31과 : 아르키메데스의 원리, 32과 : 앉은 뱅이, 33과 : 꾸준한 희생, 34과 : 우리나라, 35과 : 나의 조국

1과 "자유종"에서는 오천 년 역사의 우리 민족이라면서 벙어리 된지 36년, 삼천리 강산에 자유종이 울었다고 했다. 국내에서 간행되어 그런지 『초등국어』(4, 후기용)도 문장과 내용에 있어 다소 평이하다는 느낌이 든다.

7과 "별"은 이병기의 동시로 소녀, 밤하늘을 그린 삽화가 조화롭게 구성되어 있다. 10과도 "가을" 동시, 23과 "어린이 시절" 동시, 27과 "토함산 고개", 32과 "앉은뱅이"가 35과 "나의

조국" 동의 동시가 확인된다.

16과는 옛시조 세 수가 쓰여 있다. 아울러 9과 "세종대왕"에서는 우리 말에 맞는 글이 없어 한문을 빌어쓰다가 우리 말에 맞지 않아서 사람들이 글을 갖지 못해 이를 딱하게 여겨 세종대왕이 글을 만들었는데 이것이 훈민정음이라는 것이다. 아울러 "훈민정음해례본"의 "용자례"를 그대로 싣고 있다.

17과 "간도"에서는 우리 조상이 개척하고 조상의 피를 흘린 땅으로 잊으려야 잊을 수 없는 땅이라는 것이다. 19과는 격언 9개가 보인다.

34과 "우리나라"에서는 고대부터의 역사를 서술하여, 을지문덕, 연개소문, 강감찬, 이순신을 역사의 큰 어른이라고 했다. 그리고 애국정신이 자랑거리라면서, 우리 민족이 빼어난 머리와 부지런함으로 참 행복한 살림을 하게 될 것이라고 했다.

8) 『어린이國史』(上)(1946년)

『어린이 국사』(상)(본 자료는 고(故) 김경해 선생이 소장했던 자료이다)은 초등교재편찬위원회가 조련 문화부판으로 1947년에 각각 발간한 책이다. 『어린이 국사』(하)[2]는 조련의 초등교재편찬위원회가 조련 문화부판으로 1946년에 발간되었다. 발행자는 조련 중앙총본부로 되어 있다. 상권은 124쪽, 하권은 128쪽이다. 전반적으로 알기 쉬운 문장으로 서술되었다. 중요한 사건과 인물의 경우만 사용하고 있다고 판단된다. 상권과 하권의 편집은 다소 차이가 보이기도 한다. 그 내용을 보면 다음과 같다.

『어린이 국사』(상)의 주요한 내용을 보면, 구성은 선사부터 고려시대까지이다. 구체적인 내용은 다음과 같다.

> 제1과 시초, 제2과 마을, 제3과 나라, 제4과 고구려, 제5과 백제, 신라, 제6과 삼국시대(1), 제7과 삼국시대(2), 제8과 신라의 통일(1), 제9과 신라의 통일(2), 제10과 신라의 문화, 제11과 신라의 쇠약, 제12과 후삼국로 통일신라시대, 제13과 고려 나라를 세움, 제14과 불교, 제15과 북방사람들, 제16과 묘청의 난, 제17과 문관과 무관 ,제18과 몽고와의 관계(1), 제19과 몽고와의 관계(2), 제20과 면화, 제21과 백성의 시달림, 제22과 외적들, 제23과 고려의 쇠망

『어린이 국사』(상)은 『조선역사교재초안』(상)과 거의 유사하게 삼국 중심의 역사 서술

---

2) 朴慶植 編, 『在日朝鮮人關係資料集成』(戰後編)(6卷), 不二出版社, 2000, 70~104쪽.

의 틀을 그대로 유지하고 있다. 고구려가 즉 'KOREA'가 출발점임을 분명히 했다. 주목되는 서술은 중국의 삼국에 대한 영향력과 우리 문화의 일본 전파에 특기한 점이다. 종교관에 있어서도 다소 불교 중심적이 취향이 보이는 것이 주목된다. 과별 서술 내용을 보면 다음과 같다.

과	서 술 내 용
제1과 시초	몽고서 살든 사람들이 흥안령 … 만주 … 압록강과 두만강을 건너서 조선땅으로
제2과 나라	조선에 나라 … 고구려, 백제, 신라가 조선에 맨 처음 생긴 나라
제5과 백제, 신라	세 나라 … 권력 있는 사람과 없는 사람이 생기게
제6과 삼국시대(1)	조선 사람이 본받은 것은 중국 … 생각하는 것도
제7과 삼국시대(2)	북쪽 고구려 … 중국에서는 몇 번이나 쳐드러 … 서양사람들이 조선을 KOREA …
제9과 신라의 통일(2)	고구려의 어린이들이 … 발해라는 나라를 세운 것
제10과 신라의 문화	신라의 어린이들은 … 명주로 옷을 … 서양식으로 머리 … 당나라 풍악/일본에서 … 고양이가 없든 것을 … 가져 갔다
제11과 신라의 쇠약	왕은 저만 잘 살기 … 가장 심한 것은 진성이란 여왕
제14과 불교	왕건은 … 왕이 된 것도 부처님(원문그대로; 필자)의 은혜
제21과 백성의 시달림	백성을 못살게 한 것이 … 불교, 잘사는 사람

2권. 재일코리안 인권·생활문제와 민족교육

제2권에서는 해방 직후에서 1950년대 말까지의 재일코리안 민족교육과 인권문제 생활문제에 관한 자료를 수록했다. 본 자료집을 간행하기에 앞서 우선 언급할 것은 해방 직후의 재일조선인사를 분석하는 데 있어서는 좌파 민족단체를 중심으로 할 수밖에 없음을 지적하는 점이다. 해방 직후 각지에서 자연발생적으로 생긴 민족단체를 기본으로 1945년 10월에 결성된 재일본조선인연맹(조련)은, 그 결성 과정에서 좌파를 중심으로 형성된 민족단체로 됐다. 그리고 조련은 결성 직후부터 전국 레벨의 조직 기반을 갖춘 활동을 펼치고 그 조직은 도도부현(지방 본부)·시구정촌(지부)·주거 지역(분회)단위로 형성되고, 지역

별로 만들어진 조선인학교에서의 민족교육을 뒷받침하기도 했다.

그래서 이 민족단체가 갖고 있는 영향력의 분석 없이 해방 후 재일조선인의 역사를 바라볼 수 없을 것이다. 또 조련은 당시 한반도의 정치 정세로서 해방 직후의 "조선인민공화국"을 지지하고 또 모스크바 협정을 지지하여 민주주의민족전선 산하의 단체가 되었다. 그 노선에 따라 한국에서 단독선거에 반대하고, 결과적으로 조선민주주의인민공화국을 지지했다.

또한 조련은 해방된 한반도에서의 신국가건설 및 조국방어를 위해서는 일본의 민주화가 불가결의 정치과제라고 생각했다. 그래서 그 실현을 위해서 일본공산당과의 공동투쟁을 통해 정권을 타도하기 위한 운동도 시작하게 됐다.

전후 재일조선인의 생활·교육·문화도 기본적으로는 이러한 조련의 조국인식 그리고 정치의식을 바탕으로 형성된 것이라고 할 수 있다. 해방 직후의 재일조선인운동에 관한 자료로서는 朴慶植編,『朝鮮問題資料叢書』·『在日朝鮮人関係資料集成』, 그리고 프란게문고에 있는『解放新聞』,『朝鮮新報』,『朝鮮人生活権擁護闘争ニュース』,『朝連中央寺報』 등의 재일조선인이 발행한 미디어에서도 폭 넓게 게재되고 있다. 본 자료집은 그런 자료를 보충하는 것으로 참조하여 주시기 바란다.

1) 재일본 조선인연맹『시이쿠마 사부로씨의 연설을 반박한다／성명서』(1946年 9月)
2) 조선인인권옹호위원회『일본인민에게 호소한다』
3) 재일조선인 인권옹호위원회『투쟁 뉴스』(1946년 10월)
4) 조선인생활옹호위원회 중앙위원회『생활권옹호데모사건에 대해』(1946年 12月)
5) 재일조선인학교문제 신상조사단『조선인학교문제 진상보고회 기록』(1948年 5月)

재일코리안은 1945년 8월의 해방과 함께 각지에서 민족단체를 자발적으로 조직하고 재류동포의 생명 재산보호, 귀국 희망자의 귀환수송, 자제의 민족교육을 위한 조선인학교 설립 등 민족적인 활동을 폭넓게 전개했다. 그러나 1945년 해방 이후의 재일조선인의 상황은 이런 활기 찬 밝은 면만이 아니었다. 해방 직후부터 전개한 재일코리안의 자주적인 활동에 대해서는 점차 일본정부 및 점령군의 단속이 강화되고, 생활·정치·민족교육 등의 여러 면에서 탄압이 반복됐기 때문이다. 그래서 해방 후의 재일조선인 운동에서는 일본에 재류하는 동포의 인권과 생활을 지키는 운동이 민중과 조직을 연결하는데 큰 역할을 했다. 이 재일조선인의 인권 생활권 옹호운동의 과제가 어떤 것이며, 그 전개과정은 어떠했는지를 분석하는 것은 재일조선인사 연구에 있어서 필수 과제다.

그리고 해방 후의 재일조선인운동에 있어서 1946년은 하나의 전환점이었다. 재일코리안은 일본의 폐전 후 카이로선언과 포츠담선언에 따라 해방된 외국인으로서의 입장에서 독자적인 활동을 전개하고 있었다. 그 입장으로 조국 귀환을 희망하는 동포의 원호 수송사업을 추진하고, 또 재류동포의 생명재산보호를 위해 보안대·자치대 등을 통해 자위활동을 하고 있었다. 그러나 이러한 자율적인 사업은 1946년부터는 점차 부정하게 됐다.

일본정부는 조선에 관한 주권은 연합군과의 강화회의까지는 일본이 보유하는 것으로 주장하고, 일본 내 재류하는 조선인도 일본의 주권 밑에 속하고 있다는 입장이었다. 그리고 1946년에는 그것을 점령군으로부터 인정을 받고 재일코리안의 자율적인 경찰행위를 단속하기 시작했다. 한편, 1946년 2월 일본정부는 점령군의 지시에 따라 재일조선인의 귀국희망자를 등록시켜 계획적으로 송환하게 했으나, 이 사업의 사무적 절차에서 조선인단체를 점차 배제하고, 한 번 귀국했다가 다시 일본에 돌아오게 된 조선인을 단속했다. 그 후 계획수송의 기한까지 돌아가지 않은 재류조선인은 해방인민으로의 귀환권을 잃고 일본국적을 가지는 사람으로 취급하는 것으로 됐다. 그럼으로 재일코리안에 있어서는 1946년은 일본제국에서 독립한 해방국민으로서의 권한이 부정 당하는 시기였다. 또한 일본에서는 폐전 후의 혼란한 경제상태 안에서 많은 사람들이 암시장 거래 등으로 생계를 유지하고 있었으나, 이 시기에는 그러한 거래의 대부분이 조선인 및 중국인이 하고 있다는 차별적인 편견이 유포하는 상황도 생기고 있었다.

이러한 상황 안에서 조련은 해방에서 1년을 맞이하는 시기를 전후해서 당면의 제류를 전제로 해서 재일동포의 인권옹호·생활권옹호를 운동과제의 중심으로 놓기 시작했고, 1946년 10월에는 '조선생활권옹호위원회'를 결성하여 재일조선인 생활권옹호운동을 본격적으로 시작했다. 1)에서 4)의 자료는 이 시기에 만들어진 자료들이다. 짧은 자료들이지만, 재일조선인 생활권옹호운동의 시작 단계에서 어떤 것이 과제가 되고 있었는지를 알리는 귀중한 자료들이다.[3]

1)은 이른바 「시이쿠마 연설(椎熊演說)」에 대한 조련의 반박문과 성명문이다. 「시이쿠마연설」은 1946년 8월 16일, 일본 중의원 본회의에서 시이쿠마 사부로(椎熊三郞) 의원이 국내 치안문제에 관한 질문으로서 재일조선인을 훼방한 연설이다. 그 내용은 조선인·중국인이 해방 후 '마치 전승국민처럼' '방약무인인 태도'를 잡고, 귀국한 조선인도 '집단으로

---

3) 자료 1)~4), 6)~8)의 원본은 일본 호세이 대학 오하라 사회문제연구소 소장본이다.

밀항'하고, '암거래의 근원'이 되어 있다고 해서, 일본정부가 이들에게 엄연한 태도를 취해야 하다고 요구하는 것이었다. 이 시기 형성된 일본사회의 반조선인 감정의 전형적인 모습이라고 할 수 있다.

한편 반박문은 「시이구마 연설」에 대해 다섯 가지 논점으로 나눠서 반박하고 있다. 첫째로, 재일조선인에 해방이 어떤 의미를 가지고 있는지, 둘째로 귀국동포가 다시 도항하게 된 이유가 뭔지를 설명하고 있다. 그리고 셋째로 일본 전쟁 지도자의 반성의식의 결여, 넷째로 암시장 문제를 조선인·대만인에 책임전가 하는 문제를 비판하고, 마지막으로 이런 악선전을 선동하고 민중을 이간시킨 사람들을 배격할 것을 주장하고 있다. 성명문도 같은 입장에서 이 문제의 근원은 일본민중을 기만 압박하고, 중국 조선을 학살 착취한 반동군벌 잔당의 음험한 모략에 있다고 해서, 이러한 존재의 일소가 일본·조선·중국의 평화 실현을 위해 필요하다고 주장하고 있다. 일본사회의 차별인식에 대해, 조련 측이 어떻게 반론하고 있었던지를 밝히는 귀중한 자료라고 할 수 있다.

2)와 3)은 조련이 생활권옹호운동을 시작한 1946년 9월경에 오사카에서 결성된 조선인인권옹호위원회의 성명서 및 기관지이다. 『투쟁 뉴수』는 인권옹호위원회의 경성경의 및 그 요구상항 등을 읽어낼 수 있다. 또한 성명문의 날짜는 불명이지만 1)의 자료와 같이 전쟁책임의 문제를 일반시민과 분리하고, 유산 지배계급이 조선인을 비판해서 인민을 이간하게 한다고 주장하고 있다. 일본의 정치운동을 참가해서 정권타도를 목적으로 하는 입장이었다.

이렇게 출발한 재일조선인 생활권 옹호운동에 대해서는 프랑게문고에 수록된 『재일조선인생활권옹호위원회 뉴스』 등을 통해 더욱 자세한 내용을 알 수 있다. 그러나 이 운동에 대해서도 1946년 말에는 큰 탄압을 받았다.

4)는 이 탄압사건의 진상을 재일조선인의 입장에서 밝힌 자료다. 1946년 12월 20일, 도쿄의 황궁앞 광장에서 '조선인생활권옹호전국대회'가 개최됐다. 그 대회에서 가결된 요구사항은 선출된 10명의 교섭위원에게 위탁되고 일본정부 수상관저에서 진정하게 됐다. 한편 대회에 참가한 군중은, 회장에서 수상관저를 향해 데모를 하다가 경찰의 간섭을 받아서 충돌 사태가 생기고, 그에 의해서 교섭위원 10명이 체포되게 된 사건이다. 이 자료에서는 체포된 10명의 재심사를 요구하고 있지만, 이들은 1947년 2월 17일에 본국송환을 전제로 석방되어, 가족과 함께 조선에 송환 당하게 되었다. 이상과 같이 1946년에는 재일조선인의 생활권옹호운동을 시작했다. 그러나 일본정부와 점령당국에 의해 일직부터 크게 제한된 환경 안에서 운동을 전개할 수밖에 없게 된 것이었다.[4]

5)는 1948년 4월에 생긴 조선인학교문제(한신교육투쟁)의 양상을 기록한 자료다. 이 문제는 해방 후 재일조선인운동의 중심적인 과제이던 민족교육을 일본정부와 점령군이 전면적으로 억압한 사건으로 그 내용과 실태에 대해서 수많은 연구 성과가 있다.

그 발단은, 1948년 1월 24일의 일본문부성 통달 '조선인설립학교의 취급에 대하여'이었다. 이는 "조선인은 일본 법령을 준수할 의무가 있고, 학령에 달한 아동은 현지사의 인가를 받은 학교에 입학해야 하고, 교과서 및 교육내용은 학교교육법을 지켜야 된다"는 것으로 조선인학교의 폐쇄를 명령한 것이었다. 그 후 민족학교 폐쇄를 둘러싼 교섭이 각지에서 전개 되었으나, 3월 말 이후에는 야마구치(山口), 오사카(大阪), 오카야마(岡山), 고베(神戸) 등에서 학교폐쇄가 본격적으로 통고됐다. 때문에 학교폐쇄에 대한 저항이 각지에서 전개되는 가운데, 오사카와 고베에서 경관대나 점령군에 의한 대대적인 탄압이 벌어지고, 다수의 체포자나 사상자를 냈다. 그 결과, 조선인교대책위원회와 문부대신 사이에서 「교육기본법과 학교교육법을 따른다」「사립학교의 자주성 범위 내에서 조선인 독자 교육을 하는 것을 전제로 사립학교로서의 인가를 신청한다」는 타협적인 각서를 교체함으로 사태가 결속하게 되었다.

본 자료는 그 상황을 구체적으로 전하는 자료다. 편자의 재일조선인학교사건진상파견단은 1948년 5월 2일에 발족하고, 5월 6일까지 5일 동안에 오사카・고베의 현장조사를 하고, 5월 16일 도쿄(東京) 간다(神田) 교육회관 강당에서 진상보고회를 개최했다. 진상조사단의 보고서 및 성명은 『재일조선인교육옹호투쟁자료집』에 수록되어 있지만, 본 자료는 보고회 그 자체를 기록한 것이며 그 집회의 분위기를 자세히 알 수 있는 자료다. 보고회에서는 히라노요시다로(平野義太郎)가 사회를 맡고, 민주주의문화연맹의 가지와타루(鹿地亘)가 진상조사의 개요를 소개한 후, 자유법조단 후세타쯔지(布施辰治), 세계노동연합가맹위원 와타나베미지오(渡辺三知夫), 민주주인주과학자협회 와타베요시미지(渡部義通)가 각자의 견해를 보고했다. 마지막으로 이진규가 당사자의 입장에서 민족교육의 현환을 전달했다. 그리고 이 보고회에서는 본 자료집 제1권에 수록된 교과서류가 실물 전시되고 있었다고 한다. 당시의 상황을 생생하게 전하는 것으로, 본 자료집에 수록하기로 했다.

---

4) 해방 직후에서 1946년의 상황에 대한 자세한 내용은 鄭栄桓, 『朝鮮独立への隘路』(法政大学出版局, 2013) 第二章~第三章 ; 金太基, 『戦後日本政府と在日朝鮮人問題』(勁草書房, 1996) 제2장~제4장 등을 참조했다.

6) 재일조선인조국방위가나가와현위원회 『재일조선인은 민족의 압박을 어떻게 받고 있나』(1951년 2월)

7) 재일조선인강제송환과재산동결반대동맹 『재일조선인 강제송환이 뜻하는 것』(1951년 2월)

8) 조선인추방반대도쿄위원회 『뉴스』(1951년 10월)

9) 도쿄도교육위원회 『도립 조선인 학교 요람』(1951년)

6), 7), 8), 9)는 한국전쟁하의 재일조선인의 상황을 좌파 민족 단체 측에서 서술한 자료이다. 재일본조선인연맹은 점령정책의 전환 및 남북 분단국가의 형성이라는 상황에서 1949년 9월에 단체등규정령의 적용을 받고 강제해산되었다. 재일본조선인연맹의 강제해산 이후 조련계열의 재일조선인 단체는 조직의 재결성을 금지당하고 점령기에는 공연 활동을 원천봉쇄 당했다.

또 산하에 경영되고 있던 조선학교는 1949년 10월에 폐교 처분되면서 자율 학교로 인가도 없이 운영할 지, 그렇지 않으면 공립 분교 · 도립학교 · 민족학급으로 일본의 교육 제도의 간섭을 받으면서 운영을 할 지 선택의 상황에 놓이게 되었다. 민족 단체 조직, 조선학교도 1949년 말 시점에서 매우 억압적인 상황 아래에 놓인 것이다. 또 1950년 6월 이후 한국전쟁이 일어난 상황에서 일본 정부는 재일조선인에 대한 감시 · 관리의 눈을 강화했다. 이들 자료는 그런 상황을 당시 재일조선인이 어떻게 보고 있는지를 나타내는 자료이다.

6)은 재일조선인조국방위 가나가와위원회가 1951년 2월에 낸 선전 자료이다. 조국 방위대는 조련 강제 해산 후 1950년 6월 한국전쟁이 발발하면서 조국방위를 위해 일본공산당의 민족대책부가 조직한 기관으로 당시에는 비합법 활동으로 간주된 반전 운동을 하고 있었다. 그 입장에서 일본의 인민대중에 대해 조선인 차별의 실태를 알기 쉽게 전달하고자 제작된 책자이다. 내용도 재일조선인이 받고 있는 당시의 차별적 상황을 생활면 · 교육면에서 짧게 설명하고 있으며 외국인 등록과 강제 추방 등의 상황도 간추리고 있다.

7)은 '강제송환'에 관한 화제를 중심적으로 거론한 책자이다. 하지만 그 논지는 재일조선인에 대한 탄압은 일본 인민에 대한 탄압의 전조임으로 재일조선인의 문제에 대한 운동이 필요하다고 강조하고 있다. 일본인과의 공동 투쟁의 외침인 동시에 이 시기의 재일조선인 운동에 대한 탄압상황이 심각한 것이었음을 말해 주는 자료이다. 또한 '조선인 강제추방과 재산동결 반대동맹'은 1951년 1월 조련의 후계 단체로, 공공연하게 결성된 재일조선통일민주전선(민전)과 관련 깊은 조직이다. 일본정부 자료로 인용했지만, 민전의 결성대회에서

"마사령관은 일본에 대한 재일 중국, 조선인의 자산조사를 명했고 법무부 특별심사국 1700명은 매년 12월 중순으로부터 전국적인 조사를 담당하고 있으나, 놈들은 북조선계와 한국계로 색깔을 구별하여 북조선계에 대해서는 강제추방, 재산동결을 획책하고 있다"며 이는 "재일조선인의 사활문제"이다 면서, "단결하여 조선인 북송에 반대해야 한다"고 기록하고 있다.[5] 비공개적 활동 중이어서 민전의 이름을 감추고 출판한 것이라고 추측된다.

8)은 이 조선인 강제 추방 문제에 반대하는 문맥에서 나온 전단이다. 7), 8)의 홍보 자료에 나타난 인식에 입각해 구체적인 운동이 전개되었음을 보여 주는 자료이다. 이 시기의 자료에 대해서는 『조선문제자료총서』의 제1권 제15권·증보판에 수록된 『새조선』, 『일본공산당 관계 자료』, 『해방신문』 그리고 『재일조선인관련자료집성－전후편－』의 제3권 회의록 자료를 참고해 보면 당시 상황을 더욱 깊이 알 수 있을 것이다.

9)는 이 시기의 조선인학교의 상황에 관한 자료로, 도립 조선인 학교에 관한 자료를 실었다. 당시 도립 조선인학교가 된 12개의 초등학교 및 중학교, 고등학교의 재적 학생·교직원·학교부지·교사·통학 구역·PTA 및 후원회 학부모 직업·시설 개요 등이 정리되어 있다. 이 중 주목되는 것은 학부모의 직업 상황이어서 어느 학교에서도 무직자와 자유노동자가 많음을 인식할 수 있는 점이다. 도립 조선인학교의 경우 일본의 교과 교육이 중심인 동시에 취학 아동수가 제한되는 등의 문제 포함의 상황도 존재했으나 생활면에서는 공교육의 틀 속에 머물러 있었기에 부담이 경감되는 측면도 있었다. 그러나 이런 상황도 1952년 샌프란시스코 강화조약을 계기로 뒤바뀌게 된다. "외국인의 교육에 도민의 세금을 쓰는 것은 주권회복을 이룬 일본의 입장에서는 모순"이라는 이유 등으로 사립 이관, 폐교를 둘러싼 문제가 등장했기 때문이다.

10) 법무성입국관리국 『입관집무자료 제2호 재일조선인의 생활실태』(1953년 2월)
11) 법무성입국관리국 『입관집무자료 제4호 재류조선인과 일한관계』(1953년 3월)
12) 법무성입국관리국 『입관집무자료 제6호 재류조선인과 일한관계』(1953년 4,5월)
13) 법무성입국관리국 『입관집무자료 제7호 재류조선인과 일한관계』(1953년 6월)
14) 법무성입국관리국 『입관집무자료 제9호 재류조선인과 일한관계』(1953년 7,8월)

10)에서 20)의 자료는 1952년 4월 이후의 상황을 나타내는 자료를 중심으로 1950년대 재

---

5) 朴慶植, 『解放後在日朝鮮人運動史』(三一書房, 1989年), 279쪽 ; 法務研修所, 『在日北鮮系団体重要資料集』의 復刻版에 所收되어 있는 "民戦結成大会の記録"을 引用.

일조선인이 놓인 생활·교육면에서의 문제를 확인할 수 있는 자료다. 전후 재일조선인에게 이 시기의 상황은 가장 생활면에서의 빈곤 상태가 심각한 시대였다. 이 시기에는 인구의 1할 이상이 생활 보호 수급자였고, 또한 1952년 4월 이후는 일본 국적을 '상실'하고 그 체류 자격은 임시체류만을 허용했기 때문에 불안한 상태였다. 더욱이 외국인 등록증 상시 휴대 의무와 지문날인에 의해 일상적인 삶에서 세세한 간섭을 받고, 게다가 취업과 사회보장 등에서는 국적차별·민족차별이 당연한 것으로 존재하는 상황이었다. 이러한 재일조선인의 상황을, 일본정부 당국은 어떻게 인식하고 있었는지, 또 재일조선인은 어떻게 살려고 했는가. 그것을 폭넓게 알기 위한 단서로 되는 자료라고 할 수 있다.

10)은 일본 법무성 입국관리국(이하 입관)이 실시한 재일코리안의 생활실태를 조사한 자료다. 입관은 1950년 10월에 발족한 외무성 외국의 출입국관리청을 전신으로 하고, 1952년 8월에 법우성으로 개편되어서 발족한 부국이다. 1951년 10월에 재정된 출입국관리령(이하 입관령)에 의해, 일본에 입국·거주하는 외국인의 재유차격과 채류기관을 관리하고 필요에 따라 강제퇴거 조처를 집행하는 역할을 맡고 있었다. 재일코리안은 샌프란시스코강화조약 발효시의 있을 '국적상실' 조치로 입관령의 적용대상이 되고, 입관에 의한 외국인 제류관리체제하에 두어졌다.

본 자료는 이러한 상황 안에서 당국에 의해 실시된 생활실태조사의 기록이다. 그 내용은 크게 '직업통계·일용노동자와 구직투쟁·생활보호·한센병환자'의 네 가지 항목으로 재일코리안 제단체의 자료와 노동성·후생성의 자료 등을 정리하고 있다. '직업통계'는 재일코리안을 재류자격 별로 구분하기 위한 기초 자료로, 또한 '일용노동자·생활보호수급자·한센병환자'는, "빈곤자 방랑자 신체장애인으로 생활상 국 혹은 지방행정의 부담이 되고 있는자"(입관령 제24조 제4항)에 해당되는 사람들, 즉 강제퇴거 대상이 될 사람들의 기초자료다. 당시 해방 전에서 일본에 재류하고 있던 재일조선인은 당분간 "재류자격을 유하지 않아도 본방에 재류할 수 있다"는 참정적인 조치를 받고 있었다(소위 말하는 법 126호 해당자). 그러나 이 자료는 입관이 그 발족 직후부터 재일코리안의 동향을 파악하고, 그 직무에 살리고 있었다는 것을 알려주는 자료라고 할 수 있다.

11)에서 14)는 법무성 입국 관리국이 '집무참고'로 1953년 3월부터 9월 '재일조선인과 한일 관계'의 움직임을 기록한 자료이다. 관공서의 조사 자료나 국회 의사록, 각종 조선인의 신문 기사(『민주신문』·『신세계신문』·『해방신문』·『조선통신』·『K·P』·『KPI』 등)를 기본으로 재일조선인 및 한반도의 정치 동향에 대해 폭넓게 기록하고 있다.

재일조선인을 둘러싼 내용으로서는, 민전·민단의 동향 이외, '학생 문제'·'생활보호법의 적용'(4호), '한국 정부의 재일조선인 대책'·'조선인 학교의 동향'·'보호 관찰·'·'주류의 밀조'·'오오무라 수용소'·'조선인 문제의 설문에 대한 일본 각 정당의 답변'(6호), '신용조합과 대출'·'한센씨병환자의 동향'(7호), '조선인 전범 문제'·'귀화'(9호) 등 매우 다양한 이슈에 대해 신문의 논조를 선별해서 쓰는 형식으로 기록하고 있다. 편집상의 특징은 "조선 측의 신문 기사는 비판을 가하지 않고 그대로 소개했다"는 방침이다. 편집 과정에서 각 기사를 짧게 줄였기 때문에 전체적인 주장을 충분히 인지할 수는 없지만 일본의 입관 당국이 조선인의 주장을 어떻게 이해하고 있는지를 들여다볼 수 있다. 또 이 자료는 더 뒷부분에서 한일 관계와 관련된 기사 자료와 신문·잡지의 논조를 수록하고 있다. 이 정보를 실마리로 그 전거가 되는 자료를 찾아 가면 1950년대 초반 일본과 한국과의 관계를 이해할 수 있을 것이다.

15) 국책 연구회 『일본 내에서의 조선인 문제의 개황』(1956년)
16) 재일본 조선인 총연합회 『재일조선인 문제에 대해』(1956년)
17) 일본 적십자사 『재일조선인의 생활과 실태』(1958년)
18) 『재일조선인 자녀의 교육과 귀국』(1959년)
19) 『재일동포 학생의 현실』(1959, 1960년)
20) 『특집 가나가와 민족교육 작문집』(1959년)

15)도 기본적으로는 10)~14)와 같은 성격의 자료라고 할 수 있다. 이것은 국책연구회가 '국내 체류 조선인 문제를 개관하기 위해' 1956년에 조사해 낸 자료이다. 국책연구회는 1933년에 창설된 정책연구기획그룹이며, 전 시기에는 육군통제파의 브레인 역할을 하며 대정익찬회를 이끌었다고 전해진다. 전후 직후에는 중심 인물인 야쓰기 가즈오(矢次一夫)가 공직 추방되자 해산되었지만, 샌프란시스코강화조약 발효를 계기로 1953년 국정연구회로서 재출발했다. 그리고 이듬해에는 국책연구회로 개칭하고 1957년에는 재단법인이 되었다. 야쓰기 가즈오는 기시 노부스케의 특사로 한일회담 재개를 위한 활동을 펼친 인물이기도 하다. 이 자료는 당시 일본 정부가 재일조선인의 상황과 한반도의 정세를 어떻게 보고 있는지를 확인할 수 있는 자료이다. 내용으로서는 ① 재일조선인 운동의 동향, ② 인구 분포와 직업 상태, ③ 민족교육의 동향, ④ 한반도의 무역 상황 등이 일본 측에서 기록하고 있다. 다만 이러한 일본 정부 측 자료가 제시하는 상황이 당사자인 재일조선인의 생활상의 문제에서는 어떤 것으로 나타났는지에 대해서도 주목할 필요가 있다.

16)은 당시 최대 규모의 조선인 단체인 재일본조선인총연합회(이하 조총련)에 의한 '재일조선인 문제에 대해'의 소책자이다. 좌파 민족 단체는 이 시기, 운동 노선을 둘러싼 갈등을 경험했고, 1955년에 결성된 조총련은 조선민주주의인민공화국지지 입장을 분명히 하고 '공화국'의 '해외 국민'으로서의 권리 요구를 내세운 민족 운동을 펼치게 되었다. 이 책자에서는 그 입장에서 재일조선인 문제를 정리한 자료이다. 그 주장은 '재일조선인의 빈곤과 기아 상태'의 상황을 밝히면서, '공화국'으로의 귀국이 바로 그 해결로 이어진다는 입장에서 구성되어 있으며, 조선학교에 다니는 학생의 진로와 취업 문제, 오오무라 수용소에 수감된 귀국 희망자의 문제를 소개하면서 북한으로의 귀국을 종용하고 있다. 일본에서의 체류하자는 주장이 아니라 언젠가는 귀국하는 존재로 재일조선인을 규정하고 있음을 분명히 알 수 있는 자료이다.

17)은 재일조선인의 생활실태를 일본적십자 측에서 기록한 자료이다. 통계자료를 이용해 재일조선인의 실업문제의 동향을 분석해 귀국을 희망하는 조선인에 대해서는 그 길을 열어줘야 한다는 취지가 제시되고 있다. 귀국사업에 관한 연구가 대부분 일본과 조선의 적십자가 깊이 관여해 양국 정부 대신 그 실무를 맡게 되었다. 자세한 내용은 테사 모리스 스즈키의 『북한으로의 엑소더스』(아사히신문사, 2007), 박정진(朴正鎭)의 『북−일 냉전 구조의 탄생』(평범사, 2012) 등의 연구가 상세히 설명하고 있다. 당사자인 재일조선인이 어떤 생각을 가지고 귀국의 길을 선택했는지를 고찰하는 것도 필수 불가결한 과제이다.

18), 19), 20)은 북한으로의 귀국문제가 생활과 교육 양면의 문제와 겹치는 것임을 당사자의 증언으로 밝혀 주는 자료이다. 1959년 12월부터 1967년 12월까지 북한으로 귀국한 사람의 통계를 세대별로 보면, 전체에서 88,611명의 귀환자 중 27,016명이 1950년대 이후 태어난 사람이고, 23,845명이 1940년부터 1949년생 세대였다고 알려져 있다. 이것은 귀국자의 절반 이상이 해방 이후 형성된 조선학교에서 민족교육을 받은 세대임과 동시에 전후 일본사회에서의 차별과 빈곤을 가장 감수성이 예민한 시기에 받아온 세대라고도 정리할 수 있다.

19)와 20)의 자료는 일본교직원조합의 교육연구집회에 발표된 재일조선인 교사에 의한 보고 가운데 귀국사업에 관한 보고이다. 일교조의 교연집회에서의 조선인 교직원의 보고는 1953년을 효시로 매년 반복되면서 몇몇 연구 보고는 그동안 자료집에서 수록·소개되었지만 귀국사업에 직접적으로 관련한 보고는 관청의 것에 한정하면 이것이 처음이다.

19)는 1959년 1월 제8회 교육 연구 전국 집회 제13회 분과회, 1960년 1월 제9회 교육 연구 도쿄 집회의 제14분과회에서 발표된 자료이다. 모두 도쿄조선학교에 다니는 학생의 가정

환경, 생활 상태를 소개하고, 일본에서는 미래 전망을 가질 수 없는 상황과 입북에 관한 희망을 설명하고 몇 편의 조선인 학생의 작문을 올리는 점에서 공통점이 보인다. 일본의 교육자에 대해 재일조선인의 생활, 조선학교 교육의 상황, 귀국사업의 필요성 등 3가지 논점을 강조하는 형태로 구성되어 있다.

20)도 비슷한 의도에서 만들어진 자료로 생각된다. 이 자료는 재일본조선인가나가와현교육위원회·재일본조선인카나가와현위원회가 1959년 8월에 편집한 조선학교 학생의 작문집이다. 일본학교의 교사 및 일본학교에 통학하는 재일조선인 학생에 대해 배포할 목적으로 만들어진 작문집이라고 볼 수 있다. 자료 말미에는 조선학교의 교육목표와 '입학의 안내서'가 기재되어 조선학교로 전학해 말을 배우고 귀국하도록 권장하고 있기 때문이다. 작문집에는 초급학교 작문 7개, 중급학교 작문 3개, 고급학교 작문 3편, 합계 13개가 수록되어 있다. 학생의 눈으로 본 일본 사회, 북한 그리고 재일조선인의 풍경, 그리고 조선 학교가 일본사회에 대해 스스로를 어떻게 나타내려고 했는지를 들여다 볼 수 있다.

귀국사업의 평가는 매우 어렵지만 당시의 생활 상황 속에서 볼 때 북한으로의 귀국이라는 결정이 무엇을 의미했는지, 당시의 담론에 입각해서 고찰할 필요가 있을 것이다. 이들 자료는 그 이해를 보조하는 자료로서 중요하다.

이상과 같이 본 자료집에서는 1945년 해방부터 1950년대 말까지 거의 15년 동안의 재일코리안 관련 자료를 수록했다. 이것을 통해 볼 때, 재일조선인이 얼마나 우여곡절을 겪었는지를 확인할 수 있을 것이다. 재일조선인은 조련에서 민전, 조총련으로 전환해 가는 과정에서 자기가 어떤 존재인지, 즉 일본의 소수 민족인지, 북한의 해외 공민인지, 그 존재 규정을 둘러싼 갈등을 경험했다. 이 시기 재일조선인의 생활은 지극히 가난한 상황이었다. 특히 1952년 4월 이후는 불안정한 체류상황 아래, 일본에서 정비된 사회보장 시스템에서도 배제당하고, 사회생활 면에서도 다양한 차별을 당했다. 참으로 경색된 상황 아래에 놓이게 되었다. 전후 일본사회의 재일조선인의 생활은 불합리한 차별적 상황에 농락당했던 것임을 간과해선 안 될 것이다. 본 자료집이 수록한 자료는 다양한 지형에서 선택되었지만 여러 일상의 역사 상황을 증언하는 점에서 그 의의가 있다고 할 수 있다.

1. 한글 첫 걸음

한글 첫 걸음

朝鮮語學會編纂

N0900113662

朝鮮人聯盟文化部版

〔주 의〕

1. 이 책은 "초등 국어 중·하" 또는 "중등 국어 상·하" 를 가르치기 전에, 먼저 국어 공부의 터전을 닦아주도록 가르치기 위하여 지은것임.

2. 이 책을 가르치는 교사는 "초등 국어 한글 教授 指針" 을 參考 利用할것으로 함.

3. 한글 字母의 이름은 아래와 같이 가르칠것으로 함.

ㄱ＝기역   ㄴ＝니은   ㄷ＝디귿
ㄹ＝리을   ㅁ＝미음   ㅂ＝비읍
ㅅ＝시옷   ㅇ＝이응   ㅈ＝지읒
ㅊ＝치읓   ㅋ＝키읔   ㅌ＝티읕
ㅍ＝피읖   ㅎ＝히읗   ㅏ＝아   ㅑ
＝야   ㅓ＝어   ㅕ＝여   ㅗ＝오
ㅛ＝요   ㅜ＝우   ㅠ＝유   ㅡ＝으
ㅣ＝이

그리고 거듭된 字母의 이름은 아래와 같이 가르칠것으로 함.

ㄲ＝쌍기역   ㄸ＝쌍디귿   ㅃ＝쌍
비읍   ㅆ＝쌍시옷   ㅉ＝쌍지읒
ㅐ＝애   ㅒ＝얘   ㅔ＝에   ㅖ＝예
ㅘ＝와   ㅙ＝왜   ㅚ＝외   ㅝ＝워
ㅞ＝웨   ㅟ＝위   ㅢ＝의

ㄱ ㄴ ㄷ ㄹ ㅁ ㅂ ㅅ ㅇ

ㅈ ㅊ ㅋ ㅌ ㅍ ㅎ ㅏ ㅑ

ㅓ ㅕ ㅗ ㅛ ㅜ ㅠ ㅡ ㅣ

ㅂㅏ 바
ㄷㅏ 다　　　바다

ㄴㅏ 나
ㄹㅏ 라　　　나라

ㄱㅏ 가
ㅈㅏ 자　　　가자

가자, 다 가자.

나가자, 다 나가자.

二

ㅇㅏ ㅂㅓ ㅈㅣ	아 버 지	아 버 지
ㅇㅓ ㅁㅓ ㄴㅣ	어 머 니	어 머 니
ㅅㅓ ㄹㅣ	서 리	서 리
ㅈㅓ	저	저 리
ㅇㅣ	이	아 이
ㅁㅣ	미	미 나 리
ㅊㅣ	치	치 마
ㅋㅣ	키	키

아버지 바지 어머니 치마
어서 가자 저리 가자

三

ㅇㅑ	야	아이야
	냐	아니냐
ㄹㅑ	랴	가랴
ㅇㅕ	여	여자
ㅎㅕ	혀	혀
ㅍㅕ	펴	펴라

나가랴?   나가거라

어서 가거라 어서 가서 자거라

어서어서 자라거라

여자(女子)

四

ㅁㅗ	모	모자 모기
ㅅㅗ	소	소나무
ㅇㅗ	오	오리
ㄴㅜ	누	누나
ㄱㅜ	구	바구니
ㄷㅜ	두	자두 구두
ㄹㅜ	루	두루마기 두룩
ㄷㅡ	드	버드나무
ㄹㅡ	르	다르다
ㄴㅡ	느	느리다
ㅋㅡ	크	크다

버드나무가 푸르다. 소나무가 크
누구누구 가시니?
두루 가르치시더라.

___

모자(帽子)

五

ㅊㅜ	추	고추
ㅎㅜ	후	후추
ㅌㅜ	투	투구
ㅁㅛ	묘	묘하다
ㅍㅛ	표	차표　모표
ㅎㅛ	효	효자
ㄱㅠ	규	규모
ㅇㅠ	유	우유　유리

그 아이가 효자다.

차표 사오너라.

구두 가져오너라.

우유 사오너라.

효자(孝子)　우유(牛乳)

六

벼루	조	고기
보리	수리	조리
호두	여우	포도
호미	무우	도토리
마루	부모	부추
주머니	조카	노루
유리	우표	여러가지

호두나무가 크다.

보리가 자라오

고기가 노오.

호미 가지고 오너라.

부모(父母) 우표(郵票)

ㅐ ㅑ ㅔ ㅖ ㅚ ㅟ ㅓ

七

ㅅㅐ	새	새나라
ㅂㅐ	배	배나무
ㄱㅐ	개	개구리
ㄴㅐ	내	시내
ㅁㅐ	매	매미
ㄷㅐ	대	대추
ㅇㅕ	여	애야

새가 우오.

개가 가오.

배가 크오.

애야, 어디 가니?

八

ㄹㅔ	래	쳐례	수래
ㅁㅔ	매	대주	메누리
ㅈㅔ	재	제비	제사
ㅅㅔ	세	세수	
ㅂㅔ	뻬	뻬개	
ㅇㅔ	에	역사	
ㄱㅔ	게	세게	
ㄹㅔ	래	차례	

네나 내나 다 나가자。

차례 차례 다 가자.

겨래 겨래 우리 겨래.

예서 제서 노래하네

세계(世界)

九

ㅅㅚ	쇠	쇠고기 무쇠
ㄱㅘ	과	꽈수
ㅈㅟ	쥐	쥐
ㅊㅟ	취	취
ㅇㅢ	의	의자 의사
ㅎㅚ	회	회다 회미

뉘 구두냐?

마루 위에 두어라.

쥐가 기어가오.

저 모지가 회다.

의자(椅子) 의사(醫師)

ㅏ ㅁ

ㄱ ㅏ ㅁ 감	감 김 담배
	감자 샘

감나무가 점점 자라오.

조심해 가거라.

그 사람 키가 참 크다.

염려해 주시니 감사하오.

바람이 잠잠하다.

저 구름이 매우 희구나.

그 아이가 참하구나.

十一　ㅂ

ㅈㅣㅂ 집 ｜ 집 밥 접시

　　　　　 탑 삽 보습

저 집이 네 집이냐?

그 접시에 담아라.

그리 급히 가려느냐?

저기 큰 탑이 보이오.

엽서 사오너라.

고기 잡으러 가자.

점심 가지고 오너라.

十二

사 ᄂ 산	신 구운밤 손
	신 문 건너편 논

아버지는 논에 가시고, 어머니는

집에 계서오.

언니는 신문사에 다닌다.

아침부터 대단히 분주하오.

너 집에 간다더니 언제 가니?

건너편 집에 손님이 오신다.

비가 몹시도 온다.

사(川) 신문(新聞)

十三 ㄹ

| 자 ㄹ ㅠ 꽃 | 한날 길 말 |
| | 받 만년필 설 |

온 나라 사람들아.

단결이 제일이다.

나라를 위하여 일을 하자

우리들이 아니하면 누가 하랴

놓지 말고 날마다 일을 하자

한글을 잘 배우자

우리 나라 글이니 잘 배우자

만년필(萬年筆)

十四 ㅅ

ㅇ ㄴ ㅅ 웃	웃 갓 못
	낫 엿 삿갓

이곳 저곳에 만세 소리다.

기름을 치니 맛이 난다.

이것이 내 연필이다.

엿 맛은 달고, 잣 맛은 고소하다.

이 낫은 잘 든다.

늘 웃고 살자

세 옷을 입고 춤을 춘다.

만세(萬歲)   연필(鉛筆)

十五. ㄱ

ㅎ ㅏ ㄱ 학 │ 학교 독 먹

석필 책 묵

집집이 새 국기가 휘날린다.

동무야, 오너라. 애국가를 부르자.

북에는 백두산, 남에는 한라산.

곡식이 잘 되어서 먹을것이 넉

녁하

각각 제 할 일을 잘 하여라.

일은 닥치는대로 다 해야 한다.

학교에서는 글도 배우고 일도

배운다.

학교(學校) 국기(國旗) 애국가(愛國歌)

북(北) 백두산(白頭山) 남(南)

十六 ㅇ

ㄴㅗㅇ 농	농 동무 기둥
	팽이 성냥
	금강산

종을 치니 생도들이 모여든다.

교장선생님이 나오신다.

강당에 들어가면 조용히 해야
한다.

할 말은 당당히 하여라.

금강산은 세게에 이름난 산이다.

압록강은 우리 나라의 제일 긴
강이다.

아버지 안녕히 주무십시오.

금강산(金剛山) 생도(生徒)

교장선생(校長先生)

와 왜 거 계

十七

ㄱ ㅘ	과	꽈자 꽈일
ㄱ ㅙ	꽤	꽹이
ㄷ ㅙ	돼	돼지
ㅇ ㅓ	워	원숭이
ㄱ ㅖ	궤	궤

물이 좔좔 흐른다.

활개치고 걸어간다.

너른 바다를 바라보니 마음이

상쾌하다.

날이 새어 동편이 훤하다.

동(東)

ㄲ ㄸ ㅃ ㅆ ㅉ

十八

까 ᅣ	까	까치 까마귀
ㅃ ᅣ	빠	빰
ㅆ ᅥ	써	썰매
ㅃ ᅧ	뼈	뼈
ㅆ ᅵ	씨	고추씨
ㄸ ᅢ	때	때
ㄸ ᅦ	떼	떼

싸리비로 뜰을 쓸어라.

아버지 걸음은 빠르다.

참새가 떼를 지어서 날아간다.

어머니가 빨래하러 가시니, 너도

빨리 따라 가거라.

十九

ㄲㅗ	꼬	꼬리
ㅃㅗ	뽀	뽕나무
ㅃㅛ	뾰	뾰족하다
ㅆㅜ	쑤	쑤세미
ㅆㅡ	쓰	쓰다
ㄲㅕ	꾀	피꼬리
ㄸㅟ	뛰	뛰어간다

약은 써도 먹어야 한다.

비행기가. 공중에 떠돈다.

코끼리는 코가 길다.

저 사람은 재주가 뛰어난 사람
이다.

약(藥)　비행기(飛行機)　공중(空中)

二十

끼꾜	꽈	파리
끼꺼	꿔	꿩
쌔	쐐	쐐기
끼재	꿰	꿰맨다

오늘은 꽤 춥다.

꿩이 울면서 날아간다.

어머니가 내 옷을 꿰매신다.

아이들이 파리를 분다.

二十一   ㅍ

ㅇ ㅏ ㅍ   앞 │ 앞 앞에 앞으로

앞도 앞파

무릎을 치고 웃는다.

숲 속에서 샘 물이 흘러 나온

다.

나무 잎이 푸르다.

앞길이 멀다. 빨리 가자.

<u>한강</u>은 길고도 깊은 강이다.

<u>백두산</u>은 높은 산이다.

나도 갸고싶으니 함께 가자.

한강(漢江)

二十二　ㄷ

ㅂ ㅏ ㄷ 반　│　받고　받지
　　　　　　│　받아　받으니

부모의　뜻을　받아라.

마음이　곧으면　믿음은　받는다.

네　결심이　굳으니　성공하기를

믿는다.

아침　해가　돋아온다.

내　말을　듣느냐?

내　말을　잘　들어라.

문을　닫고,　공부를　한다.

결심(決心)　성공(成功)

二十三 E

ㅂ ㅏ ㄷ 밭 | 밭에 밭을
밭도 밭과

콩밭에 콩이 나고, 팥밭에 팥이 난다.

나이는 같아도, 키는 같지 아니 하구나.

침을 함부로 뱉지 말아라.

우리 일은 우리가 맡아 하자.

개는 냄새를 잘 맡는다.

산 밑에 시내가 흐른다.

한 마음 한 뜻으로 끝까지 일 을 하자.

겉을 보면 속을 안다.

二十四 ㅈ

ㄴ ㅏ ㅈ 낮 │ 낮아 낮으니
│ 낮고 낮다

산은 낮아도 나무는 무성하다.

아기는 젖만 찾는다.

개가 짖으니 손님이 오시나보다.

내ㅅ물은 잠시도 아니 쉬고 밥

낮으로 흘러간다.

찾은것이 무엇이요?

어른의 말씀은 잊지 말고 지키

어라.

나라 일에 밤낮을 가리랴?

二十五 ㅊ

ㄲ ㅗ ㅊ 꽃 | 꽃 꽃이 꽃을
꽃도 꽃과

이 강산에 무궁화 꽃이 한창이
다.

사람마다 얼굴에 기쁜 빛이 가
득하다.

흰 돛을 단 배가 몇이나 되느
냐 ?

뒤 선 기러기가 앞 선 기러기
를 쫓아 줄을 지어 날아간다.

우리의 굳은 마음 몇 만년 지
난들 조금이나 변하리 ?

고양이가 낯을 씻는다.

강산(江山) 무궁화(無窮花)

二十六　ㅋ

ㅇㅓㅋ 역	부역　　부역이
	부역에　부역도
	부역과

이머니가 부역에서 설것이를 하십니다.

해는 동녘에서 떠서 서녘으로 집니다.

해ㅅ빛이 비치어 옵니다.

별에 쪼이면 얼굴이 검어집니다.

밭에 흩어진 콩과 팥을 낱낱이 주워 모읍시다.

사냥꾼이 토끼를 쫓아서 산을 넘어 갑니다.

아이들이 달맞이하러 갑니다.

___

서(西)

二十七 ㅎ

ㅈㅗㅎ 좋 | 좋다 좋고
                  좋아 좋으니

이것이 좋다.

그것도 좋지.

모두 다 좋구나.

배가 항구에 닿는다.

제주도에서는 말을 놓아 먹인다.

겨울에 먹일 꼴을 쌓아 놓아라.

벼가 벌써 누렇게 익기 시작한
다.

우리 마을 앞에 정자나무가 커
다랗다.

대문 앞에 높다랗게 달린 국기
가 바람에 펄럭거리오.

항구(港口) 대문(大門)

ㄲ ㅆ ㄸ ㅎ ㄺ ㄿ ㄻ

ㄽ ㄾ ㄵ ㅀ ㅄ ㅆ

二十八 ㄲ

ㄴ ㅏ ㄲ 낚 | 낚아 낚으니
| 낚고 낚더라

낚시ㅅ대를 메고 고기를 낚으러
가오.

밖에 나가 보아라.

나무ㅅ단을 묶어서 쌓아 놓아라.

앞 뜰에 여러가지 꽃이 쉬여
피어 보기가 좋다.

꽃을 꺾으면 안된다.

박달나무를 깎아서 팽이를 만든
다

二十九　ㅅ　ㅈ

ㅅㅏㄱㅅ　삶 ｜　삶이　삶을
　　　　　　　　삶도　삶만

밥을　하고　삶을　받는다
정신을　차려라.　넋을　놓
아된다.
이것은　내　몫이고,　저것은　네
몫이다.

ㅇㅏㄴㅈ　앉 ｜　앉아　앉으니
　　　　　　　　앉고　앉지

가만히　앉아서　깊이　생각해보아
라
책상　위에　얹어　놓고　나오너라.

三十 남

ㅁ ㅏ ㄴ ㅎ 많 | 많다 많꼬
많아 많으니

사람이 많이 모여 든다.

저 아이는 점잖이 앉아세 공부

를 한다.

늦어도 괜찮으니 꼭 오셔요.

나라 일울 우리가 아니하면 누

가 해요?

三十一 리

ㄷ ㅏ ㄹ ㄱ 닭 │ 닭 닭이 닭을

닭도 닭과

닭이 고운 목소리로 운다.

닭이 홁을 핀다.

맑은 물이 훌러 간다

밝은 달이 솟아 오른다.

할머니 등을 긁어드리자.

三十二 ㄹ ㄼ

ㅈ ㅓ ㄹ ㅁ 젊 │ 젊 어 젊 으 니 까
│ 젊 고 젊 다

젊은 사람이 짐을 짊어지고 온
다.

저 리 옮 아 앉 아 라.

ㅂ ㅏ ㄹ ㅂ 밟 │ 밟 아 밟 으 니
│ 밟 고 밟 지

보 리 밭 을 밟 아 라.
태 평 양 은 넓 은 바 다 다.

태 평 양(太 平 洋)

三十三 라 른

ㄷㅗㄹㅅ 닯 | 닯이 닯에

작면에 떨어진 꽃도 올 봄에
재 둘 되니 마시 핍다
그렇게 외교으로만 생각하지 말
고 좀 더 널리 생각해보시요.

ㅎㅏㄹㄷ 핥 | 핥아 핥으니
　　　　　　　핥고 핥지

수박 겉 핥기다.
어머니가 벼를 훑으신다.

작년(昨年)

ㅇㅡㄹㅍ 읊 │ 읊어 읊으니
　　　　　　 읊고 읊지

듣기 좋게 시를 읊어라

ㅇㄴㄹㅎ 옳 │ 옳다 옳고
　　　　　　 옳아 옳으니

나라를 위해서 힘을 다하는것은 옳은 일이다.

마음이 바르면 만사가 옳게 된다.

바른 길을 잃지 말아라.

산을 뚫어서 길을 낸다.

누나가 쌀을 쓿어서 밥을 짓는다.

시(詩)

三十五　以　ᄊ

ㄱ ㅏ ㅂ ㅅ　값　｜　값　값이　값을
　　　　　　　｜　값도　값만

참외　값을　치러주시오.

쌀　값으로　십원을　받으시오.

여기는　가엾은　사람은　하나도

없다.

ㅇ ㅣ ㅆ　있　｜　있어　있으니
　　　　　　 ｜　있다　있고

한글　공부는　재미가　있다.

내일　서울로　가겠다.

삼천리　강산에　무궁화　꽃이　피

었다.

십원(十圓)　내일(來日)　삼천리(三千里)

三十六　자장노래

멍멍　개야　　짖지　말고,
꼬꾜　닭아　　우지　마라.
우리　아기　　잘도　잔다.
자장　자장　　우리　아기.

엄마　품에　　푹　안겨서,
칭얼칭얼　　잠　노래를
그쳤다간　　또　하면서,
쌔근쌔근　　꿈　나라로.

저녁　노을　　사라지며,
돌아　오는　　밝은　달이,
우리　아기　　잠든　얼굴
곱게　곱게　　비쳐주네.

三十七 속 담

세 살 버릇이 여든까지 간다.

콩 심은데 콩 나고, 팥 심은데
팥 난다.

가는 말이 고와야, 오는 말이
곱다.

백자ㅅ장도 맞들던 낫다.

말 없는 말이 천리 간다.

얕은 내도 깊게 건너라.

등잔 밑이 어둡다.

나중 난 뿔이 우뚝하다.

보기 좋은 떡이 먹기도 좋다.

쥐 구멍에도 별들 날이 있다.

구슬이 서말이라도 꿰야 보배라.

三十八 여우와 닭

어느 날 닭 한마리가 집 뒤 감나무에 올라앉아 따뜻한 봄 볕을 담뿍 쪼이면서, 저 혼자 잘하는듯이 노래를 부르고 있었습니다. 마침 여우 한마리가 그 밑으로 지나다가 닭을 쳐다보며,

참 자네는 명창이야. 나는 잘한다는 노래를 많이 들어보았지만, 자네같이 잘하는 노래는 아직까지 들어보지 못하였네."

하며, 입에 침이 없이 칭찬을 합니다.

칭찬을 받은 닭은 더욱 목청을 돋우어, "꼬꼬오" 하고 연달아 노래를 불렀습니다.

"여보게, 조금 나직히 내려와서 노래를 들려주게. 나는 나ㅅ살이나 먹은 탓으로 벌써 귀가 먹먹하여 잘 들리지 않네그려.

라고, 여우가 말하였습니다.

고지식한 닭은 그만 그 말에 속아서 제일 낮은 가지로 내려왔습니다. 그래서 노래를 한번 썩 잘 불러서 여우가 하품을 하도록 하리라 생각하여, 눈을 딱 감고 목청을 가다듬어, "꼬꾜오" 하고 한창 노래하는 판에 여우는 와락 덥벼들어 닭을 턱석 문채 산중으로 달아났습니다.

닭은 그제야 속은줄 알고 요 얄미운놈의 여우" 하며, 분을 참지 못하였습니다.

오냐. 요 여우녀석을 이번에는 내가 수여주겠다." 하고,

"아저씨. 아저씨, 대관결 나를 데리고 어디로 가실터이요?" 하고 물었습니다.

"그만하면 알 열이지. 산에 가

산 중(山 中)

저 너를 잡아 먹는단 말이다."
하고 여우는 대답하였습니다.

"아저씨, 잠깐만 기다립시오"

"왜, 먹히기가 싫다는 말이냐?"

"아니요. 아저씨 그런것이 아닙
니다."

"그러면 어떻단 말이냐? 어서
말하여라."

"나는 아뭏든 오늘 밤에 죽기
로 작정 되었던것이니까 아저씨
에게 잡혀 먹힌다고 더 설을것
도없습니다. 다 같이 죽을바에는
간교한 사람의 손에 죽는것보다
차라리 아저씨같은 어른에게 잡
혀 먹히는것이 훨씬 영광스러운
일이라고 생각합니다."

"네 말이 매우 슬기롭구나."

"그러나, 아저씨, 내 배ㅅ속을
좀 들여다보아주십시오. 사람에게
잡혀 먹히는것이 하도 안타깝기

로 아까 바늘을 백개가량이나 먹었습니다. 만일 아저씨가 그 바늘에 상하시거나 하면 큰 일 이니까, 배ㅅ속에 바늘이 아직 있나 없나 보아주십시오.

닭이 시치미를 뚝 떼고 천연스 럽게 말을 하므로 꾀 많은 여우 도 그만 넘어갔습니다. 그래서 여 우는 닭을 땅에다 내려 놓고, 닭 의 배ㅅ속을 보려고 닭더러 입을 벌리라고 하였습니다. 그 때에 닭 은 푸르르 날아서 곁에 있는 소 나무의 높은 가지 위에 올라 앉 았습니다. 앉아서는 "꼬꾜오" 하고 노래를 또 불렀습니다.

여우는 애틋하여하면서 닭을 쳐 다보고 있는데, 닭은

  "아저씨, 이번 노래는 어떻습니 까?"

하고 놀려대었더랍니다.

三十九 고향 하늘

푸른 산 저 넘어로

　　덜리 보이는,

새파란 고향 하늘

　　그리운 하늘.

언제나 고향 집이

　　그리운 때면,

저 산 넘어 하늘만

　　바라봅니다.

四十 우리 나라

같은 옷을 입고, 같은 말을 하며, 같은 역사를 가진 같은 겨레가 같은 땅터 안에 모이어서 커다란 살림살이를 함께 하고 사는 것을 "나라" 라고 합니다.

우리 나라는 산도 좋고 물도 좋고, 또 좋은 물건도 많이 나며, 사람들도 모두 다 좋습니다. 우리 나라는 참 좋은 나라입니다.

우리는 이 좋은 나라의 살림살이를 아무쪼록 잘 하여서 더 좋은 나라를 만들어야합니다.

역사(歷史)

四十一 우리의 할 일

부지런히 배우세, 부지런히 일하세,

삼천만 우리들이 한마음 한뜻으로,

다 같이 힘을 다하여
일하세.

크고 큰 나무라도 다듬어야 쓰이고

옥돌이 보배로되 갈아야만 빛나네

우리도 배우고 배워 좋은 사람 되오리

조그만 개울들도 한데 모여 바다요

한줌씩 흙이라도 쌓이면 산떼미라.

우리도 힘 다 모아서 큰 나라를 이루세.

一九四五年十一月三日 印 刷
一九四五年十一月六日 發 行

京城府鍾路區浩進町一八八番地
著作者　朝 鮮 語 學 會

發行者　軍 政 廳 學 務 局

京城府鍾路區蓮池町一番地
印刷者　朝 鮮 敎 學 圖 書 株 式 會 社

京城府鍾路區蓮池町一番地
發行所　朝 鮮 敎 學 圖 書 株 式 會 社

翻刻版　九四六年五月三十日 印 刷
一九四六年六月十日 發 行

東京都芝區田村町一丁目
發行者　在日本朝鮮人聯盟中央總本部文化部

京都市下京區西洞院七條南入
印刷所　內 外 印 刷 株 式 會 社

2. 인민한글교본 (1)

인민한글교본 (1)

1948年 10月

리 진 규

女 盟 總 本 部 文 化 部

인민한글교본

〈 I 〉

1948年 10月

리 진규

女盟 總本部 文化部

敬 語 法 (2)

○ 주무신다 —— 잔다
○ 계시다 —— 있다
○ 돌아가셨다 —— 죽었다 —— 거꾸러졌다
○ 잡숫는다 —— 먹는다 —— 처먹는다
○ 편찮으시다 —— 앓는다
○ 아버지 —— 아빠 —— 아범
○ 어머니 —— 엄마 —— 어멈

낮 잠 이 나 자자. 그 리 하 여 개 들 은
천 무 (天賦) 의 수 위 술 (守衛術) 을
망 각 (忘却) 하 고, 낮 잠 에 탐 닉
(耽溺) 하 여 버 리 지 않 을 수 없 을 만 큼,
타 락 하 고 말 았 다.

술 을 앝 이 다, 짓 을 줄 모 르 는
벙 어 리 개, 잠 잘 줄 모 르 는 걸 름
뱅 이 개, 이 바 보 개 들 은 복 (伏) 날
개 장 국 을 끓 여 먹 기 위 하 여, 촌
민 의 희 생 (犧牲) 이 된 다. 그 러 나
불 상 한 개 들 은 음 력 도 모 르 니, 복
날 은 몇 칼 이 나 남 았 나 전 연 알
길 이 없 다.

《本籍 5춘묘》의 一部》

── 차 례 ──

(1)

(2)

1. 자.모 (字母)

ㄱ ㄴ ㄷ ㄹ ㅁ ㅂ ㅅ ㅇ

ㅈ ㅊ ㅋ ㅌ ㅍ ㅎ ㅏ ㅑ

ㅓ ㅕ ㅗ ㅛ ㅜ ㅠ ㅡ ㅣ

※ 한글의 字母数는 現在 子母 14字母
音 10字 合해서 24字다.

(3)

2. 홀소리 (母音)

ㅏ (아) ㅑ (야) ㅓ (여) ㅕ (여)

ㅗ (오) ㅛ (요) ㅜ (우) ㅠ (유)

ㅡ (으) ㅣ (이)

母音中 ㅓ ㅕ ㅡ 의 三字는 日本語 發音에
없으므로 特別指導가 必要하다
ㅑ ㅕ ㅛ ㅠ 의 4字는 重母音이다
ㅑ (ㅣ ㅏ 의 合音) ㅕ (ㅣ ㅓ 의 合音)
ㅛ (ㅣ ㅗ 의 合音) ㅠ (ㅣ ㅜ 의 合音)

(4)

3. 닿소리 (子 音)

ㄱ(그) ㄴ(느) ㄷ(드) ㄹ(르)

ㅁ(므) ㅂ(브) ㅅ(스) ㅇ(으)

ㅈ(즈) ㅊ(츠) ㅋ(크) ㅌ(트)

ㅍ(프) ㅎ(흐)

子音은 名稱(기역,니은…)을 먼저 가르치지말고 發音法(그,느,드…)을 먼저 가르친다。

ㅇ 은 初聲時에는 아무런 소리도 내지않는다。

ㅊ,ㅋ,ㅌ,ㅍ 의 4字는 混成子音으로 北鮮語에는 없는 發音이다。

　　ㅊ(ㅈ,ㅎ 또는 ㅎㅈ 의 合音)

　　ㅋ(ㄱ,ㅎ 또는 ㅎㄱ 의 合音)

　　ㅌ(ㄷ,ㅎ 또는 ㅎㄷ 의 合音)

　　ㅍ(ㅍ,ㅎ 또는 ㅎㅍ 의 合音)

(5)

4. 철 자 방법 (綴字方法)

〈Ⅰ〉

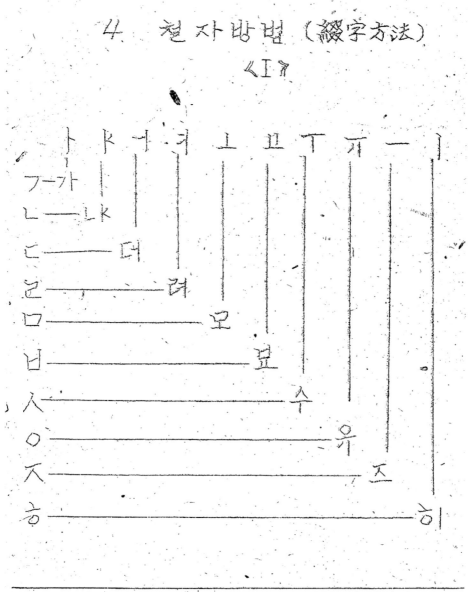

	ㅏ	ㅑ	ㅓ	ㅕ	ㅗ	ㅛ	ㅜ	ㅠ	ㅡ	ㅣ
ㄱ	가									
ㄴ		ㄴ K								
ㄷ			더							
ㄹ				려						
ㅁ					모					
ㅂ						뵤				
ㅅ							수			
ㅇ								유		
ㅈ									즈	
ㅎ										히

子音 ㅊ, ㅋ, ㅌ, ㅍ 의 綴字例는 略함.

《Ⅱ》

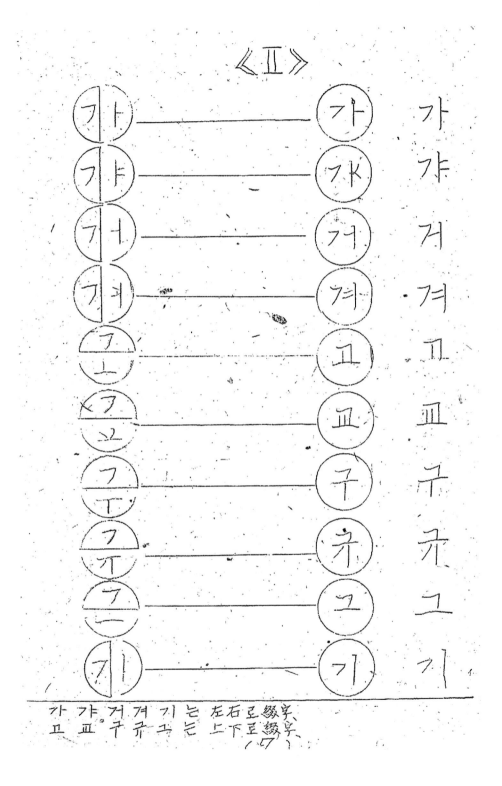

가 갸 거 겨 기 는 左右로 綴字
고 교 구 규 그 는 上下로 綴字
(5)

5. 쉬운 철자와 발음

ㅂ ㅏ 바 }
ㄷ ㅏ 다 } 바 다

ㄴ ㅏ 나 }
ㄹ ㅏ 라 } 나 라

ㅇ ㅏ 아 }
ㅂ ㅓ 버 } 아버지
ㅈ ㅣ 지 }

ㅇ ㅓ 어 }
ㅁ ㅓ 머 } 어머니
ㄴ ㅣ 니 }

마차 기차 치마 바지

나비 거미 가지 미나라

조 사

보 고

지 도 자

모 스 크 바

조 사 보 고 지 도 자 모 스 크 바

토지 (土地)　　　지주 (地主)

투사 (鬪士)　　　타도 (打倒)

조사 (調査)　보고 (報告)　지도자 (指導者)
모스크바 (쏘 베一트 社會主義共和国同盟의首都)

(9)

ㅁ　ㅑ　먀]　야미 －

ㅇㅈ　ㅕㅏ　엾]　여자

ㅊㅍ　ㅏㅛ　챺]　차표

ㅈㅇ　ㅏㅠ　잫]　자유

ㄴㅅ　ㅠㅡ　늤]　뉴一스

우표 (郵票)　　투표 (投票)

유모 (乳母)　　소유 (所有)

야미 (ヤミ一闇) 여자 (女子) 자유 (自由)

뉴一스 (News) 一 消息또는 時報)

(10)

6. 단 문(短文)

기차가　　가오

마차가　　오오

고기가　　노오

보리가　　자라오

소나무가　크다

버드나무가 푸르다

조사하러　가자

투표하러　가자

우리나라　우리기

우리가　　지키자!

(11)

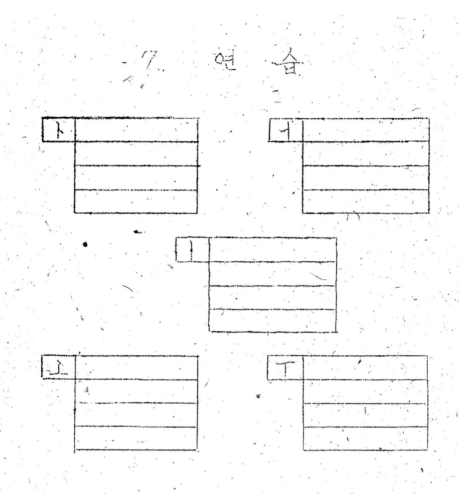

7. 연 습

다음 單語의 첫母音字에 따라 위의 母音空間에 移記하라 〈ㅑ ㅕ ㅛ ㅠ 는 省略〉   소유 기차
토지 자유 투표 지구 (地球) 허리 부모 (父母)
치마 어머니 나라 무사 타도 (打倒) 보고 사무
소 (事務所) 거주 (居住) 조사 지도 자 거미 구두

〈12〉

8. 합성모음 (合成母音)

ㅐ (애) ㅒ* (얘) ㅔ (에) ㅖ* (예).

ㅘ* (와) ㅙ* (왜) ㅚ (외) ㅝ* (워)

ㅞ* (웨) ㅟ* (위) ㅢ* (의)

---

* 표는 重母音
ㅒ (ㅑㅐ의 重音) ㅝ (ㅜㅓ의 重音)
ㅖ (ㅑㅔ의 重音) ㅞ (ㅜㅔ의 重音)
ㅘ (ㅗㅏ의 重音) ㅟ (ㅜㅣ의 重音)
ㅙ (ㅗㅐ의 重音) ㅢ (ㅡㅣ의 重音)

(13)

9. 합 성모음의 철자와 발음

ㄱ ㅓ 개 ㅣ 개 개미

ㅁ ㅔ 메 ㅣ 메주 메누리

ㅇ ㅕ 여 ㅣ 애기[*]

ㄱ ㅖ 계 ㅣ 시계 세계

재미[*] 태도(態度) 배추

새우   제주도(濟州島)

푸로레타리아[*] 데모[*] 테로[*]

노예(奴隸)

---

[*] 애기("아이"의 준말). 재미(자미—滋味의 변음)

[*] 푸로레타리아(Proletaire—無産者 또는 資本主義社 會에서 壓迫을 받고있는 勞働者)

[*] 데모(데몬스트래-숀 Demonstration—示威의 略語)

[*] 테로(Terro—暴打行為).

⟨14⟩

ㅎ	ㅘ	화	┤	화 로	
ㅇ	ㅐ	왜	┤	왜 *	
ㅎ	ㅚ	회	┤	사 회 *	
ㅁ	ㅝ	뭐	┤	뭐 야 *	
ㄱ	ㅖ	켸	┤	제	
ㅇ	ㅟ	위	┤	가 위	
ㅇ	ㅢ	의	┤	의 사 *	

부르죠와* 돼지* 내외* 쇠고기*

회계 (會計) 취사 (炊事)

유희 (遊戱) 의지 (意志)

米 왜.(倭 — 日本의 옛이름) 米 사회(社会) 米뭐야?
(무어야 의준말) 米 의사(醫師) 米부르죠와 (Bour
gois) —有産者 또는 資本主義社会에서 勞働者를 搾取
压迫하고있는 資本家)   米 돼지 (도야지 의준말)
米 내외 (夫婦) 쇠고기 〈소의고기" 의준말〉

(15)

10. 합성자음 (合成子音)

ㄲ (끄)　　　ㄸ (뜨)

ㅃ (쁘)　　　ㅆ (쓰)

初声으로 使用되는 合成子音은 以上 5字이나 終声 즉 받침으로 使用될 되는 合成子音은 ㄲ ㅆ ㅄ ㄳ ㄵ ㄶ ㄺ ㄻ ㄼ ㄽ ㄾ ㅀ ㅄ 의 가 있다

(16)

11. 합성 자음의 철자 와 발음

ㄲ ㅏ 까 | ― 까치 까마귀

ㄲ ㅓ 끼 | ― 토끼 코끼리

ㄸ ㅐ 때 | ― 때*

ㅃ ㅕ 뼈 | ― 뼈

ㅃ ㅡ 쁘 | ― { 기쁘다 이쁘다 나쁘다 바쁘다 }

ㅆ ㅣ 씨 | ― 고추씨

ㅉ ㅣ 찌 | ― 찌개

고추가루가 아조 싸다
두부찌개가 아조 짜다

---

* 때(時間을 意味하는 "때" 와 몸의 때(垢)를 意味하는 때의 두 가지 意味가 있음.

(17)

12. 비

비야 비야 오너라,
버드나무 지나서
나무다리 지나서
비야 비야 오너라.

〈18〉

13. 단문 (短文)

얘야 나하고 가치 가자

네, 어서 이리로 오세요

얘 배가 고프냐?

네 배가 고파요

너도 나도 배우자

이제 다시 노예가 되다니!

표어 (標語) 가 희미하다

고치고 새로 쓰다

타도하자 토지제도
세우자! 새 나라!

(19)

14. 연습 (Ⅲ)

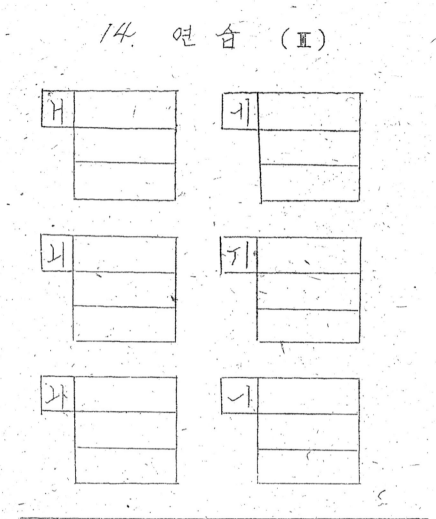

米 다음 單語의 첫 母音字에 따라 위의 母音空
間에 移記하라 〈ㅔ ㅐ ㅐ、ㅓ ㅔ 는 首略함〉
세게、회사(會事) 파거(過去) 회사(会社) 태도、
나일 모자 외가(外家) 개미데모 파자(菓子) 쥐、
의지(意志) 제주도 재미 쥐 내외 의자、매누리
배후 나 와 너、

(20)

15. 연습 (Ⅱ)

기차◯ 가 오

조사◯◯ 가 자

두부 찌개◯ 아조 ◯◯

우리◯◯ 우리 ◯

우리가 ◯◯◯ !

너◯ 나◯ 배우자

이제 다시 ◯◯ 가 되다니 !

어디◯ 가려느냐 ?

너◯ 태도◯ 애매 하다.

(21)

16. 받침 (1)

ㅊ	ㅐ	ㄱ	책

국 떡 죽 약 탁아소 (託兒所)

학교 교육 역사 국기 조국

ㅅ	ㅏ	ㄹ	쌀

돈 돈 조선 인민 만세

민주주의 (民主主義) 자본주의

(資本主義)

ㄷ	ㅏ	ㄹ	달

바늘 산 빨래 하늘 별

아들 딸 출판 발표 일본

※ 받침이란 初声 中声 으로 綴字되대 終声이 붙어서 綴字됨을 말
함이다. 전에는 홋받침으로는 ㄱㄴㄹㅁㅂㅅㅇ 의 7字말을 使
用하였으나 新綴字法이 制定된 以后로는 ㄷㅈ、ㅊ、ㅋ、ㅌ、ㅍ、ㅎ、의
7字도 받침으로 使用되고있다. 새받침의 用例는 뒤에 나온다.

ㄱ ㅏ ㅁ |감   ㄷ ㅏ ㄹㄱ |닭
(初声)(中) (終)   (初) (中) (終)

※ 받침의 發音指導 — ㄱ(윽) ㄴ(은) ㄹ(을) ㅁ(음) ㅂ(읍) ㅅ(읏) ㅇ(응)
(ㄷ ㅈ ㅊ)

| ㅂ | ㅏ | ㅁ | 밤 |

아침 점심 김치 소금 음식
남녀 사람 꿈 마음·삼천만

| ㅈ | ㅣ | ㅂ | 집 |

일, 밤, 룸, 삽, 접시, 집 회.
단압 습격 계급 살업(失業)

| ㅇ | ㅗ | ㅅ | 옷 |

짜 엿 맛 그릇, 버섯 십만
두붓잠 나뭇단 담뱃잠 깃발

| ㄱ | ㅏ | ㅇ | 강 |

노동자 농민 공장 동무·해방
정의 승리 인민항쟁 남녀평등.

※ 사이"ㅅ" — 冠詞와 名詞가 合쳐서 合成名詞가 될때에
名詞와 名詞사이에 促音이 나는것을 사이"ㅅ" 이라한다
사이"ㅅ"은 普通 위의名詞에 붙여서 쓴다 但 위의 名詞에
받침이 있을때는 省略하고 發音만을 되게낸다

17. 단 문 (短文) <1>

○ 우리의 조국은 조선이다.

○ 조선은 인민의 나라다.

○ 여자도 건국의 투사가 되다

○ 여성해방은 문맹퇴치로부터 !

○ 재일 십 만 조선 여성은
  조선민주여성동맹 깃발 아
  래로 !

○ 남 조선에서는 곡사이 잘 되
  얼어나 바느질이나 취사를
  하는것쯤은 조선서는 혼하
  볼수 있는 일이다.

(24)

8. 단 문 (短文) (2)

o 미래는 청년의 것이다.
  未來 — 째로 허오눈말

o 만국노동자는   단결하여라
  萬 — 만국

o 용감한 투쟁 통쾌한 승리.
  痛 快 쾌 위히좋아 할젹에쓰눈말

o 집집이 새국기가 휘날리고

이곳 저곳에 만세소리다.

오늘이 "조선민주주의 인민공화국"

수립을 축하하는 날이다.
  祝賀 =경사 할때쓰눈말

o 재주가 뛰어룬 사람이라고
  勝 =뛰어났다는 의뜻

반드시 지도자는 아니다

대중의 이익을 위하여 —대중

파함개 싸우는 사람만이
  利益 =손해 안보눈것

참다운 지도자다.
  忠實토은

19. 여성의 해방

(유교에서 나온 남존여비사상을 비판하여 가르치
면 좋겠다)

세상은 이제야말로 자유와
평등과 희망에 찬 새세상이
된다고 한다

그러한 새세상이 되려면 은
먼저 우리 조선 여성이 지난
날의 모─든 굴욕(屈辱)불 평
등 구속(拘束)에서 깨끗이 버서
나야 할 것이다.

그리하여 우리들은 힘과 힘을
모아서 우리 여성을 안전히
해방시키기 위하야 목숨을 바
치고라도 싸워야 할 것이다

(26)

20. 조선민주주의인민공화국
(조선민주주의인민공화국에 대한 설명을 할것)

우리는 새나라를 세워야 합니다. 지금까지의 나라는 인민을 누르고 인민을 못살게하던 나라이였습니다.

그러나 이번에 수립된 "조선민주주의인민공화국"은 우리 인민이 인민의 힘으로 세우고 인민을 위한 정치를 하는 나라입니다.

그러니 우리는 이번에 수립된 "조선민주주의인민공화국"을 절대 지지하여야만 되겠습니다.

(27)

21. 엄마소*

우리집 엄마소는
　　　　팔려가대요.
산 넘고 물 건너
　　　　일본 땅으로
소 장사를 따러서
　　　　아조 간대요

米 이 동요는 어느때 생겨났습을까?
어째서 그러한 동요가 생겨났을까?

(31)

22. 고향 하늘*

푸른 산 저 넘어로
　　　　　멀리 보이는
새파란 고향 하늘
　　　　　그리운 하늘

언제나 고향 집이
　　　　　그리울 때면
저 산 넘어 하늘만
　　　　　바라봅니다

※ 이 노래는 衆謠가 있으니 그 에 맞추어 노래로
가르쳐 주기 바란다

(29)

23 연 습

(1) 순서를 잡아 딸을 만들라.

| 푹사이 | 먹을것이 | 모자란다 |

| 남조선에서는 | 잘되여도 |

| 반드시 | 뛰어난 | 재주가 |

| 아니다 | 사람이라고 | 지도자는 |

(2) 다음 졸글을 떼어 써 보라

여자도전국의투차가되자

집집이새국기가휘날란다
세상은 이제야말로자유와평등파항
땅에찬새새상이된다고한다

24. 문맹퇴치 (文盲退治)
(조선에는 어째서 문맹이 많은가? 를 토론 하라)

☀ 우리 조국이 참다운 민주주
의 국가가 되려면 16세부
터 50세까지의 성인인구
전부가 글을 읽고 쓸 수
있어야 할것이다

☀ 이것이야말로 우리들 청년의
문제다 서로 굳게 단결하여
농촌으로, 공장으로 나가서
문맹을 퇴치하자! 조선에
문맹이 한사람도 없을 때까
지 우리는 이 운동을 계속
하여야 될것이다

25 한 병졸로서

해방된, 조선에 새로운 민주주의 국가건설(國家建設)을 위하여 싸우는 이 전선(戰線)에 대편대(大編隊)를 조작(組織)하는 여기에 한 병졸로 싸우려고 참가(參加)한 것입니다.

머리가 희고 나이가 먹은 늙은몸이 여기에 참가할 기력이 있을까? 의심(疑心)하실 분도 계시겠지만 여러분 노동자 농민 즉 근로대중(勤勞大

(32)

衆)과 혁명청년 (革命靑年)들
이 행진하는 그 자리에 엇재
노졸 (老卒)이 창을 끌고 뒤
를 따르는 그 풍경도 싫지는
않을 것입니다

　　　— 표 여운형선생이 민주주의
민족전선 결성대화 (1946년 2월 15일)에서
하신 인사말슴중에서 —

　　　　　×　　　　　　×

○ 조선민주주의 민족전선에 대한 설
　　명을 할것
○ 표여운형 (呂運亨)선생의 전기 (傳記)
　　를 이야기할것

――――――――――――――――――――
※ 근로대중은 글로대중으로 발음되고
혁명청년은 형명첨년으로 발음된다.
(後의주음의要參照).

《33.》

26. 그 의 일 생

어렸을 때부터 아조구차한

환경 (環境) 속에서 자라난

그는 여성을 해방시기기 위하

여 일생을 바쳤다※

　그는 참으로 피가 있프 눈

물이 있는 여성해방운동자였다,

　그는 항상 여성들에게 ” 무

룹을 꿇고※ 사는 것보담 차라리

서서 죽는 것이 났다”고 웨쳤다、

　그의 용감한 투쟁은 모ー든

여성들의 피를 끓게※ 하였다

※바쳤다(바치었다 의준말) ※꿇고 는 "꿀꼬"로 發音되프

※끓게 는 "끌깨"로 發音된다 (ㅀ의子音의接變叅照)

(34)

27 그리웠던 고국
故鄕

25일* 배는 부산 항구에
도착하였다. 부산은 산이 둘러
있는데 그 산에는 초가가 많
이 있었다 27일 오후에 야
배는 부두에 대게 되어 상륙
하게 되었는데 미국 군인 세
사람이 배에 올라와 질문을
하고 상륙을 하니 그 사람들
이 역시 몸 검사와 짐 검사
를 하였다 나는 미국에 온것
같았다

그날 밤은 부산 어느 창고
倉庫

(35)

에서 밤을 새고 그 이튼날
우리는 또 화물차를 타고 경
성 역에 도착하였는데 나는 아
마 조선 사람들이 우리들을
맞이해 주리라고 생각하고 태
극기를 손에 들고 나렸더니
아무도 맞아 주지 않았다.

호옴을 나와보니 참 나는
처음으로 많은 조선 사람을
보았다. 그러나 나는 놀랐다
노인이 지게를 지고 서 있는것
과 학교에나 다닐 나와 같은
동무들이 담배를 팔고 있었다
조금 더 나왔더니 길가에 빵

(36)

장사가 많이 있는것을 보고

자동차를 타고 왔다 갔다 하는

미국군인이 흉을 볼가봐 나는

부고러웠다 게다를 신은 사람

이 있어 일본사람인가 했더니

그 사람은 조선사람이었다

※ "소학생모범작문집" 중의 일등당선을 한
  이문용군의 "그리웠던고국" 一部作者 는
  해방전 중국 천진서 살고있다가 해방
  후 1946년 5월 25일 귀국하게된것이다

(37)

28. 받침 연습 (1)

아래 ○ 속에 들은 말을 위의 문간
맞추어 넣으로

* 마음이 ○ 으면 ○○ 을 ○ 고 결심이
  ○ 으면 성공을 한다.

* 강철 ○○ 곧게 단결하자!

* ○ 을 쩌 면서 ○ 에 ○ 어진 콩 파
  ○ 을 ○○ 이 주어 온다

* 혁 명 운 동에 ○○ 을 가리랴

* ○○○ 들이 밤 ○ ○ ○ 이하자.

* 우리들의 신위원장을 반갑게 ○ 이하자

* 친 일파 민족 반 역 자 들을 ○ 아 내라

* 삼 천 리 강산에 진달래 ○ 이 만발하

* 사람 마다 얼굴에 기쁜 ○ 이 가득 하

(밭) (밤) (팥) (끈) (날) (늘) (면) (마음) (곧) (활)

(같) (이) (꽃) (빚) (쟁이) (맞) (쫓) (늦게) (밥) (낮) (찾)

(28)

※ ○○이 멀다 빨리 가자

※ 나도 가파○으니 함께 자자

※ 앝은 시대도 ○○ 건너라

※ ○○ 산도 보이프 나온 동산도 보○

※ 여자는 ○○ 귀신이 되어서는 안된○

※ ○○ 사람 ○○○ 사람 서로 말○ 다르다

※ 옥에 가친 애국자들을 내 ○○○

※ 이것도 ○○ 저것도 ○○는 사람 만을 만한 사람이 못된다

※ 벼를 ○○○ 쌀을 만들고 쌀을 ○○ ○ 떡을 만든다

※ ○○○ 어려운 일은 생전 처음이

(높은) (갚게) (좋자) (빵아서) (아랫녘) (동산)
(부엌) (찡어서) (앞길) (이렇게) (윗녘) (좋프ㅅ)

29. 받·침 〈2〉

〈받침 연습에 나온 例와 常用하지않는 例는 省略함〉

[ㄷ 받침] ― 곧〈即〉 맏〈昆〉 받다〈開〉 돋다〈昇〉

뜯다〈摘〉 묻다〈埋〉 뻗다〈伸〉 얻다〈得〉 쏟다〈瀉〉

變格用言으로걷다〈步〉 듣다〈聽〉 묻다〈問〉 싣다〈載〉等

[ㅌ 받침] ― 겉〈表〉 곁〈傍〉 끝〈末〉 뭍〈陸〉 팥〈荏〉

솥〈鼎〉 맡다〈任 嗅〉 뱉다〈吐〉 붙다〈付〉 앝다〈淺〉

[ㅈ 받침] ― 젖〈乳〉 꽂다〈揷〉 낮다〈低〉 맞다〈適〉

맞다〈被打〉 맺다〈結〉 부르짖다〈叫〉 잊다〈忘〉

젖다〈濕〉 짖다〈吠〉 찢다〈裂〉等

[ㅊ 받침] ― 낯〈面〉 닻〈錨〉 돛〈帆〉 몇〈幾〉 숯〈炭〉

옻〈漆〉 윷〈柶〉 좇다〈從〉

[ㅍ 받침] ― 무릎〈膝〉 숲〈藪〉 옆〈側〉 앞〈前〉 잎〈葉〉

갚다〈報〉 덮다〈蓋〉 엎다〈覆〉 짚다〈杖〉

[ㅋ 받침] ― 앞의 例外에는 없음〈但 外來語로서는 있음〉

[ㅎ 받침] ― 낳다〈産〉 넣다〈入〉 닿다〈接〉 쌓다〈積〉

變格用言으로 ― 거멓다〈黑〉 기다랗다〈長〉

누렇다〈黃〉 벌겋다〈赤〉 퍼렇다〈靑〉 허옇다〈白〉

금번 토지개혁 (土地改革) 이

우리 북조선 농민들에게 무슨

이익 (利益) 을 주었나?

　　첫째 토지 없는 농민과 토

지 적은 농민 또는 고용자

(雇傭者) 에게 토지를 주었다

둘째 지주에 대한 예속 (隸

屬) 을 깨끗이 청산하고 진

정한 인간으로서 써 출발 (出

發) 을 하게 된것이다

　ㅇ해방후 북조선의 민주건설 (토지개혁 勞동법령
　　남녀평등전령 및 맹퇴치사업등) 을 설명하고 그것
　　을 남조선의 형편과 비교하여 토론치여보라

(41)

31 큰 물

동구 (洞口) 앞에는 사람들이
아까보다도 더 많이 모여서
엄청나게 나가는 앞 냇물을
기 막힌 듯이 내다보고 있다.
물은 그 동안에 더 불은 것
같이 온 들 안에 물천지다.
이 꼴을 본 마을 사람들은 모
두 한숨을 치 쉬고 내리 쉬
며 제 각기 원통한 사정을 애
닯게 호소 (呼訴) 한다.
남의 토지나마 그래도 일년
농사를 지어서 겨우 연명 (延命)

(42)

나 가는 그들인데 다 된폭사
을 물 속에 쳐 넣으니 그 들
은 참으로 산 모가지를 잘 리
는 것과, 일 반 이 었 다.

   ㅇ 조선에는 큰 풀이 자조 난다 어쩌
   서 그런가 조선지리와 겹부하여 토론한다

會話体와 文章体

会話体 쓸라구 할 때 마개

막 한 것 처럼 답 답 한 일 이 세

상 에 이 뒀 세요.

文章体 쓰 려고 할 때에 마개

가 막 한 것 처럼 답 답 한 일 이

세 상 에 어 디 있 어 요

〈43〉

32 받침 연습(2)

아래 ○ 속에 들은 말들을 위의공간에 맞추어넣으라

※ 나뭇단을 ○ ○○ 쌓아놓자。

※ 꽃을 참 무룰 ○○○ ○ 안됩니다。

※ 돈은 사람을 ○○ 삔판(貧困)은 버려를 ○○○。

※ 내 ○은 대채 얼마냐? ○○만으로는 살기 어려운 세상이다

※ 우리가 못사는 것은 누구의 탓인가, 가만히 ○○○ 값이 생각해 보자。

※ 일하지 ○○ 차는 먹지를 말아야는데 놀아도 잘 먹는 놈이 ○○ 일하여도 못 먹는 사람이 ○○

(깎는다) (삯전) (많고) (묽어서) (앉아)

(많다) (못) (깎어서는) (않는) (낡고)

(144)

☆ ○○ 달 ○○ 물 ○○ 나무

☆ ○○ 농부가 소를 몰고 들로 나간다

☆ ○ 파는 손 이 나라 세운다.

☆ 인민이 헐벗고 ○○○○는 ○○사회
를 타도하고 누구나 다 잘 살수 있는
새로운 사회를 ○○○ 의힘으로 세우자

☆ 갈고 ○○ 것은 대마아 안다.

☆ 보리밭이 ○○○ 아침 ○○○ 부터 ○
○○ 가 아 되겠다.

☆ ○○ 에 뛰어난 사람 이 많다.

☆ 수박 겉 ○○

☆ 벼를 ○○○ 나라를 찾는 투사.

굵은 넓으니 밟기 낡은 밝은 깲은 흙

산 긿 여덟 시 늙은 밟으러 훑어도

굶주리고 앍은 젊은이　．．

33 가는 길

그립다
말을 할가
하니 그리워

그냥 갈가
그래도
다시 더 한번…….

저 산에도 까마귀 들에 까마귀
서산에는 해 진다고
지저 귑니다。

(46)

앞 강물 뒷 강물
흐르는 물은
어서 따라 오라고 따라 가
자고
흘러도 연다라 흐름디다려。
〈故 金素月의 詩〉

(47)

34. 생일초대편지

변서 가을이야.

영숙이! 참말 오래간만이자.
그래 그동안 일 많이하고 재,
미있었어?

난 요새 하는것없이 바쁘구면.
순이는 결혼한 후로, 사무소
에, 한번도, 안나오는군. 어쩌면
그래! 서방님께 홀딱 반한
모양이지.

영숙이! 오는 토요일이 내
생일날이야. 좀 와요. 모두모
여서 저녁이나 가치 먹자구.

영숙이 한테두 알려주고 본
부의 순경이·예순이·순남이
한테두 기별을 했으니깐, 오래
간만에 모 일거야.

그날은 아주 맘껏 놀기로
하였으니깐, 떠들 준비를 잔득
해가지고 저녁 여섯시쯤 되에
꼭 와요.

그럼 그동안 싸두었던 이야
기는 모두 그 날 하기로 하고
이만 총총

9월 24일
윤숙

(449)

35. 받침 연습 (3)

〈아래 ○속에 들은 말들을 위의 ㅇ강에 맞추어 넣으라〉

☆ 시를 ○○○ 민족을 파는 시인이 ○○

☆ ○○ 노선을 끝까지 지켜 나가자!

☆ 품삯은 내리고 ○○은 올으니 살 수
가 ○○

☆ 단결하자! 노동자와 농민! ○○○은
쇠사슬 뿐이오。 얻을것은 온 세계다

☆ 지주들은 토지를 차지하고 ○○○, 자
본가들은 공장을 차지하고 ○○○

☆ 사상도의 열을 무릅쓰고 그는 인민대
회에 나와서 열변을 ○○○。

☆ ○○○고 약속만 하고 오지는 않았다。

(읽)을것 (있)었고 (없)다 (읽)은 (읽)어도 (쌀)값

(있)었다 (토)하였다 (오)겠다 (있)다

(50)

36. 받침 (3)

(받침 연습에 나온 例와 常用하지 않는 例는 省略함)

ㄲ 받침 — 닦다(拭) 밖(外), 볶다(炒) 섞다(混)

ㄳ 받침 — 넋(魄)

ㄵ 받침 — 까얹다(撒) 얹다(置上)

ㄶ 받침 — 팬찮다(無妨) 귀찮다(厭苦) 찮다(

ㄺ 받침 — 닭(鷄) 굵다(銳)

ㄻ 받침 — 옮아가다(移) 젊어지다(背負) 삶다 닮다

ㄼ 받침 — 밟다(涉) 엷다(薄)

ㄽ,ㄾ 받침은 앞의 例外로는 돐(晷)뿐이다

ㄿ 받침은 읊다(詠)하나 뿐이다

ㅀ 받침 — 잃다(跪) 곯다(沸) 닳다(耗) 뚫다(穿) 쓿다(精米) 싫다(厭) 앓다(痛)

ㅄ 받침 - 가엾다(憐)

ㅆ 받침 — 겄다(禾禾) "았다" 또는 "있다"(過去) 있다(

(51)

37. 동지애 (同志愛)

무릇 인간생활에 있어서는

허다한 애정(愛情)을 분류(分
類)할수 있겠지만 동지애보다
가장 고상(高尙)한 사람은
없으리라고 나는 주장하고싶다.
— 친구간의 우정(友情) 및 연애
(戀愛) 등의 애정도 높게
평가(評價)할수 있으리라. 그
러나 이것들은 인생의 전부가
아니다.

인간은 동물과 다르다 다른

차이 (差異) 가 무엇이냐??

　그것은 고상한 정신생활에
있다。 이 정신생활은 진심 (眞
心) 한　행위 (行爲) 가 일상생
활을 통하여　창조 (創造) 함에
있다。 따라서　같은 일자리에서
고락 (苦樂) 을　함께하며 동일
한　사업을 목표로 활동하는
가온대。 동지애가 비로소 생기
는 것이다。

　그것은　부부 (夫婦) 간에도
있을수 없는 순진 (純眞) 한
애정이다。

ㅇ 애정의문제를 중심으로토론을 하라。

(53)

38. R의 죽엄

며칠전 나는 동무— R의
부음 (訃音) 을 들었습니다.

삼삼을 아직도 세 살이나 앞
에 둔 젊은 R — 그의 죽엄
은 너무나 아까운 것이었습니다
여자 한창 그시절을 살아보
지 못하고 죽어진 사람이 어찌
R 한사람 뿐이리요만은 그러나
R과 갈은 너무나 할일은 많
이 남겨두고 간 젊은 일꾼의
죽엄은 참으로 아까운것입니다
그러나 R의 죽엄은 실로

(54)

아름다운 죽엄이 었습니다 아니
광히(光輝) 있는 죽엄이 없습니다.

　　항상 싹트는 모색(模索)의
정렬과 끓어오르는 항거(抗拒)
의 앙양(昂揚)을 가지고 종
시 변함 없이 이 땅의 문화운동
의 제일선 에서 과감(果敢)히
싸우든 R! 그리하여 그 싸
움터에서 최후의 한방울 피마
저 없어질 때 까지 전세계 인류
(人類) 의 해방을 부르짖고
역사의 차륜(車輪)을 밀고
버틔다 가소! 놈들의 총칼에
넘어진 R!

　　　　　(55)

오! 그는 언제나 우리들의
전위(前衛)였고 전세계 인류
의 벗이었습니다
(벗 들에게)
　　　韓 曉 "六月片信"에서

ㅇ 조선의 여성해방운동과 여성지도자
　　들에 대하여 토토하라

ㅇ 일문에 있어서 해방후 조선여성
　　해방운동이 어떻게 전개되고 금후 어
　　떻게 전개되어야 할것인가에 대하며
　　토론하라。

39. 混成童子音(거듭찬소리의앞뒤에 차례
바꿔도 그소리 남이 다름없는童子音)
의 綴字와發音.

ㅊ = "ㅈ, ㅎ"　"ㅎ, ㅈ"

　　　綴字　　　　　　發音.
　꽂히다 (꽂다의被動形)　고치다.
　그렇지(그러할지의준말)　그러치

ㅋ = "ㄱ, ㅎ"　　"ㅎ, ㄱ"
　먹히다 (먹다의被動形) 머키다
　그렇고 (그러할고의준말) 그러코

ㅌ = "ㄷ, ㅎ"　　"ㅎ, ㄷ"
　많다　　　　　　만타
　좋다　　　　　　조타
　그렇든지　　　　그러튼지

ㅍ = "ㅂ, ㅎ"　　"ㅎ, ㅂ"
　업히다 (업다의被動形) 어피다
　잡히다 (잡다의被動形) 자피다

(57)

40. 子音의 接變

(1). ㄱ이 ㄴ. ㄹ. ㅁ. 위에서 발음될때
   에는 ㅇ(응)으로 난다

〈綴字〉 〈發音〉	〈綴字〉 〈發音〉
독립 (独立) 동립	학문 (學問) 항문
백리 (百里) 뱅리	육니 (坧坭) 융니
혁명 (革命) 형명	먹는다 (食) 멍는다
식민지 (植民地) 싱민지	녹는다 (溶) 농는다

(2). ㅂ, ㅍ이 ㄴ ㄹ. ㅁ 위에서 발음될때
   에는 ㅁ(음)으로 난다

〈綴字〉 〈發音〉	〈綴字〉 〈發音〉
십리 (十里) 심리	접는다 접는다
협력 (協力) 혐력	잡는다 잠는다
법률 (法律) 범율	덮는다 덤는다
입맛 입맛	잎마다 (毎葉) 임마다

(58)

(3) ㄷ, ㅅ, ㅈ, ㅊ, ㅌ 이 ㄴ, ㅁ 위에서
　　발음될때에는 ㄴ(은)으로 난다

(綴字)	(発音)	(綴字)	(発音)
맏는다	만는다	젖맛(乳味)	전맛
맏며누리	만며누리	쫓는다	쫀는다
벗는다	번는다	꽃마다	꼰마다
옷모양	온모양	맡는다	만는다
찾는다	찬는다	밭마다	반마다

(4) ㄴ 이 ㄹ 위나 아래에서 발음될때
　　에는 ㄹ(을)로 난다.

(綴字)	(発音)	(綴字)	(発音)
진리 (眞理)	질리	근로 (勤勞)	글로
언론 (言論)	얼론	훈련 (訓練)	훌련
인류 (人類)	일류	만리 (萬里)	말리
권력 (權力)	궐력	윤리 (倫理)	율리
삼천리(三千里)	삼철리	불노 (不怒)	불로

(59)

(5) ㄹ 이 ㄱ, ㅁ, ㅂ, ㅇ 앞 에서 발음될 때 에는 ㄴ(은) 으로 난다

(綴字)(發音)	(綴字)(發音)
국 리 (國利) 궁니	압 력 (压力) 암력
굼 리 (金利) 금니	강 령 (綱領) 강령

漢字音의 表記法

正	誤
여 자 〈女子〉 남녀〈男女〉	녀자 남 여
부녀 (婦女)	부여
영 변 (寧邊)	녕 변
양 심 (良心) 개량 (改良)	량 심 ──
역 사 〈歷史〉 이력 (履歷)	력 사 ──
요 리 (料理) 재료 (材料)	료 리 ──
낙 원 (樂園) 오락 (娛樂)	락 원 ──
노 인 〈老人〉 불로 (不老)	로 인 불노
내 일 (來日) 미래 (未來)	래 일 ──

─ (60) ─

41. 전 진 (前進)

너의 엄마 (母) 의 죽엄에 의하여
나는 닦시금 망막(茫漠) 한
인생의 광활(廣闊)한 무대위에
너희들의 손을 이끌고 나서게
되었다

너희들은 나와 함께 헐어나가
야 한다 용감(勇敢)하게 전진
하여야 한다 너희들의 눈이
앞을 보지못할 때엔 압바가
단 하나의 길을 찾으라고
애쓰기도 하자 너희들이 눈앞
에 구렁치를 몰을 때엔 너희
들의 팔을 잡아끌기도하자

(61)

그리 하여 조곰도 지각됨이 없이
용감하게 걸어나가자!
그러나 나의 어린것들이여!
만일 너희들이 이 길을 걸어 갈
때에 이 무능력(無能力)한 압
바가 너희들의 전진에 장애
(障碍)가 될 때엔 나의 손을
뿌리치고 다라나기도 하여라!
내가 다시 너를을 쫓아올
때엔 나를 다시 너희들의 대
오(隊伍) 속에 넣어주기도 하여
라! 그러나 뒤떨어지는 압바
를 마음에 생각하고 뒤든
다리를 멈추고 뒤를 돌려다보아
서는 아니된다 장애물이 되어

(62)

버린 백 개 전 개의 "나"를
떨구고 넘어서 너희들은 전진
하여야 한다

　　　　　　　　金南天 "어린 두 딸에게" 에서

┌──────────────────┐
│ 사투리와표준말 │
└──────────────────┘

아메, 계신동 〈咸北〉
할메아, 게시는가요 〈慶南〉 ┐
클마나 계삼네가게 〈平北〉 ├── 사투리
할 면 계시웅 〈全南〉 ┘

할머니 계십니까 〈서울地方〉 ── 표준말

〈63〉

　　　　　　　　　　　　　　2. 인민한글교본 (1) ▌ 153

42 가난과 공부

나는 그동안에 참으로 비궁
〈貧窮〉의 쓰린맛을 보았다
　책을 못사썼다 나는그때
글씨가 어떻게 쓰고 싶던지
여름에는 감나무잎새와 호박
잎을 따서 써보았다 그것은 종
이대신으로 하려니와 붓파 먹
이 없는데는 아쩔이었다。
　그래서 나는 동무애들의 분판
（粉板）을 빌어가지고붓은 그들
이 다 쓰다 내버린 모지랑 붓을
줏여다가 쓰군 하였다
　나는 이웃 아이들이 부러워
～ （'64）

하던 학생생활(學生生活)을 집
어치우고 다시 그들과 같은
목동(牧童)으로 변하여 나뭇지
게를 지고 나섰다

　　나는 짚신을 삼어신고 까치
집과 같은 나뭇짐을 질머지기
도 하였다　그리고 먹는 것은
여름에는　콩나물죽, 조밥같은
것이요, 봄에는 조죽 나물죽
이었으니 지금의 궁농(窮農)과
별반 다름이 없었다

43. 예전의 학교

지금부터 사십여년 전이나 되니 벌서 예전이야기가 되었지만, 그 때 학생들이라는것은 참으로 지금 학생들로서는 상상도 못할 잡동산이(雜同散異)였다.

아들 손자를 거느린 사십여세의 중노인도 있고, 성 강장사 같이 머리끄리를 느린 총각도 있고, 콧물 흘리는 초립동(草笠童)이도 있고, 방갓 쓴 상제. 그리고 기타 형형색색의 별별 학생이 모여들었으니 물론 머리 깍은 학생이라고는 한사람도 없었다.

○老人들한태, 예전의 조선학교모양을 더상 세히 물어보기로 하자

(66)

敬語法 (1)

진지   잡수셨습니까?

진지   잡셨습니까?

진지   잡수셨서요?

진치   잡셨어요?

진지   잡수셨에요?

진지   잡셨에요?

진지   잡수셨나요?

진지   잡셨나요?

진지   잡수셨우?

진지   잡셨우?

진지 ?

진지 ?

이러한 복잡한 敬語法은 하루바삐 單純
化 시켜야 될것이다

(67)

44. 북국의 가을

나는 가을을 사랑합니다

봄 여름 겨울 그 어느대 보담도,
가을을 몹시 사랑합니다 백금대단히 중에도
북국의 가을은 더욱 다정 (多情)
합니다 그리고 도회의 가을보담
농촌의 가을은 말할수 없이 정
이 듭니다

밤 저자에 사람의 그림자가
드물어지고 열어겄겄던 문들을
차차 걸어 닫게되면 "오냐, 가을
이로구나" 하고 희미한 느낌에
잠기느니보담 백곡이 성숙 (成熟)
한 누르른 들판에 들레이는 농
가 (農歌) 를 들으며 산야에 만발

한 추국(秋菊)과 만산단풍이 풍
성(豊盛)한 가을의 행복을 상증
(象徵)하는 농촌의 가을이 한것
정다웁습니다

   남국의 가을은 여름을 앞으로
연장(延長)하고 겨울을 뒤으로
연장한 느낌이 있지 않습니까?
그만큼 더웁지도 찹지도 않은 중
에 왔다가는줄 모르게 슬멋이
꼬리를 뺍니다

      그러나 북국의 가을은 그렇지
않습니다 편편히 더웁든 날이
하룻밤 사이로 서리가 나리고 찬
바람이 휘들러 줄 연간(齊然間)
산야에 추색(秋色)을 던집니다

      그랬지

그리고, 또 하룻밤 사이에, 백설(白
雪)이, 삼야를 덮어버리지 않고, 겨
을은, 와버립니다.

이와같이, 순간적(瞬間的) 위대
(偉大)한, 변화에, 맛이 있고, 정이
드는 것입니다.

朴芽枝 "北國의 가을" 에서

45   개

최서방네집 개가 이리로 온다. 그것을 김서방네집 개가 발견하고, 알어나서 영접(迎接)한다. 그러나, 영접해본 댓자, 할일이 없다. 양구(良久)에, 그들은 헤어진다.

설레설레 길을 걸어본다, 밤낫 다니던 길, 그 길에는, 아무것도, 떨어진것이 없다. 촌민들은, 한 여름, 보리와 조를 먹는다, 반찬은 날된장, 풋고추다, 그러니 그들의 부엌에조차, 남는것이 없겠거늘, 하물며, 길가에 무엇이 좋히 떨어져, 있을수 있으랴.

길을 걸어본 댓자, 소득이 없다.

낮 잠 이 나. 자자. 그 리 하 여 ; 개 들 은.
천 무 (天賦) 의 수 위 술 (守衛術) 을.
망 각 (忘却) 하 고. 낮 잠 에 탐 닉
(耽溺) 하 여. 버 리 지 않 을 수 없 을 만 큼.
타 락 하 고 말 았 다.

　　숲 을 앝 이 다. 짖 을 줄 모 르 는.
벙 어 리 개. 짖 힐 줄 모 르 는 겔 름
뱅 이 개. 이 바 보 개 들 은. 복 (伏) 날.
개 장 국 을 끓 혀. 먹 기 위 하 여. 촌
민 의 희 생 (犧牲) 이 된 다. 그 러 나
불 상 한 개 들 은. 음 력 도 모 로 니. 몸
날 은 멱 칠 이 나 남 았 나 전 연 알
길 이 없 다.

　　　　　〈珍籍「春息」의 一部〉

　　　　　　　(72)

敬 語 法 (2)

○ 주무신다 ——— 잔다

○ 계시다 ——— 있다

○ 돌아가셨다 ——— 죽었다 —— 꺼꾸러졌다

○ 잡숫는다 ——— 먹는다 —— 처먹는다

○ 편 찮으시다 —— 앓는다

○ 아버지 ——— 아빠 —— 아범

○ 어머니 ——— 엄마 —— 어멈

(93)

46. 속 담

티끌 모아 태산 된다

공든 탑이 무너지랴.

소 잃고 외양간 고친다

부뜨막의 소금도 넣어야 짜다

불 안 땐 굴뚝에 연기 날까

발 없는 말이 천리 간다

낮 말은 새가 듣고 밤 말은

쥐가 듣는다

어엿뿐 자식 매 한개 더 때린다

(74)

산에 가야 범을 잡는다

열량 돈 보다 열 사람 벗을 갖자

장님 속에서는 외눈깔이 도왕이 다

부자 (富者)의 재미는 빈자 (貧 者)의 피덩이니라

□ 唯 一 語를 發見하자 □

비가 온다
비가 뿌린다
비가 나린다
비가 쏟아진다
비가 퍼붓는다

(175)

달이 밝다 ：
달이 훤一하다
달이 환一하다

위의 말들은 각기 사용할 경우
가 다를것이다 그러나 우리는 항
상 어떠한 생각 또는 사실을
표현할때에는 반드시 그말이아니면
도저히 표현할수 없는 단한가지
말을 발견하기에 노력하여야 될
것이다 불란서의 유명한 작가
(作家) 훌로―벨은 " 한가지 생각
을 표현 하는데는 오직 한가지
말 밖에는 없다"고 말했다 ．

47. 위원회에 가는 길

비는 오고.

날은 어두어.

지척이 안보이는 논길로.

나는 지금 위원회에 간다

우산도 없이

등불도 없이

다만 바람에 섞인 빗소리

또 랑물 소리만이 요란히 들릴 때!

그 옛날 연인(戀人)과 가치 이길을

걸을 때보다도

나의 마음 기쁘구나.

지금 동지들은

나를 기다릴게라

지나간날 놈들은 독사와도 같이
우리를 무러뜯었지!
이밤에 비, 바람이 또 해살을 놓는거
냐 그러나 가자
비는 오고
바람은 부러도.

나는 이밤에 동지들과 같이
우리가 행동할 것을 그려보면서 간다
동지들의 번적이는 그 눈동자들이
어쩐지 이밤엔 내걸을 밝혀주는 등불
파도 같고나.

가자 어둠의 밤
비는 오고
바람은 부러도

<1945년10월 16일 朴世永>

(78)

48. 유치장에서 형무소로 —

"첫째가 건강이다"
이 생각 이외에는 아모 것도 없는 것이
그때 나의 모두이었었다.
몸이 튼튼해야 한다. 병이 나질를 않
아야 한다. 더 바로 말을 하자면 어떻게
든지 툭하면 마저죽고, 병들어 죽기쉬운
이곳에서 아모조록 몸을 소중하게해서
살어서 나가야만 되겠다는 것이다.
   그래야 오늘 이 지금의 분함을 원통
함을 값을것이 아닌가.
   보담도 우리들이 믿고 바라보고 나가
는 우리들의 맨 나중의 목적을 이루기
위해서 다시 새로운 싸움을 계속할것이
아닌가.
   날 우리들 한 패스를 세평은 알빈동
안이나 처박혀있던 전주경찰서 (全州警察署)

(179)

유치장에서 형무소로 넘어가는 날이다.

덜 커 하는 잠을쇠소리와 가치 우리들구신형용들은 이방저방에서 펄펄뛰며 뛰어 나왔다.

마치 해방이나 되어서 집으로 돌아가는 것들이 나같이——

그러나 우리들의 지금부터 갈곳은 따뜻 한 우리집들이 아니다 (실상우리집은) 차디찬 냉방이었을터이지만) 천정에서 거미줄이 왔다갔다하는 형무소 (刑務所) 감방 (監房) 이다。

그런데도 우리들은 펄펄뛰면서 게다가 만면 (滿面) 에 우슴까지 가득히 띠었었다 그건 그럴것이다.

오늘은 우리들 스믈세동무가,기다리고 기다리던 대망(待望) 의 날이었다。

다 라고, 기다리든 대망 (待望) 의
날 이 었다。

　절 도 질 하다가, 다 섯번이나 징역
살 이 를 했던, 우 리 들, 유 치 장 속 의,
선 배 인, 늙 은, 전 파 오 범 (前科五犯)
의, 철 학 (哲學) 에, 의 하 면, 유 치 장
의, 하 로 는, 형 무 소 의, 일 년 과, 같 다
는 것 이 다。

　그 까 닭 을, 몇 가 지 로, 나 누 어 본 다 면
　첫 째, 유 치 장 에, 있 으 면, 언 제 어 느
시 각 에, 고 문 (拷問) 을, 받 을 른 지, 모
른 다。그 러 나, 형 무 소 는, 그 렇 지 않 다。

　둘 째, 유 치 장 속 에 서 는, 목 욕 은 물
론, 세 수 도, 못 하 고, 입 이 있 어 도, 벙
어 리 요, 두 더 지 모 양 으 로, 해 도 못 보,
고, 운 동 도, 못 하 고——

　그 러 나, 형 무 소 에 서 는, 세 수 는 물
론, 목 욕 과, 이 발 까 지 하 고, 어 느 정 도 로,

소군거릴수도 있고, 하로한번씩, 운
동도 한다.

그러나, 맨나중, 제일큰 조건,
그러나, 다소, 더러운 조건으로, 유치치
장 속에서는, 이(虱)가 우굴우굴
끓어서, 온몸이 옴쟁이 갈이 되지만,
형무소에서는, 비록, 새빨언, 전중이
옷이나마, 자주, 갈아 엽히기 때문
에, 이가, 생기지 않는다는 점이다.

우리들이 좋아서, 뛰어나온것도,
이러한, 생리적(生理的)인, 기쁨
―― 조금이라도, 나흔 환경으로,
변해진다는 ―― 이를 발했던 까닭이
다.

그러나 그보담도, 우리들은, 형
무소로, 넘어가면, 좌우간에, 사회
로, 나갈날자가, 주러드는데에, 기
뻣던것이다.

(82)

봄 바람 같은, 부모 처자를, 다시 맞나 보고, 수놓은, 고향 산 천의 풀 향내를 슳건, 마서 보는 것 보담도, 오늘의 이 역울을, 어떤, 형태(形態) 무슨 방식(方式)으로라도, 푸러 보겠다는 굿세인, 싶넘 틀이, 우리들의, 왼몸을, 또 접게, 맨들었던 것이다.

宋 影作 「프른 잉크 붉은 마을」에서

(83)

슈 프 래 희 · 콜 〈踊劇〉

49. 너 번 째 맞는 8.15.

〈全 一 景〉

해 방 의 노래 〈전 원 합 창〉

A   삼 십 육 년 간

B   일 제 (日帝) 의 강 압 밑 에 서

C   가진 착 취 와 학 대 를 받 아 오 던 조 선

D   약 소 민 족 (弱少民族) 인 우 리 조 선 이

E   서 기 (西紀) 1945 년 팔 월 십 오 일

전 원 팔 월 십 오 일

F   그 날 은 우 리 의 해 방 의 날 이 다

G   ○ 조 선 해 방 만 세 !

전 원 조 선 해 방 만 세 !

〈전 원 합 창〉 애 국 가

F   삼 천 리 방 방 곡 곡 에 는

E   만 세 소 리 가 천 지 를 진 동 하 고

♮ A B C D E F G

D. 태극기가 휘날렸다.

C. 왜제는 물러가고

B. 연합국은 우리에게 독립을 주겠다고

A. 카이로 뽓담 선언에서 약속하였다

G. 그러나 남북은 둘에 갈려

B. 미 쏘 양국이 점령하고

F. 미 쏘 공위 (米蘇共委) 는 무기연기되었다

C. 친일파와 모리배는 좋아라고 날뛰며

E. 남선에는

D. "태로" 와 "탄압" 을 마음대로 하고

A. 불상한 인민를 못살게 구렀다

B. 그들은 남조선에 단독정부를 세워

C. 우리조국을 다시 식민지로 만들었다

D. 이완용이와 등갈은 그들

E. 그들을 없이가 위하여

F. 남조선 갖지에서는 선거반대와 단정

반대 (單政反対) 의

G. 인민항쟁 (人民抗爭) 을 이르켰다

A·　　보라! 제주도의 인민 항쟁을

B　　그리고 아세아 갓지에서 일어나는

　　　인민 항쟁을 ──────

　　　〈전원 합창〉 인민 항쟁 가

D　　네번째 맞는 팔월 십오 일

C　　우리는 모두가 단결 하여

B　/ 통일 정부를 세워야 한다。

전원 ⓔ 없 에자!

D　　모리 배를 없 에자

전원 ⓔ 없 새자 !!

C　　　모두가 잘 살수 있는 정부

전원 ⓔ 인민 공화국　만세 /

B　　　남북 통일의

전원 ⓔ 인민 공화국　만세 !!

A　　우리 손으로 우리 정부를 지기자

전 원 ⓔ 목숨을 바치고 끝까지 지키자 !!

　　　〈전 원 합창〉 적기 의 노래。

50 인민항쟁 (人民抗爭)

(나오는 사람들)

노 인
젊은 메누리
인민군 A
인민군 B (젊은 메누리의 남편)
경비대장 (警備隊長)
경비대원 수명

(장소)

빈농 (貧農)의 집

(때)

밤

제주도의 인민항쟁을 취급한 작품이다
실처로 무대위에 올려보도록 연습하라

막이 열리면 —— 노인이 깊을 두드리고
있다.

멀리서 총소리 두세번, 조금 뒤에 근처
에서 두세번

노인 고개를 들뿐, 안에서, 메누리가 뛰어
나와, 밖을 내다보고 돌아 오는것을 보고

노 인   아마 저녁에도 어디서 싸움이
　　　벌어진 모양이로구나

며누리   밖앝이 어째 뒤숭숭 한 걸 보니 글
　　　세요. 무슨 일이 생길려나봐요.

노 인   아들놈이 집을 나간 지도 벌 서
　　　석 달이 넘는구나. 지금쯤은 어디서
　　　무얼 하고 있는지, 너 무슨 손문이나
　　　못 들었나?

며누리   산에 올라 간 뒤로 종무소식이에
　　　요. 그가 살았다는 소문 만이라도
　　　들었으면 차라리 근심이나 덜 하
　　　게요

노 인   몹쓸 놈들 애치. 이 섬 사람들은
　　　그저 고스러히 없앨 폭장이거든. 너 놈들
　　　어디 보자. 이 섬 사람이 씨가 마르
　　　기 전은 싸우고야 말 테다. (그때크
　　　게 총소리. 부상한 인민군 A가 뛰어 들
　　　여 온다)

인민군 A. 물, 물을 주어요 빨리 (노인파)

메누리는 A를 부축하여 : 메누리는 달려가서 물
을 떠다 먹인다) 고맙소. 나는 산에서
나려 온 인민군이요. 연락 갔다가, 그
놈들에게 ---- 그래 싸우다가 그놈
들 총 알에 ---- 나를 숨겨주십시요
나는 일을 마치기 전엔 못죽겠소. 나를
숨겨주오.

노인   숨기자딘 숨길 데가 어디 ----

인민군 A   아무데나 어서 어서 숨겨주어요.

노인   자 그럼 저기가 ---- (가르킨다.
      메누리는 A를 부축하여 숨긴다. 안안은 시침
      이룬 딴다.)

경비대장 (머원 수명을 인솔하꼬 등장) 시
      방 누가 왔지 이집에.

메누리   오긴 누가 와요 이밤중에.

대장   거짓말 말아. 숨기면 너이들도
      죽인다. 노인 어디 숨었지? 어서

(89)

말 해

노인   뭣 말슴이요.

대장.   에이 망 할것들 그만두라. 자
        어서 찾아봐. (명령일하 대원들이
        수색。 A를 끄집어낸다 A는 반항하나
        결박 당한다) 늙은것이 어쩌자구
        우리를 속이는 거야。

노인   에이 천하에 무도한 놈들 그
        래 네놈들에겐 애비에미도 없단
        말이냐。

대장   무슨 잘말이야 (-탕 총 발사) 자
        가자。 이놈을 다려다가 주리를
        들어야지 (일동 퇴장。 무대 암전。 메누
        리는 노인의 시체위에 엎드려운다 조명
        스폿트)

        〈비 폭 반주〉

메누리   몇 날 몇 일 울어본들 무슨 소용
        이 있으리 이섬 사람들 가슴속 갚

        - (90)

이 사 모친 원한 그 원한을 풀려고
남편은 산으로 가버리고. 이제 또다시
이 꼴을 당하였고나. 무지막지한 그놈
들 왜제(日帝)땐들 이렇진 않었는
데. 해방이 되었다 해서 친일파 모리
배의 폭악 만늘어가고 불상한 인민
은 참지 못해 일어섰다. 그렇다 비록
여자이라 무슨 일을 하렸만 그래도
싸우고야 말겠다 싸움으로 원수를
갚으겠다

　　　　〈총 소리〉(용명)

인민군 B.　(들어오며) 에이 개놈들, 내가
　　　　그리 쉽게 죽을줄 알구.

메누리.　　 앗. 여보. 〈가슴에 뛰어든다〉 이
　　　　게 왼 일이요.

인민군 B.　음, 아까 우리편에서 하나 붓
　　　　들려 갔지. 내가 그사람 대신으로.
　　　　연락하러 나 왔소. 연락은 마치고

오는 길에, 그놈들에게 발각되어, 이렇게 팔은 상했지만, 뭐, 그까짓거, 어디 보자, 이놈들.

며누리. 그런데 여보, 아버지가, (가쁜찮다)

인민군B, 뭐, 아버지가, (달려가 잠시 묵상) 그놈들의 수장이고나! 아버지, 얼마나 원통하셨겠습니까? 그놈들, 왜제의 앞잡이가 되어 호강하다가, 해방이 되자, 새주인에게 나라를, 팔아 먹으려는 민족반역자들, 네놈들이, 암만 바락을 써보아라, 우리 인민은, 기어쿠, 네놈들을 물리치고 말겠다. 아, 봐, 개놈들이 날 찾으려 올거야. 몰은 척 해요. (숨는다)

대장, (대원인솔), 이리 온게 확산허지?

(92)

대원 A 글세 올시다. 어두어서. 같은
대장   이봐. 여편네. 누가 안 왔지?
며누리 안 왔어요.
대장   거짓말 하면, 좋지 못해. 이번엔
    네 차례다.
며누리 날 죽여서 속시원한 일이거던 죽
    여럼. 그러나 아무도 못봤다.
대장   오런 건방진. 말씨 보게. 나중엔
    요런 것들 까지 말성 일세. 이것아.
    우리는. 너이들이 떠들어야. 딸끝만
    치도 겁안 난다. 들어봐 이것아.
    오늘 육지에서. 삽천명에 나 응원대
    가 왔어. 그러네 폭도(暴徒)들을
    전 멸할 날도. 메지 않었다. 너도 잘
    생각해. 자 속히 다른데를 찾아
    보자.
며누리 가만 있거라. 너희들은. 생사람
    을 이렇게 만들어놓구. 그래 그냥. 갈

작정이냐?

대장 . 듣기 싫다 . 네 손으루 아무데나 갖
　　　다 묻어라 .(퇴장).

메누리 . 에이 , 개백정놈들 같으니 !

인민군B . 자 그럼 , 잘 있오 . 이틈에 본부로
　　　가서 알려야겠소 .

메누리 . 않니 여보 , 날 다려가오 . 나도
　　　함께 싸우겠어요 .

인민군B . 글세 . 그게 그렇게 할 수 있는 형
　　　편이야 . 나도 오늘 낼 죽을지 모를
　　　입창인데 . 사살은 오늘 새벽에 이곳
　　　지서(支署)와 합역자의 집엘 습격하
　　　기로 되었어 . 그러니 . 그판에 나도
　　　죽을지 모르오 .(멀리서 인민항쟁가 들려
　　　다) 자 , 남은 일을 부탁하오 . 그래서
　　　모든 처리가 끝나거든 . 산으로 오구
　　　려 . 그러나 . 내가 . 그대까지 살어있
　　　지 . 설사 . 살어있다쳐도 . 서로 맛다

(94)

가 어려울 것이오, 자 그럼 가오. (퇴장)

메누리, 아 여보! (쓸어진다).

(무대압전).

《막》

"49. 네 번 채 맞는 8.15" 와, "50. 인민항쟁" 의
두 편은 民靑文化部 編 "脚本集" No.3 에서 拔粹

95.

밥 먹을 자리를 버린다 (棄)
입을 크게 벌이다 (벌리다) (開)

해보다 달이 작다 (小) ― 形体
한말은 두말보다 적다 (少) ― 量

동무들아 가치 가차 (同行)
꽃파 같이 픔다. (同 如)
지갑을 잃었다 (失)
약속을 잊었다 (忘)

작지만은 무겁다.
이것만은 꼭 알어야 한다
키가 고르다 (均)
콩 중에서 팥을 끌으다 (選)

배가 부르다 (滿)
어머니가 불으다 (呼)

(99)

신발이 맞이다 (蹈)
소 한테 받기다 (突)

개가 달리다 (走)
천정에 거미가 달리다 (品)
아해를 달리다 (慇)
성공은 애씀에 달리다 (從 結果)
우리들은 조선민주주의인민공화국에
달리다 (屬)

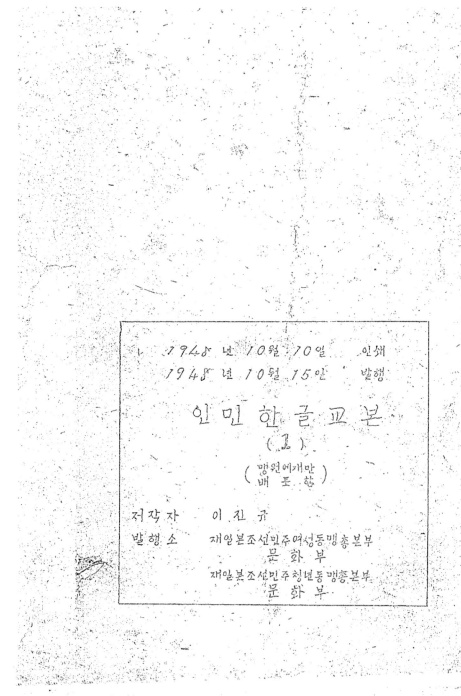

1948 년 10월 10일   인쇄
1948 년 10월 15일   발행

인민 한글 교본
(고)

(맹원에게만
배 포 함)

저작자   이 진 규
발행소   재일본조선민주여성동맹총본부
            문 화 부
          재일본조선민주청년동맹총본부
            문 화 부

3. 인민한글교본

인민한글교본

리진규

N0900114249

학우서방

차 례

전 편

중 편

가르치는 분들에게

(1)이책은 각종 강습회나 야학교에서 청년, 녀성들이 손쉽게 한글공부를 할수있도록 꾸며본것이다.

(2)처음 어학 (語學) 을 공부하는데는 무엇보다도 기초가 중요합니다. 특히 일본에서 자라난분들에게는 발음지도가 결정적 중요성을 갖게됩니다. 즉 말공부가 글공부보다 중요하다는것입니다. 말공부를 효과적으로 지도하기 위하여서는 극 (劇) 이나, 좌담회, 토론회같은것을 자주 열도록 하는것이 좋습니다.

(3)교재의 내용은 잡다 (雜多) 하나, 되도록이면 생활과 결부되고, 상식을 넓히는것을 골랐으며 어감 (語感), 어법 (語法) 등에도 익숙하도록 노력하였습니다.

(4)이책의 진도 (進度) 는 일정하지 않습니다. 그러나 초보로부터 시작하는분은 하루 한시간씩 공부하여 삼개월에 마치도록하되, 전편에 중점을두도록하면 좋겠습니다. 그러나 물론 능력, 시간에 따라서는 한달, 또는 두달에 마칠수도 있을것이며, 좀 아는 분들은 후편에 중점을 두는것이 좋겠습니다.

(5)끝으로 이책을 사용하시는 분은 이책에 대한 감상이나, 비판, 불만등을 저자 (著者) 에게까지 알려주시면 다음 기회에 완전을 기하도록 하겠습니다.

전 편

1. 자모[*](字母)

ㄱ ㄴ ㄷ ㄹ ㅁ ㅂ ㅅ

ㅇ ㅈ ㅊ ㅋ ㅌ ㅍ ㅎ

ㅏ ㅑ ㅓ ㅕ ㅗ ㅛ ㅜ

ㅠ ㅡ ㅣ

---

*한글의 基本字母數는 現在 子音 14字, 母音 10
字 都合 24字이다. 이밖에 合成子音과 合成母音
이 있다. (9.11課參照)

*한글字母의 発音表記

ㄱ (g) ㄴ (n) ㄷ (d) ㄹ (r) ㅁ (m) ㅂ (b)
ㅅ (s) ㅇ (받침 ŋ) ㅈ (dʒ) ㅊ (tʃ) ㅋ (K) ㅌ (t)
ㅍ (P) ㅎ (h)
ㅏ (ɑ) ㅑ (ja) ㅓ (ə) ㅕ (jə) ㅗ (o) ㅛ (jo)
ㅜ (u) ㅠ (ju) ㅡ (ɯ) ㅣ (i)

1

2. 홀소리 * (母音)

ㅏ (아)   ㅑ (야)   ㅓ (어)

ㅕ (여)   ㅗ (오)   ㅛ (요)

ㅜ (우)   ㅠ (유)   ㅡ (으)

ㅣ (이)

＊母音中 ㅓ (ɔ) ㅑ (jɔ) ㅡ (ɯ) 의 三字는
日本語 發音에 없으므로 特別指導가 必要하다.
＊單母音과 重母音
單母音……ㅏ, ㅓ, ㅗ, ㅜ, ㅡ, ㅣ
重母音……ㅑ (ㅣ,ㅏ의 重音), ㅕ (ㅣ,ㅓ의 重音),
　　　　　　ㅛ (ㅣ,ㅗ의 重音), ㅠ (ㅣ,ㅜ의 重音)

2

3. 닿소리* (子音)

ㄱ (기윽) ㄴ (니은) ㄷ (디은)

ㄹ (리을) ㅁ (미음) ㅂ (비읍)

ㅅ (시옷) ㅇ (이응) ㅈ (지읒)

ㅊ* (치읓) ㅋ* (키읔) ㅌ* (티읕)

ㅍ* (피읖) ㅎ (히읗)

＊子音의 名称은 上記한바와같으나, 実地発音指導를 할때 初聲時에는 그, 느, 드, 르, 므, 브, 스, 으 즈, 츠, 크, 트, 프, 흐, 式으로 가르치고, 받침의 発音指導時에는 윽, 은, 을, 올, 음, 읍, 웃, 응, 웃, 윳, 윽, 윹, 윺, 윻, 式으로 가르치는것이 理解가 빠를것이다.

＊"ㅇ"은 初声時에는 아무런 소리도 내지않고, 終声時.(받침)에만 응(ŋ)이란 콧소리를 낸다.

＊ㅊ, ㅋ, ㅌ, ㅍ의 4字는 混成重子音으로 日本語에는 없는 発音이다.

ㅊ(ㅈ,ㅎ 또는 ㅎ,ㅈ의合音)   ㅋ(ㄱ,ㅎ 또는 ㅎ,ㄱ의合音)

ㅌ(ㄷ,ㅎ 또는 ㅎ,ㄷ의合音)   ㅍ(ㅂ,ㅎ 또는 ㅎ,ㅂ의合音)

3

4. 철 자 방 법 (綴字方法)

〈I〉

```
        ㅏ ㅑ ㅣ ㅕ ㅗ ㅛ ㅜ ㅠ ㅡ ㅣ
ㄱ……가
ㄴ……냐
ㄷ………더
ㄹ…………려
ㅁ…………모
ㅂ…………뵤
ㅅ…………수
ㅇ…………유
ㅈ…………즈
ㅎ…………히
```

＊子音 ㅊ, ㅋ, ㅌ, ㅍ의 綴字例ㄷ 略함

4

〈Ⅱ〉

ㄱ	ㅏ ·········	⑦ 가	가
ㄱ	ㅑ ·········	㉧ 갸	갸
ㄱ	ㅓ ·········	㉠ 거	거
ㄱ	ㅕ ·········	㉠ 겨	겨
ㅇ	ㅗ ·········	㉠ 고	고
ㅇ	ㅛ ·········	㉠ 교	교
ㅇ	ㅜ ·········	㉠ 구	구
ㅇ	ㅠ ·········	㉠ 규	규
ㅇ	ㅡ ·········	㉠ 그	그
ㄱ	ㅣ ·········	㉠ 기	기

───────────────────

＊가, 갸, 거, 겨, 기 는 左右로 綴字. 고, 교, 구, 규, 그, 는 上下로 綴字.

5

5. 쉬운 철자와 발음

ㅂ	ㅏ	바	바다
ㄷ	ㅏ	다	
ㄴ	ㅏ	나	나라
ㄹ	ㅏ	라	
ㅇ	ㅏ	아	
ㅂ	ㅓ	버	아버지
ㅈ	ㅣ	지	
ㅇ	ㅓ	어	
ㅁ	ㅓ	머	어머니
ㄴ	ㅣ	니	

마차, 기차, 치마, 바지, 저고리

나비, 거미, 가지, 파, 미나리.

6

ㅇ	ㅗ	오	오이
ㅇ	ㅣ	이	
ㄱ	ㅗ	고	고추
ㅊ	ㅜ	추	
ㅁ	ㅜ	무	무우
ㅇ	ㅜ	우	
ㅈ	ㅗ	조	조
ㅂ	ㅗ	보	보리
ㄹ	ㅣ	리	
ㅌ	ㅗ	토	토지 (土地)
ㅈ	ㅣ	지	

모자, 구두, 조사(調查), 보고(報告),

지주(地主), 모스크바. (쏘聯의 首都)

오이, 고추, 무우, 고구마, 조, 수수.

7

ㅇ	ㅑ	야		야미*
ㅁ	ㅣ	미		
ㄴ	ㅕ	녀		녀자 (女子)
ㅈ	ㅏ	자		
ㅊ	ㅏ	차		차표 (車票)
ㅍ	ㅛ	표		
ㅈ	ㅏ	자		자유 (自由)
ㅇ	ㅠ	유		
ㄴ	ㅠ	뉴		뉴ー스*
ㅅ	ㅡ	스		

우표 (郵票), 투표 (投票), 우유 (牛乳),
유모 (乳母), 소유 (所有),

---

*야미 (ヤミ一闇), 뉴ー스 (News一消息 또는 時報)

8

6. 단문 (短文)

기차가　가오.

마차가　오오.

고기가　노오.

보리가　자라오.

소나무가　크다.

버드나무가　푸르다.

우리　나라, 우리　기,

우리가　지키자!

9

7. 비

비야 비야 오너라

버드나무 지나서

나무다리 지나서

비야 비야 오너라.

10

8. 련습 (一)

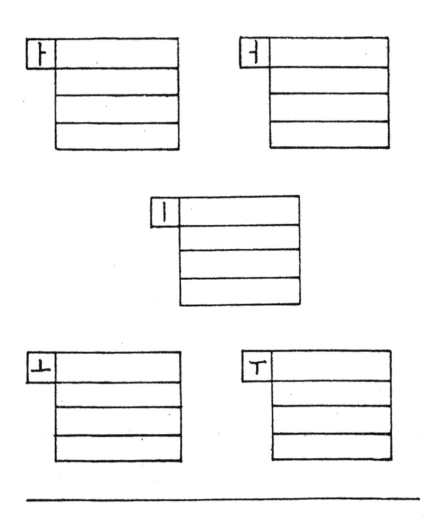

**다음 單語의 첫母音字를 위의 母音에 맞추어
空間에 移記하라. (ㅑ, ㅕ, ㅛ, ㅠ, 는 省略)
소유, 기차, 토지, 자유, 투표 (投票), 지구 (地球),
허리, 부모 (父母), 치마, 어머니, 나라, 투사, 타도
(打倒), 보고, 사무소, 거주지 (居住地), 조사
(調査), 지도자, 거미, 구두**

11

9. 합성모음 (合成 母音)

ㅐ (애)　ㅒ[*](애)　ㅔ (에)　ㅖ[*](예)

ㅘ[*](와)　ㅙ[*](와)　ㅚ (외)　ㅝ[*](워)

ㅞ[*](웨)　ㅟ[*](위)　ㅢ[*](의)

---

*合成母音의　發音表記

ㅐ (æ)　ㅒ (jæ)　ㅔ (e)　ㅖ (je)　ㅘ (wa)

ㅙ (wæ)　ㅚ (ø)　ㅝ (wə)　ㅞ (we)　ㅟ (wi)

ㅢ (ɰi)

*單母音과　重母音

單母音······ ㅐ (æ), ㅔ (e), ㅚ (ø)

重母音······ ㅒ (ㅣ,ㅐ의　重音)

ㅖ (ㅣ,ㅔ의　重音)

ㅘ (ㅗ,ㅏ의　重音)

ㅙ (ㅗ,ㅐ의　重音)

ㅝ (ㅜ,ㅓ의　重音)

ㅞ (ㅜ,ㅔ의　重音)

ㅟ (ㅜ,ㅣ의　重音)

ㅢ (ㅡ,ㅣ의　重音)

10. 합성모음의 철자와 발음

ㄱ ㅐ 개 | 개, 개미, 개구리

ㅁ ㅔ 메 | 메주, 메누리

ㅇ ㅒ 애 | 애기*, 얘야

ㄱ ㅖ 계 | 시계(時計), 기계 (機械), 세계(世界)

대야, 대패, 배추, 부채, 재미*,
태도(態度), 제비, 제주도(濟州島), 노예(奴隷), 데마*.

＊얘기 ("이야기"의 준말)   ＊재미 "자미"의 俗音)

＊데마 (떼마고구 — Demagogue(거짓말宣伝) 의   略語)

ㅎ	ㅘ	화 │	화로
ㅇ	ㅙ	왜 │	왜 (倭)
ㅎ	ㅚ	회 │	회계 (會計)
ㅁ	ㅝ	뭐 │	뭐야? *
ㄱ	ㅖ	궤 │	궤 (櫃)
ㅇ	ㅟ	위 │	가위
ㅇ	ㅢ	의 │	의사 (醫師)

소와 돼지, 내외, 쇠고기, 사회
(社會), 바위, 쥐, 귀 (耳), 유
회 (遊戱), 의사표시 (意思表示).

---

* 뭐야? ("무어야"의 준말)

14

11. 합성자음[*](合成子音)

ㄲ (쌍기윽)   ㄸ (쌍디읃)

ㅃ (쌍비읍)   ㅆ (쌍시옷)

ㅉ (쌍지읒)

＊合成子音의 發音表記
  ㄲ (g')   ㄸ (d')   ㅃ (b')   ㅆ (s')   ㅉ (dʒ')
＊初声으로 使用되는 合成子音은 以上 5字이나,
  終声 即 받침으로 使用되는 合成子音은 ㄲ, ㅆ
  外에 ㄳ, ㄵ, ㄶ, ㄺ, ㄻ, ㄼ, ㄽ, ㄾ. ㅀ, ㅄ, 의
  11字가 있다.

15

12. 합성자음의 철자와 발음

ㄲ ㅏ 까 ㅣ 까치, 까마귀

ㄲ ㅣ 끼 ㅣ 토끼, 코끼리

ㄸ ㅐ 때 ㅣ 때 (時, 垢)

ㅃ ㅓ 뻐 ㅣ 뼈

ㅃ ㅡ 쁘 ㅣ 기쁘다, 이쁘다,
　　　　　　나쁘다, 바쁘다,

ㅆ ㅣ 씨 ㅣ 고추씨

ㅉ ㅣ 찌 ㅣ 찌개

고추가루가 아주 싸다.

두부찌개가 아주 짜다.

13. 단문 (短文)

"애야, 나하고 가치 가자."

"네, 어서 이리로 오세요."

너도 나도 배우자.

어제 다시 노예가 되다니!

표어 (標語) 가 희미하다.

고치고 새로 쓰자

타도하자 토지제도

세우자! 새나라.

17

14. 련습 (二)

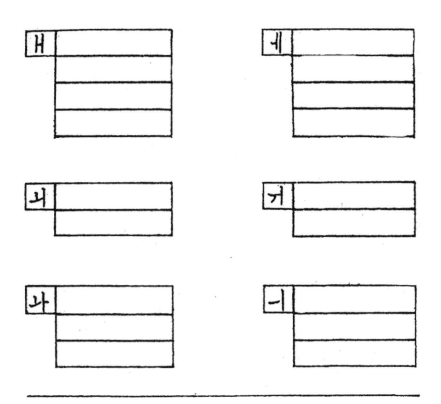

＊다음 單語의 첫母音字를 위의 母音字에 맞추어
空間에 移記하라. (ㅖ, ㅒ, ㅙ, ㅚ, ㅖ의 用例는
省略함)

세계 (世界), 쥐, 과거 (過去), 회사 (會社), 태도 (態
度), 의자 (椅子), 외가 (外家), 테마, 과자 (菓子), 키,
의사 (意思), 제주도, 재미, 내외, 의사 (醫師), 며
누리, 배추, 나와 너.

18

15. 련습 (三)

기차□ 가오.

나□ 모자□ 구두.

나□□ 가치 가자.

| 도 | 가 | 하고 | 와 | 도 | 의 |

우리 □□, 우리 □

우리가 □□□ㅣ

□□가 희미하다.

고치고 새로 □□

| 기 | 쓰자 | 나라 | 지키자 | 표어 |

19

16. 받침 (一)

| ㅊ | ㅐ | ㄱ | 책 |

떡국, 조죽, 약국, 탁아소 (託兒
所), 학교, 력사, 국기, 조국

| ㅅ | ㅏ | ㄴ | 산 |

돈, 논, 조선, 인민, 만세, 민주
주의 (民主主義), 자본주의 (資
本主義), 사회주의 (社會主義).

| ㄷ | ㅏ | ㄹ | 달 |

바늘, 실, 빨래, 하늘, 별, 단결
아들, 딸, 출판, 발표, 일본.

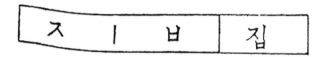

ㄱ ㅏ ㅁ | 감

아침, 점심, 김치, 소금. 음식,
남녀, 사람, 꿈, 마음, 삼천만.

ㅈ ㅣ ㅂ | 집

입, 밥, 톱, 삽, 접시, 대접,
립, 탄압, 계급, 실업 (失業).

ㅇ ㅗ ㅅ | 옷

잣, 엿, 그릇, 못, 낫, 깃발.

ㄱ ㅏ ㅇ | 강

로동자, 농민, 공장, 농촌, 동무,
해방, 승리, 평화, 남녀평등.

17. 단문 (短文)

○ 조선과 일본, 미국과 쏘련.

○ 비가 오고, 바람이 분다

○ 밥을 먹고, 일터로 나가자.

○ 야학에 가서, 공부를 하자.

○ 우리의 조국은 조선이다.

○ 조선은 인민의 나라다.

○ 미래는 청년의 것.이다

○ 녀자도 건국의 일꾼이 되자.

○ 남조선에서는 곡식이 잘 되
   어도 먹을것이 모자란다고
   한다. 우리는 그 리치를 똑
   똑히 알아보자.

18. 엄마소* (동요)

우리집 엄마소는

　　　　　팔려 간대요.

산 넘고 물 건너

　　　　　일본 땅으로.

소장사를 따라서

*이 동요는 어느때 생겨났을까 ?
어째서 이러한 동요가 생겨났을까 ?

23

19. 받침 * (二)

ㄱ	ㅗ	ㄷ	곧

O 마음이 곧으면 믿음을 받고,

   결심이 굳으면 성공을 한다

ㅂ	ㅣ	ㅈ	빛

O 빚쟁이들이 밤낮 찾아온다.

O 밤 늦게 개들이 짖는다.

ㄲ	ㅗ	ㅈ	꽃

O 진달래꽃이 만발하다.

O 반가운 낯빛이 아니다.

* 여기서는 홑받침中 새로使用하게 된 ㄷ,ㅈ,ㅊ,ㅋ,ㅌ,ㅍ,
ㅎ의 7字의 받침用例를 몇개씩 簡單히 들어 놓았다.

ㄴ	ㅕ	ㅋ	녘

ㅇ <u>윗녘</u> 사람, <u>아랫녘</u> 사람.

ㅇ <u>녀</u>자는 <u>부엌</u>귀신이 아니다.

ㅂ	ㅏ	ㅌ	밭

ㅇ <u>볕</u>을 쬐면서, <u>밭</u>에 <u>흩</u>어진

콩과 <u>팥</u>을 <u>낱낱</u>이 주어본다.

ㅇ	ㅏ	ㅍ	앞

ㅇ <u>앞</u>길이 멀다, 빨리 가자.

ㅇ <u>높</u>은 산, <u>깊</u>은 바다.

ㅈ	ㅗ	ㅎ	좋다

ㅇ 이것은 <u>좋</u>고, 그것은 나쁘다.

ㅇ 무엇을 <u>어떻게</u> 한단 말이야.

ㅇ 벼를 <u>찧어서</u> 쌀을 만들고,

쌀을 <u>빻아서</u> 떡을 만든다.

25

20. 문맹퇴치 (文盲退治)

우리 조국은 참다운 민주주의 국가가 되어야 한다. 그러기 위하여서는, 16세부터 50세까지의 성인인구 (成人人口) 전부가 글을 알아야 할것이다

이것이야말로 우리들 청년의 문제다. 서로 굳게 단결하여 전동포들 속에 들어가, 문맹을 퇴치하자! 글 아는 한사람이 글 모르는 열사람을 가르쳐주는 운동을 즉시 전개하자!

— 조선에는 어째서 문맹이 많은가를 토론하라

26

21. 그의 일생

그는 구차한 환경속에서 자라났다. 그러기에 그는 누구보다도 녀성을 해방시키기 위하여 열렬히 싸왔다.

그는 항상 녀성들에게

"무릎을 꿇고 사는것보담 차라리 서서 죽는것이 났다."고 웨쳤다.

그의 용감한 투쟁은 모든 녀성들의 피를 끓게 하였다.

＊ 싸, 꿇받침用例는 받침(3)을 参照할것.

27

22. 련 습 (四)

(1) 순서를 잡아 말을 만들라.

| 잘되어도 | 먹을것이 | 한 다 |

| 남조선에서는 | 모자란다고 |

| 곡식이 |

| 일꾼이 | 녀자도 | 되 자 |

| 건국의 |

(2) 다음 줄글을 떼어 써보라.

밥을먹고일터로나가자.
조선은인민의나라다.
야학에가서공부를하자.

23. 받침* (三)

ㄲ 받침

○ 나뭇단을 <u>묶어서</u> 쌓아놓자.

○ 꽃을 함부로 <u>꺾지맙시다</u>.

○ 돈은 사람을 <u>낚고</u>, 빈곤
(貧困)은 뼈를 <u>깎는다</u>.

ㄳ 받침

○ 내<u>몫</u>은 대체 얼마냐? <u>삯전</u>
만으로는 살기어려운 세상이다.

ㄵ 받침

○ 우리가 못사는것은 누구의
탓인가, 가만히 <u>앉아서</u> 생각
해보자.

29

○ 일하지 <u>않는</u> 자는 먹지를
  말아야 한다. 그런데 놀아도
  잘먹는 놈이 <u>많고</u>, 일하여도
  못먹는 사람이 <u>많다</u>.

ㄹㄱ 받침

○ <u>밝은</u> 달, <u>맑은</u> 물, <u>굵은</u> 나무

○ <u>늙은</u> 농부가 소를 몰고 들
  로 나간다.

○ <u>흙</u> 파는 손이 나라 세운다.

ㄹㅁ 받침

○ 인민이 헐벗고 <u>굶주리는</u> 사
  회를 타도하고, 누구나 다
  잘살수 있는 사회를 <u>젊은이</u>

30

의 힘으로 세우자.

□ㄼ 받침 □

○ 길고 짧은것은 대봐야 안다.

○ 보리밭이 넓으니, 아침 여덟
  시부터 밟으러 가야 되겠다.

□ㄽ 받침 □

○ 산곬에 뛰어난 사람이 많다.

□ㄾ 받침 □

○ 수박 겉 핥기.

○ 벼를 훑어도 나라를 찾는
  투사 (鬪士)

□ㄿ 받침 □

○ 시 (詩) 를 읊어도 민족을
  파는 매국노.

31

ㄹㅎ받침

o <u>옳은</u> 로선을 끝까지 지키자.

o 단결하자! 로동자와 농민!
<u>잃을것</u>은 쇠사슬뿐이요, 얻을
것은 온 세계다.

ㅄ받침

o <u>품값</u>은 내리고, <u>쌀값</u>은 올으
니 살아나갈 수가 <u>없다</u>.

ㅆ받침

o 지주들은 토지를 차지하고
<u>있었고</u>, 자본가들은 공장을
차지하고 <u>있었다</u>.

o 그 녀자는 <u>오겠다고</u> 약속만
하고 오지는 <u>않았다</u>

32

　ㅆ받침은　어떤　때　쓰나?

ㅆ받침은　形容詞“있다”(有)와　풀이씨(用
言)의過去“았(었)”,　未來“겠다”와에는
使用되지　않는다.

보기　Ⅰ.

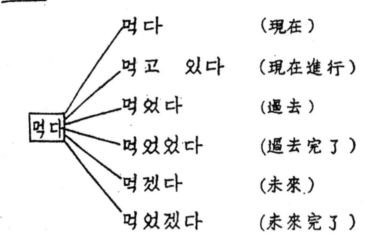

먹다 ── 먹다　　　　　　　(現在)
　　　　먹고　있다　　　　(現在進行)
　　　　먹었다　　　　　　(過去)
　　　　먹었었다　　　　　(過去完了)
　　　　먹겠다　　　　　　(未來)
　　　　먹었겠다　　　　　(未來完了)

보기　Ⅱ.

(正)　저것은　산이요,　이것은　강이다.
(課)　저것은　산이요,　이것은　강이다.
(正)　웃는다.　솟는다　벗었다.　씻었다.
(課)　웃는다.　솟는다.　벗었다.　씻었다.

33

과거 · 현재 · 미래

오늘 학교에 <u>간다</u>. (現在
지금 학교에 <u>가고있다</u>. (現在進行)
아까 학교에 <u>갔다</u>. (過去)
어제 학교에 <u>갔었다</u>. (過去完了)
내일 학교에 <u>가겠다</u>. (未來)
벌서 학교에 <u>갔겠다</u>. (未來完了)

O

오늘 새옷을 <u>입는다</u>. (現在)
지금 새옷을 <u>입고있다</u>. (現在進行)
아까 새옷을 <u>입었다</u>. (過去)
어제 새옷을 <u>입었었다</u>. (過去完了)
내일 새옷을 <u>입겠다</u>. (未來)
벌서 새옷을 <u>입었겠다</u>. (未來完了)

34

중 편

24. 인 사 법 (1)

ㅇ 선생님 안녕하십니까?

ㅇ 아주머니, 안녕하세요

ㅇ 동무, 오래간만이요.

ㅇ 애, 너 어디 가는 길이냐?

ㅇ 그동안 잘 있었니?

ㅇ 선생님 그만 실례하겠습니다.

ㅇ 아주머니 그만 가겠어요.

ㅇ 동무, 또 만나세.

ㅇ 애, 난 그럼 가겠다, 응.

ㅇ 잘 있어, 응.

35

25 대 화 (對話) 〈I〉

손　　"집에　계십니까?"

주인　"네, 누구십니까?"

손　　　접니다, 리재덕입니다. "

주인　"아, 동무　오래간만이요,

　　　어서　들어오시요."

손　　"선생님　오래간만입니다.

　　　그간　안녕하십니까?"

주인　"네, 고맙소, 동무도　몸

　　　건강하니　다행이요. 요샌

　　　무얼하고　있소 "

손　　"역시　학생동맹　일을　보

　　　고있습니다."

36

26. 대 화 (對話) 〈Ⅱ〉

옥순 "아주머니 어디 가시는
　　길이에요."

아주머니 "옥순이냐, 너 참
　　오래간만이러구나, 학교
　　어머니회가 있어서 가는
　　길이다."

옥순 "아저씨 안녕하세요, 인
　　숙이, 인식이두 다 잘
　　있구요."

아주머니 "그래 다 들 잘
　　있다. 옥순이 집에두 다
　　들 안녕하시냐?"

37

옥순 "네, 아버지두 어머니두
다들 안녕하세요. 아주머
니 한번 집에 놀러오세
요, 틈이없어 바쁘시겠지
만——"

아주머니 "그래, 일간 한번
찾아가 뵙겠다구 어머님
께 여쭈어라."

옥순 "그럼 어서 가보세요."

아주머니 "그래 잘 가거라."

＊여러가지 경우에 하는 인삿법을 연구하여
실찌로 해보도록 하라.

38

27. 예전 동요 두편

〈I〉 제비 소리

비리고 배리고

건너말 부잣집 갔더니

콩 한쪽 안주더라.

비리고 배리고————

〈II〉 부엉새 울음

떡 해먹자 부—엉

량식 없다 부—엉

걱정 말게 부—엉

꿔다 하지 부—엉

언제 갚게 부—엉

갈에 갑지 부—엉

39

28. 인 사 법 (2)

o 선생님, 진지 잡수십시요.

o 아주머니, 진지 잡수세요.

o 동무, 식사하게.

o 여보게, 밥먹게.

o 애, 밥 먹어라.

o 참 잘 먹었습니다.

o 아주 맛나게 잘 먹었어요.

o 참 잘 먹었네.

o 배 부르게 먹은걸.

o 애, 잘 먹었다.

o 배가 뿌듯하게 먹었다.

40

29. 밥 상

오늘은 명식이의 생일날입니다. 어머니는 엊저녁부터 없는 돈을 털어가며 맛있는 음식을 많이 차렸습니다.

아침상이 나왔습니다.

네모진 밥상 위에는

주발에 흰 쌀밥

대접에 곰국

보시기에 깍뚜기

접시에 배추김치

남비에 고기든 두부찌개가

듬북듬북 들어 있었습니다.

41

30 련습(표) 맛알기

고추가루 맛은 맵다

간장 맛은 짜다

초 맛은 시다

약 맛은 쓰다

설탕 맛은 달다

깨소금 맛은 고소하다

꿀 맛은 시고도 달다

생감 맛은 □□

시다 떫다 고소하다 짜다
쓰다 맵다 달다 시고도달다

42

敬語法

○ 할아버지께서 주무신다.

○ 어린 애기가 잔다.

○ 아버지가 집에 계시다.

○ 동생이 집에 있다.

○ 선생님이 병환으로 편찮으시다

○ 그가 병으로 누어있다.

○ 생도가 병으로 앓는다.

○ 할아버지가 돌아가셨다.

○ 친한 동무가 죽었다.

○ 그가 세상을 떠났다.

○ 적(敵)들은 함정속에서 다 거꾸러졌다

＊ 이러한 복잡한 敬語法은 하루바삐 單純化시켜야 할것
이다.

43

31. 조국조선

어느나라보다도 둥그고 높은
하늘,

어느나라보다도 깊으고 큰   산,

어느나라보다도 맑고 고운 물.

이   나라에는

어느나라보다도 백옥같은 흰
쌀이   많이   난다.

44

이 나라에는

어느나라보다도 아름다운 전

설이 많이 있다.

그리고 이 나라에는 힘샌

농군들이 제일 많이 산다.

이 나라를 우리는 조국 조

선이라고 부른다.

회화체와 문장체

회화체 "날 좀 봐요"

문장체 나를 좀 보아요.

회화체 "그럼 맘대루 해봐"

문장체 그러면 마음대로 하여보아.

회화체 "뭐 힘든다구 그걸 못해"

문장체 무엇이 힘이 든다고 그것을 못해.

회화체 "넌 뭘해야 좋지 알겠냐?"

문장체 너는 무엇을 하여야 좋을지 알겠느냐?

회화체는 말하는 그대로다. 산 사람의 말이기때문에 어감(語感)이 살아있다.

문장체는 말이 고르기는 하나 산 맛이 없다. 회화체와 문장체는 항상 구별해서 써야한다.

46

32. 가난과 공부

나는 그동안에 참으로 빈궁
(貧窮)의 쓰라림을 맛보았다.

책을 못사썼다. 나는 그 때
글씨가 어떻게 쓰고 싶던지
여름에는 감나무잎새와 호박잎
을 따서 써보았다. 그것은 종
이대신으로 하려니와 붓과 먹
이 없는데는 아찔이었다.

그래서 나는 동무애들의 붐
판(粉板)을 빌어가지고 붓은
그들이 다 쓰다 내버린 모지
랑붓을 줏어다가 쓰군 하였다

47

ㅇ

나는 이웃 아이들이 부러워 하던 학생생활(學生生活)을 집어치우고 다시 그들과 같은 목동(牧童)으로 변하여 나뭇지게를 지고 나섰다.

나는 짚신을 삼어신고 까치집과 같은 나뭇짐을 짊어지기도 하였다. 그리고 먹는것은 여름에는 콩나물죽 조밥같은것이요, 봄에는 조죽, 나물죽이었으니 지금의 궁농(窮農)과 별반 다름이 없었다. (李箕永)

ㅇ리기영(李箕永)씨는 조선의 유명한 소설가다.
ㅇ조선농민의 생활을 중심으로 토론하라.

48

33. 예전의 학교

　지금부터 사십여년전이나 되니 벌서 예전이야기가 되었지만, 그때 학생들이라는것은 참으로 지금 학생들로서는 상상（想像）도 못할 잡동산이（雜同散異）였다.

　아들, 손자를 거느린 사십여개의 중로인도 있고, 생강장사같이 머리꼬리를 느린 총각도 있고, 콧물 흘리는 초립동（草笠童）이도 있고, 방갓 쓴 상제, 그리고 기타 형형색색의

49

별별 학생이 모여들었으니, 물론 머리 깎은 학생이라고는 한사람도 없었다.

ㅇ로인들한테 예전의 조선학생생활이야기를 듣고 조선의 봉건성을 중심으로 토론하라

속담 (I)

티끌 모아 태산 된다.

공든 탑이 무너지랴.

소 잃고 외양간 고친다.

산에 가야 범을 잡는다.

50

반대되는 말

늙은 로인	젊은 청년
비싼 세금	싼 품삯
얽은 자유	잃은 쇠사슬
무거운 돌	가벼운 솜
넓은 거리	좁은 골목
높은 산	낮은 동산
깊은 바다	얕은 시내
먼 산	가까운 마을
긴 코	짧은 꼬리
밝은 낮	어둔 밤

헌 옷을 벗고, 새 옷을 입자.

나쁜 일은 하지말고, 좋은 일만 하자.

맑게 개인 하늘이, 갑자기 구름이 끼고

흐려지기 시작하였다.

51

34. 위원회에 가는 길

비는 오고

날은 어두어

지척이 안보이는 논걸로

나는 지금 위원회에 간다.

우산도 없이

등불도 없이

다만 바람에 섞인 빗소리

또랑물 소리만이 요란히 들

릴 때!

그 옛날 연인 (戀人)과 가치

이길을 걸을 때보다도

52

나의　마음은　기쁘고나.

지금　동지들은
나를　기다릴게라.
지나간날　놈들은　독사와도
같이
우리를　물어띄였지！
이밤엔　비　바람이　또　헤살
을　노는거냐.

그러나　가자
비는　오고
바람은　부러도.

53

나는 이밤에 동지들과 가치
우리가 행동할것을 그려보면
서 간다.
동지들의 번쩍이는 그 눈동
자들이
어쩐지 이밤엔 내걸을
밝혀주는 등불과도 같고나.

가자 어둠의 밤
비는 오고
바람은 부러도.

─── 1945년 10월 16일 朴世永 ───

○박세영씨는 조선의 유명한 시인이다.

54

35. 동지애 (同志愛)

　무릇　인간생활에　있어서는
허다한　애정 (愛情) 을　분류(分
類)　할수　있겠지만　동지애보다
가장　고상 (高尚) 한　사랑은
없으리라고　나는　주장하고싶다.
　──친구간의　우정 (友情), 부
모형제끼리의　육친애 (肉親愛),
남녀간의　연애 (戀愛) 등의　애
정도　높이　평가 (評價) 할수
있으리라.　그러나　이것들은　인
생의　전부가　아니다.
　인간은　동물과　다르다.　다른

차이 (差異) 가 무엇이냐?

그것은 고상한 정신생활에
있다. 이 정신생활은 진심 (眞
心) 한 행위 (行爲) 가 일상생
활을 통하여 창조 (創造) 됨에
있다. 따라서 같은 일자리에서
고락 (苦樂) 을 함께하며 동일
한 사업을 목표로 활동하는
가운데 동지애가 비로소 생기
는것이다.

그것은 부부 (夫婦) 간에도
있을수 없는 순진 (純眞) 한
애정이다.

ㅇ 애정문제를 중심으로 토론을 하라.

56

36. 개

최서방네집 개가 이리로 온다. 그것을 김서방네집 개가 발견하고 일어나서 영접(迎接)한다. 그러나 영접해본댓자 할 일이 없다. 량구(良久)에 그들은 헤어진다.

설레설레 길을 걸어본다. 밤낮 다니던 길, 그 길에는 아무것도 떨어진것이 없다. 촌민들은 한여름 보리와 조를 먹는다. 반찬은 날된장 풋고추다. 그러니 그들의 부엌에조차 남

는것이 없겠거늘, 하물며 길가
에 무엇이 족히 떨어져 있을
수 있으랴.

길을 걸어본댓자 소득이 없
다. 낮잠이나 자자. 그리하여
개들은 천부（天賦）의 수위술
（守衛術）을 망각（忘却）하고
낮잠에 탐닉（耽溺）하여버리지
않을수 없을만큼 타락하고 말
았다.

슬픈 일이다. 짖을줄 모르는
벙어리개, 직힐줄 모르는 게름
뱅이개, 이 바보개들은 복（伏）
날 개장국을 끓여먹기 위하여

58

촌민의 희생(犧牲)이 된다.
그러나 불상한 개들은 음력도
모르니, 복날은 며칠이나 남았
나 전연 알길이 없다 (李箱 "倦怠"의 一節)

속 담 (2)

부뜨막에 소금도 넣어야 짜다.

불안땐 굴둑에 연기 날까?

발없는 말이 천리 간다.

낮말은 새가 듣고, 밤말은
쥐가 듣는다.

59

말 맞추기

복순이는 기뻐서   운다.

영이는 성이 나서   뛴다.

마차가 저리   짖는다.

개가 도적을 보고   간다.

토끼가 깡충 깡충   온다.

자동차가 이리   웃는다.

글자 넣기

봄에는 □이 피고 □□하다.

여름에는 □가 오고 □□다.

가을에는 □□이 불고 □□하다.

겨울에는 □이 오고 □다

□눈 □더움 □춥 □서늘 □꽃 □따뜻 □비 □바람

60

37. 생일 초대 편지

벌서 가을이야.

영숙이 참말 오래간만이지

그래 그동안 일 많이 하고

재미 있었어.

난 요새 하는것 없이 바쁘
구먼 순이는 결혼한 후 사무
소에 한번도 안나오는군. 어쩌
면 그래! 서방님께 홀딱 반
한 모양이지.

영숙이! 오는 토요일이 내
생일날이야. 좀 와요. 모두 모
여서 저녁이나 가치 먹자구.

61

경희한테두 알려주고 본부의
순경이 남옥이 순이한테두 기
별을 했으니깐 오래간만에 다
모일거야.

그날은 아주 맘껏 놀기로
하였으니깐 떠들 준비를 잔뜩
해가지고 저녁 여섯시쯤 되어
꼭 와요.

그럼 그동안 싸두었던 이야
기는 모두 그날 하기로 하고
이만 총총

9月 24日

윤숙

(魚塘著 "人民書簡文集" 에서)

62

38. 사랑의 편지 ─녀자로부터

경호씨 앞에

주신 글월 감사하옵나이다.
세번네번 읽사옵고 깊이깊이
보물로서 간직하겠습니다. 저같
은것을 그처럼 칭찬하시고 소
중이 여기신다 하오니, 오직
부끄럽고 감사할뿐이옵니다. 할
일 많은 세상에 태여난것을
행복으로 생각하신다는 말씀,
저 역시 같은 생각입니다.

저는 요새 조직일이고 집안
일이고 얼마나 신이나서 척척

해치는지, 모르겠습니다. 어제는
점잔은 순이까지가 너 요새
좋은 일이 있는게구나!" 말
댓구를 하였세요. 참으로 그날
그날이 행복스럽고 유쾌하옵니다.
그러나 약속해주신 10월 26
일이 오기를 기다리기 하루가
열흘 갔습니다. 오늘도 저녁밥
을 지면서 그날 뵈웁게 되는
池袋역전을 여러가지로 상상하
여보다가 그만 밥을 눌리고서
어머님께 꾸지람을 들었세요.
"오늘밤만 지내면 나머지 닷
새 " 저는 수첩을 들쳐보고

64

손가락셈을　하여보며　이　글월
을　적습니다
　그리운　님의　모습을　그리면
서　이만　올립니다.

10월　21일

숙히　올림

（魚塘著　"人民書簡文集"에서）

65

한가지 말 찾기

"퍽 그리워"

"몹시 그리워"

"아주 그리워"

"못견디게 그리워"

"말할수 없이 그리워"

달이 밝다.

달이 훤-하다.

달이 환-하다.

비가 온다.

비가 나린다.

비가 뿌린다.

비가 쏟아진다.

비가 퍼붓는다.

위의 말들은 각기 사용할 경우가 다를것이다. 그

66

러나 우리는 항상 어느때 어떠한 말을 골라쓰면 좋을까하는데 노력하자. 불란서의 유명한 작가 (作家) 홀로-벨은 "한가지 생각을 나타내는데는 오직 한가지 말밖에는 없다"고 말한바가 있다.

속 담 (3)

어여뿐 자식 매 한개 더 때린다.

열량돈보다 열사람 벗을 갖자.

장님 속에서는 외눈깔이도 왕이다.

부자 (富者) 의 재미는, 빈자 (貧者) 의 핏덩이니라.

67

39. 내가 구장(區長)이다

중국과 일본이 전쟁하던 때 이야기입니다.

화북(華北)의 어느 마을이 일본군에게 포위(包圍)를 당했습니다. 그 마을 오(吳)구장은 일본제국주의를 아조 미워한 사람이었습니다.

일본군은 마을 사람들을 모두 넓은 마당으로 끄러냈습니다. 그리고 한 로인에게 물었습니다.

"누가 구장인가?"

68

로인은 말했습니다.

"모르겠소."

일본군은 칼을 빼들고 로인의 심장을 콱 찔러죽였습니다.

일본군은 또 한 청년에게 물었습니다.

"말해라, 누가 구장인가?
말안하면 너도 죽인다."

청년은 입을 떼지 않습니다.
일본군은 칼을 빼들었습니다.
그때 오구장이 군중속에서 뛰어나와 말했습니다.

"내가 구장이다."

일본군은 그를 잡으려고 했

69

습니다. 그때 많은 사람이 일

시에 웨쳤습니다.

  "내가 구장이다."

  "내가 구장이다."

  일본군은 누가 구장인지를

모르게되고 말았습니다.

  ○중일사변과 전후의 중화인민공화국에 대한
   토론을 하라.

70

3. 인민한글교본 ▌ 265

40 수수꺼끼

젊어서는 청치마
짭짭 입다시고,
늙어서는 홍치마
카 카 매운것,
그것이 무엇?
── 고추

따끔이 속에 빤빤이,
빤빤이 속에 털털이,
털털이 속에 오드득,
그것이 무엇?
── 밤(栗)

71

사투리와 표준말

〈사투리는 어째서 생기게 되었나? 표준말은 어째
서 필요한가를 가르칠것.〉

"아메 게신둥" (咸北)

"할메이, 기시는기요" (慶南)

"클마니, 게심네께" (平北)

"할메 게서유' (全南)

} ── 사투리

"할머니, 계십니까" (서울地方) ── 표준말

표준말	사 투 리
가 을	갈(忠北), 가슬기(全北), 가실(全南, 江原, 咸南), 가슬(忠南, 慶南, 北, 咸南, 北), 가알(平北), 가울(平南, 黃海).
무 우	무수(忠南北, 全南北), 무꾸(慶南北, 江原, 咸南北, 平北) 무시(全南, 慶南北,), 무이(平南, 黃海), 나삐(咸南)
고양이	고양이(忠北), 고앵이(忠南), 피(忠南, 全南), 핑이(忠南, 全南北), 귀앵이(全北), 피되기(全南), 고애(咸北), 겡이(全南, 慶南北), 표내어(慶北), 고낭이(咸南), 고넹이(平北), 팽이, 광이(平南), 패이, 쾌(黃海).

72

후 편

41. 아이들아 이것이 우리학교다!

아이들아

이것이 우리학교다!

교사 (校舍) 는 오직 초라하고

교실은 단 하나뿐이고

책상은

너이들이 마음놓고 기대노라면

삐 - ㄱ 하고 끝이라도 찌그러질것같은

소리를 내고

문창 (門窓) 엔 유리한장 넣지를못해서

긴 겨울엔

사방에서

살을 베는 찬 바람이

그 틈으로 새어

너이들의 앵두같은 두빰을 푸르게하고

73

그리고

비오는 날엔 비가

눈오는 날엔 눈이

또 1948년 춘삼월엔

때아닌 모진바람이

이 창을 틀쳐

너이들의 책을 적시고 **뺨**을 때리고

심지어는 공부까지 못하게 할랴고들고

그리고 두루 살펴보면

백이백가지 무엇하나

눈물 자아내지않는것이 없는 우리학교

로구나

허나

아이들아!

너이들은

"니혼노 각꼬요리 이이데수"하고

서투른 조선말로

우리도 독립만하면
일본학교보다 몇배나 더 큰집을 짓을
었잖느냐고
되려
이 눈물많은 선생을 달래고
그리고
또·오늘도 가방메고
씩씩하게 이학교를 찾아오는구나!

아이들아!
이것이 우리학교다!
오직 교사가 빈약하고 적고
큼직한 "쓰베리다이" 하나
그비하나 달지못해서
너이들 놀곳도 없는 초라한 학교겠
는
아 아이들아!
이것이 단 하나

75

고국 떠나 수 만 리 이역 (異域) 에 서

나 고 자 라 난 너 이 들 을

다 시 조 선 의 하늘 에 돌 리 는

단 하 나 의 우 리 학 교 다

아 아

우 리 어 린 일 꾼 들 아 !

○ 1948년 4월 15일 동경 공회당에서 열린

  "조선인교육탄압반대 학부형대회" 석상에서

  (낭독)한 허남기 (許南麒) 의 시 (詩) .

76

42. 조선민화 세편

(1) 땅을 파고 들어앉아야 합니까?

어떤 농민이 하루는 말을 타고 장에 갔다오는 길에 저편에서 말을 타고 마주오는 **량**반을 만나 인사를 하였다. 그랬더니 그 **량**반은 대뜸 노기가 등등하여 꾸짖어 말하되

"이놈아 쌍놈이 **량**반 앞에서 말을 탄채 인사를 하니 그런 고약한 버릇을 어디서 배웠느냐?"

하고 호령을 하였다.

77

농민은 아주 공손한 태도로
량반을 보고,
"어떻게 해야 옳은 버릇이
오니까?"
"량반이 말을 타고 올때에
는 말에서 내려가지고 인사
를 하는 법이지."
"네―, 그러면 량반이 걸어
올때에는 쌍놈은 땅을 파고
들어앉아서 인사를 해야 되
겠습니다 그려."

(2) 랭면그릇에 콧물
옛날 어느 량반이 서울로

78

가는길에 하인을 하나 데리고
가는데 어떻게나 인색하던지
점심때면 자기만 점심을 사먹
고, 하인은 점심을 굶긴다.

  량반이 배고프다면 하인이라
고 배가 고프지 않을리 없는
일이다. 하루는 걷다가 점심때
가 되어 어느 동네에서 쉬어
가게 되었는데, 량반은 나무
그늘에 앉아서 랭면을 한그릇
사오라 명령했다. 그런데 하인
은 랭면을 받아가지고 오면서
이리보고 저리보고 고개를 기
웃등거리며 랭면그릇을 자세자

79

세 들여다보는지라 주인 량반이
이상스러히 생각하여,
　"야 너 무얼 그리 유심히
　들여다보고 있느냐?"
하고 묻자, 하인은
　"예- 소인의 코가 한방울
　떨어졌는데 그게 어디 있나
　고 찾습니다."
하였다. 주인 량반이 이말을 들
으니 드러워 먹을수가 없다.
그래서
　"에익 드러운 놈, 그건 네
　나 먹고 다시 한그릇 사오
　너라"

80

(3) 생선토막

한곳에 몹시 가난한 친구가 살고 있었다. 이 친구는 그 형세에 또 인색증까지 있어, 밥을 먹을때이면 간에 절인 고등어토막 하나를 천정에다 매달아 놓고 온 집안식구가 그것을 보는것만으로 끼니를 이었다.

하루는 망내아들놈이 그 반찬 까닭에 아버지에게 단단히 꾸지람을 들었다. 그 원인은 이 망내아들놈이 고등어토막을 두번씩이나 쳐다보았기 때문이

81

였다.

　"이눔아　짜겠다.　물결라."

　여말이　그　아버지의　말이었

댜한다.

　이상　민화　세편은　林光澈편　"량반과　쌍놈"
에서　뽑은것이다.

82

43. 김일성장군 회견기

오후 여덟시 십분 우리 남조선 신문기자일행은 대망(待望)의 김일성장군과의 회견을 하게 되었다.

김일성장군에 관해서는 구구색색의 여러가지말을 남조선에서 들었다. 그러나 내가 북조선에 와서 모든 민주개혁의 부흥(復興) 발전을 보고 그가 김일성장군이고 아니고가 문제가 아니요, 또한 김일성장군이 빨지산 시대의 영웅적 투쟁을

83

하고 안하고가 문제가 아닌것을 새삼스럽게 깨다렀다. 김일성장군이 누구이었든간에 오늘의 북조선의 지도자로서 실패하였다하면 그는 조선민족의 지도자는 못되는것이다.

나는 북조선의 현실을 보고 모든 북조선민주개혁의 위대한 지도자인 김일성장군의 영명한 민족지도에 감격하는 그것뿐이다. 현실을 떠난 정치는 있을 수 없다. 김일성장군의 찬란한 민족해방사는 오늘의 북조선민주개혁의 성과에서 더욱 빛나

84

게 되는것이다,

간결 (簡潔) 하고도 아담 (雅
淡) 한 위원장실에서 허정숙(許
貞淑ㅡ지금은 조선민주주의인민
공화국 문화선전상) 국장의 안
내로 회견을 하게되었다. 눈에
익도록 초상화 (肖像画) 를 보
았고 경축시민대회때와 인민위
원회의특별회의 (人民委員會議特
別會議) 때도 김장군을 보았지
만 지척 (咫尺) 에 서로 대면
을 하고 앉아서보니 김장군의
모습·은 변화가 많은 얼골이었다.
소박 (素朴) 하게 차린데다가

85

순박 (純朴) 하게 생긴 김장군은 흙냄새가 물신물신 나는 농부의 타잎이었다. 키는 중키에 뚱뚱하게 살이찌고 둥근얼골은 어디로 보던지 온후 (溫厚) 하고 강직 (剛直) 하게 보였다. 우리가 흔히보는 또는 볼수있는 세련 (洗練) 한 정치가의 사교적 타잎은 없고 농민적 타잎이었다.

우리와 일문일답 (一問一答) 이 있을때에도 언어구구 (言語句句) 에 그는 자신 만만히 말했으나 재래의 정치가들의

86

정견을 말할때와 같이 교만불손(傲慢不遜)한 태도는 티끌만치도 없었다. 그는 어디까지든지 다정스러운 인민의 벗이었다. 눈은 영명하고 광채가 있었으나 그가 웃을때에는 그렇게 착하게 뵈는 입도 없을 것이며 양쪽볼에는 우물이 졌다.

김장군은 우리일행과 일일히 악수를 나눈후에 회담은 시작되었는데 우리가 무러보는 남북련석회의(南北連席會議)와 금후 남북통일문제, 인민군의 창설, 북조선의 민주주의정권형

87

태, 북조선산업부흥에 대한 최대의 애로, 그리고 남조선 전력문제등에 관한 질문에 간명직결(簡明直決)하게 대답해주었고 일문일답이 끝난후 약 삼십분간 자유스러운 질문들이 많았는데 그중에 김장군의 문화전반에 대한 깊은 조예(造詣)에는 놀래지않을수 없었다.

그는 영명한 정치가이며 또한 훌륭한 문화인이라는것을 동시에 깨닫게되었다. 북조선의 모든 문화가 옳바르게 발전되는것은 김장군의 이방면에 조

예깊은데서　나온것이겠지만　이
러한　령도자를　가진　북조선문
화인들은　얼마나　행복할것인가
를　다시한번　생각하게되었다.

　　3⑨세의　젊은　민족의　영명한
지도자, 그도　젊지만　북조선의
민주건설은　더욱이나　젊다. 젊
은　세대（世代）와　젊은　지도
자　힘차게　굳세게　얼마든지
전진할수　있을것이다.

　○이　一文은　서울 独立新報 記者　徐光霽氏가
　1948年　4月　平壤에서 開催된 "全朝鮮民主主
　義政党　社会団体代表者連席会議" 에　갔다가
　北朝鮮事情을　紹介한 "北朝鮮紀行" 中의
　一節이다.

89

1953년 8월 20일 제3판 발행

인 민 한 글 교 본
값 50원

저작자   리 진 규
발행자   학 우 서 방

재일 조선학생들과 함께 계시는
경애하는 수령 김일성원수님

4. 국어입문

국어 입문

리 진 규

학우서방

NO900113681

전 편

중 편

후 편

가르치는 분들에게

(1) 이책은 각종 강습회나 야학교에서 청년, 녀성들이 손쉽게 국어공부를 할수있도록 꾸며본 것입니다.

2) 처음 어학(語學)을 공부하는데는 무엇보다도 기초가 중요합니다. 특히 일본에서 자라난분들에게는 발음지도가 결정적 중요성을 갖게됩니다. 즉 말공부가 글공부보다 중요하다는 것입니다. 말공부를 효과적으로 지도하기 위하여서는 극(劇)이나, 좌담회, 토론회같은것을 자주 열도록 하는것이 좋습니다.

3) 교재의 내용은 잡다(雜多)하나, 되도록이면 생활과 결부되고, 공화국 공민의 영예감을 높이는 것을 골랐으며 어감(語感), 어법(語法)등에도 익숙하도록 노력하였습니다.

(4) 이책의 진도(進度)는 일정하지 않습니다. 그러나 초보로부터 시작하는분은 하루 한시간씩 공부하여 삼개월에 마치도록하되, 전편에 중점을 두도록하면 좋겠습니다. 그러나 물론 능력, 시간에 따라서는 한달, 또는 두달에 마칠수도 있을것이며, 좀 아는 분들은 중편과 후편에 중점을 두는 것이 좋겠습니다.

(5) 끝으로 이 책은 저의 "인민 한글 교본"을 부분적으로 수정 개판한 것입니다. 그러나 시일 관계로 충분히 손을 대지 못하여 미숙한 점이 많습니다. 다음 기회에 좀 나은 것을 꾸며 보도록 노력하겠습니다.

전 편

1. 자모*(一)

ㄱ ㄴ ㄷ ㄹ ㅁ ㅂ ㅅ

ㅇ ㅈ ㅊ ㅋ ㅌ ㅍ ㅎ

ㅏ ㅑ ㅓ ㅕ ㅗ ㅛ ㅜ

ㅠ ㅡ ㅣ

＊국문의 基本字母數는 現在 子音 14字, 母音 10 字 都合 24字이다. 이밖에 자모가 두개 이상 합친 자모가 있다. (9.11課參照)

＊국문字母의 發音表記

ㄱ (g) ㄴ (n) ㄷ (t) ㄹ (r) ㅁ (m) ㅂ (b)

ㅅ (s) ㅇ (받침ŋ) ㅈ (dʒ) ㅊ (tʃ) ㅋ (K) ㅌ (t)

ㅍ (P.) ㅎ (h)

ㅏ (a) ㅑ (ja) ㅓ (ə) ㅕ (jə) ㅗ (o) ㅛ (jo)

ㅜ (u) ㅠ (ju) ㅡ (ɯ) ㅣ (i)

1

2. 모 음*(母音)

ㅏ (아)   ㅑ (야)   ㅓ (어)

ㅕ (여)   ㅗ (오)   ㅛ (요)

ㅜ (우)   ㅠ (유)   ㅡ (으)

ㅣ (이)

---

*母音中 ㅓ(ə)   ㅕ(jə)   ㅡ(ö) 의 三字는

日本語 發音에 없으므로 特別指導가 必要하다.

*單母音과 重母音

單母音……ㅏ, ㅓ, ㅗ, ㅜ, ㅡ, ㅣ

重母音……ㅑ (ㅣ,ㅏ의 重音), ㅕ (ㅣ,ㅓ의 重音)

　　　　　ㅛ (ㅣ,ㅗ의 重音), ㅠ (ㅣ,ㅜ의 重音)

2

3. 자 음*(子音)

ㄱ (기윽) ㄴ (니은) ㄷ (디읃)

ㄹ (리을) ㅁ (미음) ㅂ (비읍)

ㅅ (시읏) ㅇ (이웅) ㅈ (지읒)

ㅊ*(치읓) ㅋ*(키윽) ㅌ*(티읕)

ㅍ*(피읖) ㅎ (히읗)

---

*子音의 名稱은 上記한 바와같으나, 實地發音指導를 할때 初聲時에는 그, 느, 드, 르, 므, 브, 스, 으 즈, 츠, 크, 트, 프, 흐, 式으로 가르치고, 받침의 發音指導時에는 윽, 은, 읃, 을, 음, 읍, 읏, 웅, 읒, 읓, 윽, 읕, 읖, 읗, 式으로 가르치는것이 理解가 빠를것이다.

*"ㅇ"은 初声時에는 아무런 소리도 내지않고, 終声時(받침)에만 웅(ㆁ)이란 콧소리를 낸다.

*ㅊ, ㅋ, ㅌ, ㅍ의 4字는 混成重子音으로 日本語에는 없는 發音이다.

ㅊ(ㅈ,ㅎ 또는 ㅎ,ㅈ의 合音) ㅋ(ㄱ,ㅎ 또는 ㅎ,ㄱ의 合音)
ㅌ(ㄷ,ㅎ 또는 ㅎ,ㄷ의 合音) ㅍ(ㅂ,ㅎ 또는 ㅎ,ㅂ의 合音)

3

4. 철자방법 (綴字方法)

〈Ⅰ〉

ㅏ ㅑ ㅓ ㅕ ㅗ ㅛ ㅜ ㅠ ㅡ ㅣ

ㄱ……가

ㄴ……냐

ㄷ……더

ㄹ……려

ㅁ……모

ㅂ……뵤

ㅅ……수

ㅇ……유

ㅈ……즈

ㅎ……히

＊子音 ㅊ, ㅋ, ㅌ, ㅍ의 綴字例는 略함.

4

이	아 ……………………	가	가
이	야 ……………………	갸	갸
이	어 ……………………	거	거
이	여 ……………………	겨	겨
으	오 ……………………	고	고
으	요 ……………………	교	교
으	우 ……………………	구	구
으	유 ……………………	규	규
으	으 ……………………	그	그
이	이 ……………………	기	기

＊가, 갸, 거, 겨, 기는 左右로 綴字. 고, 교, 구, 규, 그, 는 上下로 綴字.

5

5. 철자와 발음 (一)

ㅂ	ㅏ	바	바다
ㄷ	ㅏ	다	
ㄴ	ㅏ	나	나라
ㄹ	ㅏ	라	
ㅇ	ㅏ	아	
ㅂ	ㅓ	버	아버지
ㅈ	ㅣ	지	
ㅇ	ㅓ	어	
ㅁ	ㅓ	머	어머니
ㄴ	ㅣ	니	

마차, 기차, 치마, 바지, 저고리

나비, 거미 가지, 파, 미나리.

6

ㅇ	ㅗ	오	오 이
ㅇ	ㅣ	이	
ㄱ	ㅗ	고	고 추
ㅊ	ㅜ	추	
ㅁ	ㅜ	무	무 우
ㅇ	ㅜ	우	
ㅈ	ㅗ	조	조
ㅂ	ㅗ	보	보 리
ㄹ	ㅣ	리	
ㅌ	ㅗ	토	토 지 (土地)
ㅈ	ㅣ	지	

모 자, 구 두, 조 사 (調査), 보 고 (報告),

지 주 (地主), 모 스 크 바. (쏘련의 수도)

지 도 자, 도 마, 두 부, 고 구 마, 비 누

7

ㅇ	ㅑ	야	야미*
ㅁ	ㅣ	미	
ㄴ	ㅕ	녀	녀자 (女子)
ㅈ	ㅏ	자	
ㅊ	ㅏ	차	차표 (車票)
ㅍ	ㅛ	표	
ㅈ	ㅏ	자	자유 (自由)
ㅇ	ㅠ	유	
ㄴ	ㅠ	뉴	뉴ー스*
ㅅ	ㅡ	스	

우표 (郵票), 투표 (投票), 우유 (牛乳),
유모 (乳母), 소유 (所有), 류리.

＊야미 (ヤミ ー 闇), 뉴ー스 (News ー 消息 또는 時報)

8

6. 단문 (短文)

기차가   가오.

마차가   오오.

고기가   노오.

보리가   자라오.

소나무가   크다.

버드나무가   푸르다.

우리   나라, 우리   기,

우리가   지키자!

9

7. 비

비야 비야 오너라

버드나무 지나서

나무다리 지나서

비야 비야 오너라.

10

8. 련습 (一)

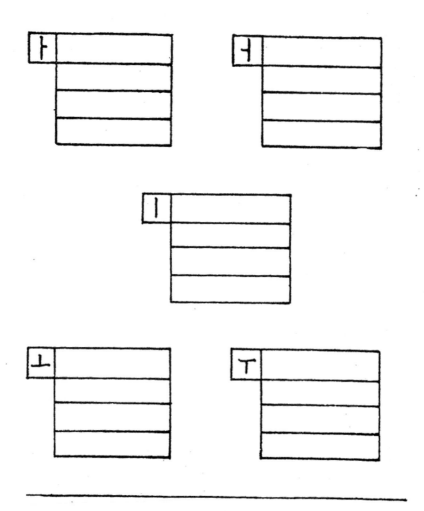

※다음 單語의 첫母音字를 우의 母音에 맞추어
空間에 移記하라. (ㅑ, ㅕ, ㅛ, ㅠ, 는 省略)
소유, 기차, 토지, 자유, 투표(投票), 지구(地球),
허리, 부모(父母), 치마, 어머니, 나라, 투사, 타도
(打倒), 보고, 사무소, 거주지(居住地), 조사
(調査), 지도자, 거미, 구두

11

9. 자모*(二)

ㅐ (애)　ㅒ*(얘)　ㅔ (에)　ㅖ*(예)

ㅘ*(와)　ㅙ*(왜)　ㅚ (외)　ㅝ*(워)

ㅞ*(웨)　ㅟ*(위)　ㅢ*(의)

---

* 發音表記와 모음의 분류

ㅐ (æ)　ㅒ (jæ)　ㅔ (e)　ㅖ (je)　ㅘ (wa)
ㅙ (wæ)　ㅚ (ø)　ㅝ (wə)　ㅞ (we)　ㅟ (wi)
ㅢ (ɰi)

홀 모음	ㅏ, ㅓ, ㅗ, ㅜ, ㅡ, ㅣ, ㅐ, ㅔ, ㅚ, ㅟ
겹 모음	ㅢ (ㅡ가 먼저 발음되고, ㅣ가 나중에 발음됨으로 겹 모음이라 한다.)
합성 모음	ㅑ, ㅕ, ㅛ, ㅠ, ㅒ, ㅖ, ㅘ, ㅙ, ㅝ, ㅞ

12

10 철자와 발음 (二)

ㄱ ㅐ 개 | 개, 개미, 개구리

ㅁ ㅔ 메 | 메주,

ㅇ ㅒ 얘 | 얘기*, 얘야

ㄱ ㅖ 계 | 시계 (時計), 기계
　　　　　　 (機械), 세계 (世界)

대야, 대패, 배추, 채소, 재미*,
태도 (態度), 제비, 제주도 (濟州
島), 노예 (奴隷), 데마.

─────────────────────

*얘기 ("이야기"의 준말) *재미 ("자미"의 俗音)
*데마 (데마고구 - Demagogue (거짓말宣伝)의 略語)

13

ㅎ	ㅘ	화	화로
ㅇ	ㅙ	왜	왜 (倭)
ㅎ	ㅚ	회	회계 (會計)
ㄱ	ㅝ	뭐	뭐야?*
ㄱ	ㅖ	켸	켸 (櫃)
ㅇ	ㅟ	위	가위
ㅇ	ㅢ	의	의사 (醫師)

소와 돼지, 내외, 쇠 바퀴, 사회
(社會), 바위, 쥐, 귀 (耳), 유
희 (遊戱), 의사 표시 (意思 表示).

---

* 뭐야? ("무어야"의 준말)

14

11. 자모*(三)

ㄲ (된기윽)　　ㄸ (된디읃)

ㅃ (된비읍)　　ㅆ (된시읏)

ㅉ (된지읏)

---

* 發音表記

ㄲ (g')　ㄸ (d')　ㅃ (b')　ㅆ (s')　ㅉ (dʒ')

* 初聲으로 使用되는 된 소리는 以上 5字이나, 終聲 卽 받침으로 使用되는 둘 받침은 ㄲ, ㅆ 外에 ㄳ, ㄵ, ㄶ, ㄺ, ㄻ, ㄼ, ㄽ, ㄾ, ㄿ, ㅀ, ㅄ, 의 11字가 있다.

* 자음의 분류(성질에 따른 구별)

순한 소리	ㄱ	ㄴ	ㄷ	ㄹ	ㅁ	ㅂ	ㅅ	ㅇ	ㅈ	ㅎ
된 소리	ㄲ		ㄸ			ㅃ	ㅆ		ㅉ	
거센 소리	ㅋ		ㅌ			ㅍ			ㅊ	

* 발음되는 위치와 방법에 따른 분류

방법＼위치	량순음	설단음	연구개음	후두음
파렬음	ㅂ,ㅃ,ㅍ	ㄷ,ㄸ,ㅌ	ㄱ,ㄲ,ㅋ	
마찰음		ㅅ,ㅆ		ㅎ
파찰음		ㅈ,ㅉ,ㅊ		
비음	ㅁ	ㄴ	ㅇ	
전동음		ㄹ		

15

12. 철자와 발음(三)

ㄲ	ㅏ	까	까치, 까마귀
ㄲ	ㅣ	끼	토끼, 코끼리
ㄸ	ㅐ	때	때 (時, 垢)
ㅃ	ㅕ	뼈	뼈 (骨)
ㅃ	ㅡ	쁘	기쁘다, 이쁘다, 나쁘다, 바쁘다,
ㅆ	ㅣ	씨	고추 씨
ㅉ	ㅣ	찌	찌개

고추 가루가 아주 싸다.
두부 찌개가 아주 짜다.

16

13. 단문 (短文)

"얘야, 나하고 같이 가자."

"네, 어서 이리로 오세요."

너도 나도 배우자.

이제 다시 노예가 되다니!

표어 (標語) 가 희미하다,

고치고 새로 쓰자.

타도하자　토지제도
세우자!　새나라.

17

14. 련습 (二)

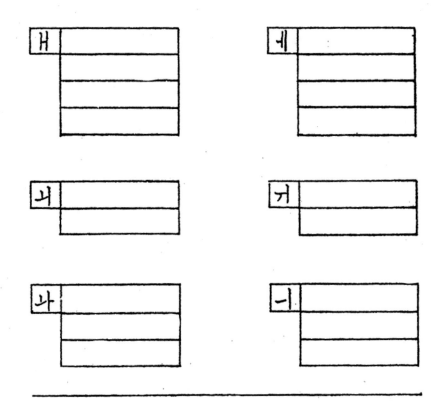

---

*다음 單語의 첫 母音字를 우의 母音字에 맞추어 空間에 移記하라. (ㅔ, ㅒ, ㅙ, ㅓ, ㅖ의 用例는 省略함)

세계 (世界), 쥐, 과거 (過去), 회사 (会社), 태도 (態度), 의자 (荷子), 외가 (外家), 테마, 과자 (菓子), 쥐, 의사 (意思), 제주도, 재미, 내외, 의사 (醫師), 메주, 배추, 나와너,

15. 련습 (三)

기차□ 가오.

나□ 모자□ 구두.

나□□ 같이. 가자.

도	가	하고	와	도	의

우리 □□, 우리 □

우리가 □□□!

□□가 회미하다.

고치고 새로 □□.

기	쓰자	나라	지키자	표어

19

16. 받침 (一)

ㅊ	ㅐ	ㄱ	책

떡국, 조죽, 약국, 탁아소 (託兒
所), 학교 력사, 국기, 조국

ㅅ	ㅏ	ㄴ	산

돈, 논, 조선, 인민, 만세, 민주
주의 (民主主義), 자본주의 (資
本主義), 사회주의 (社會主義).

ㄷ	ㅏ	ㄹ	달

바늘, 실, 빨래, 하늘, 별, 단결,
아들, 딸, 출판, 발표, 일본.

20

| ㄱ | ㅏ | ㅁ | 감 |

아침, 점심, 김치, 소금, 음식,
남녀, 사람, 꿈, 마음, 삼천만.

| ㅈ | ㅣ | ㅂ | 집 |

입, 밥, 톱, 삽, 접시, 대접, 독
립, 탄압, 계급, 실업 (失業).

| ㅇ | ㅗ | ㅅ | 옷 |

잣, 엿, 그릇, 못, 낫, 깃발.

| ㄱ | ㅏ | ㅇ | 강 |

로동자, 농민, 공장, 농촌, 동무,
해방, 승리, 평화, 남녀 평등.

21

17. 단문 (短文)

O 조선과 일본, 미국과 쏘련

O 비가 오고, 바람이 분다.

O 밥을 먹고, 일터로 나가자.

O 야학에 가서, 공부를 하자.

O 우리의 조국은 조선이다.

O 조선은 인민의 나라다.

O 미래는 청년의 것이다.

O 녀자도 건국의 일군이 되자

O 남조선에서는 곡식이 잘 되
여도 먹을 것이 모자란다고
한다 우리는 그 리치를 똑
똑히 알아 보자.

22

18. 엄마소 (동요)

우리집 엄마소는

　　　　팔려 간대요

산 넘고 물 건너

　　　　일본 땅으로

소장사를 따라서

　　　　아조 간대요

＊이 동요는 어느때 생겨났을까?
어째서 이러한 동요가 생겨났을까?

23

19. 받침*(二)

ㄱ ㄴ ㄷ	곧

O 마음이 곧으면 믿음을 받고,
결심이 굳으면 성공을 한다.

ㅂ ㅣ ㅈ	빚

O 빚쟁이들이 밤낮 찾아온다.

O 밤 늦게 개들이 짖는다.

ㄲ ㄴ ㅊ	꽃

O 진달래꽃이 만발하다.

O 반가운 낯빛이 아니다.

*여기서는 홑받침中 ㄷ, ㅈ, ㅊ ; ㅋ, ㅌ, ㅍ
ㅎ의 7字의 받침用例를 몇개씩 簡單히 들어놓았다.

24

| ㄴ | ㅕ | ㅋ | 녘 |

○ 웃녘 사람, 아랫녘 사람.

○ 녀자는 부엌귀신이 아니다.

| ㅂ | ㅏ | ㅌ | 밭 |

○ 볕을 쬐면서, 밭에 흩어진

콩과 팥을 낱낱이 주어본다.

| ㅇ | ㅏ | ㅍ | 앞 |

○ 앞길이 멀다, 빨리 가자.

○ 높은 산, 깊은 바다.

| ㅈ | ㅗ | ㅎ | 좋다 |

○ 이것은 좋고, 그것은 나쁘다.

○ 무엇을 어떻게 한단 말이야.

○ 벼를 찧어서 쌀을 만들고,

쌀을 빻아서 떡을 만든다.

25

20. 애국가

아침은 빛나라 이 강산,

은금의 자원도 가득한

삼천 리 아름다운 내 조국,

반만년 오랜 력사에

찬란한 문화로 자라난

슬기론 인민의 이 영광.

몸과 맘 다 바쳐

이 조선 길이 받드세.

백두산 기상을 다 안고,

근로의 정신은 것들어

진리로 뭉쳐진 억센 뜻,

26

온 세계 앞서 나가리.

솟는 힘 노도도 내밀어

인민의 뜻으로 선 나라.

한 없이 부강하는

이 조선 길이 빛내세.

27

21. 단 문

○ 조선 인민의 지도적, 향도적
  력량인 조선 로동당 만세!

○ 영광스러운 조국-조선 민주
  주의 인민 공화국 만세!

○ 경애하는 수령 김일성 원수
  만세!

○ 영웅적 조선 인민군 만세!

○ 재일 륙십만 동포의 총 결
  집체인 재 일본 조선인 총
  련합회 결성 만세!

★ 당과 정부와 수령에 대한 충성심과 조
  선 총련의 성격과 임무에 대하여 해설하라

28

22. 받침[*] (ㅌ)

ㄲ 받침

○ 나뭇단을 <u>묶어서</u> 쌓아놓자.

○ 꽃을 함부로 <u>꺾지맙시다</u>.

○ 돈은 사람을 <u>낚고</u>, 빈곤(貧
困)은 뼈를 <u>깎는다</u>.

ㄳ 받침

○ 내<u>몫</u>은 대체 얼마냐? <u>삯전</u>
만으로는 살기어려운 세상이다.

ㄵ 받침

○ 우리가 못사는 것은 누구의
탓인가, 가만히 <u>앉아서</u> 생각
해보자.

29

ㅇ 일하지 <u>않는</u> 자는 먹지를 말아야 한다. 그런데 놀아도 잘먹는 놈이 <u>많고</u>, 일하여도 못먹는 사람이 <u>많다</u>.

ㄹㄱ 받침

ㅇ <u>밝은</u> 달, <u>맑은</u> 물, <u>굵은</u> 나무

ㅇ <u>늙은</u> 농부가 소를 몰고 들로 나간다.

ㅇ <u>흙</u> 파는 손이 나라 세운다.

ㄹㅁ 받침

ㅇ 인민이 헐벗고 <u>굶주리는</u> 사회를 타도하고, 누구나 다 잘살수 <u>있는</u> 사회를 <u>젊은이</u>

30

의 힘으로 세우자.

□래 받침

○ 길고 짧은것은 대봐야 안다.

○ 보리밭이 넓으니 아침 여덟
시부터 밟으러 가야 되겠다.

□라 받침

○ 산곬에 뛰여난 사람이 많다.

□태 받침

○ 수박 걸 핥기.

○ 벼를 훑어도 나라를 찾는
투사 (鬪士).

□래 받침

○ 시 (詩) 를 읊어도 민족을
파는 매국노.

31

ᆭ 받침

O <u>옳은</u> 로선을 끝까지 지키자.

O 단결하자! 로동자와 농민!
<u>잃을것</u>은 쇠사슬뿐이요, 얻을
것은 온 세계다.

ᆹ 받침

O <u>품값</u>은 내리고, <u>쌀값</u>은 오르
니 살아나갈 수가 <u>없다</u>.

ᆻ 받침

O 지주들은 토지를 차지하고
<u>있었고</u>, 자본가들은 공장을
차지하고 <u>있었다</u>.

O 그 녀자는 <u>오겠다고</u> 약속만
하고 오지는 <u>않았다</u>.

32

씨받침은 어떤 때 쓰나?

씨받침은 형용사 "있다"(有) 와 풀이씨(用言)의 과거 "았(었)", 미래 "겠다" 외에는 사용되지 않는다.

보기 Ⅰ.

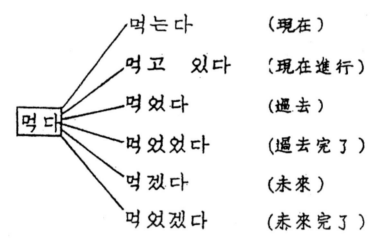

먹는다	(現在)
먹고 있다	(現在進行)
먹었다	(過去)
먹었었다	(過去完了)
먹겠다	(未來)
먹었겠다	(未來完了)

보기 Ⅱ.

(正) 저것은 산이요, 이것은 강이다.

(誤) 저젔은 산이요, 이젔은 강이다.

(正) 웃는다. 솟는다 벗었다. 씻었다.

(誤) 윗는다. 솟는다. 벗었다. 씻었다.

과거 · 현재 · 마래

오늘 학교에 <u>간다</u>. (現在)

지금 학교에 <u>가고있다</u>. (現在進行)

아까 학교에 <u>갔다</u>. (過去)

어제 학교에 <u>갔었다</u>. (過去完了)

래일 학교에 <u>가겠다</u>. (未來)

벌서 학교에 <u>갔겠다</u>. (未來完了)

○

오늘 새옷을 <u>입는다</u>. (現在)

지금 새옷을 <u>입고있다</u>. (現在進行)

아까 새옷을 <u>입었다</u>. (過去)

어제 새옷을 <u>입었었다</u>. (過去完了)

래일 새옷을 <u>입겠다</u>. (未來)

벌서 새옷을 <u>입었겠다</u>. (未來完了)

34

중편

23. 인사법 (1)

o 선생님 안녕하십니까?

o 아주머니, 안녕하세요.

o 동무, 오래간만이요.

o 애, 너 어디 가는 길이냐?

ㅇ 그동안 잘 있었니?

o 선생님 그만 실례하겠습니다.

o 아주머니 그만 가겠어요.

o 동무, 또 만나세.

o 애, 난 그럼 가겠다, 응.

o 잘 있어, 응.

35

24. 대 화 (對話) 〈I〉

손 　 "집에　계십니까?"

주인 "네, 누구십니까?"

손 　 "접니다, 리재덕입니다."

주인 "아, 동무　오래잔만이요,
　　　어서　들어오시요."

손 　 "선생님　오래간만입니다.
　　　그간　안녕하십니까?"

주인 "네, 고맙소, 동무도　몸
　　　건강하니　다행이요. 요샌
　　　무열하고　있소."

손 　 "역시　학생동맹　일을　보
　　　고있습니다."

36

25. 대 화 (對話) 〈Ⅱ〉

옥순 "아주머니 어디 가시는
　　　길이에요."

아주머니 "옥순이냐, 너 참
　　　오래간만이러구나, 학교
　　　어머니회가 있어서 가는
　　　길이다."

옥순 "아저씨 안녕하세요, 인
　　　숙이, 인식이두 다 잘
　　　있구요."

아주머니 "그래 다 들 잘
　　　있다. 옥순이 집에두 다
　　　들 안녕하시냐?"

37

옥순 "네, 아버지두 어머니두
다들 안녕하세요. 아주머
니 한번 집에 놀러오세
요, 틈이없어 바쁘시겠지
만—— "

아주머니 "그래, 일간 한번
찾아가 뵙겠다구 어머님
께 여쭈어라."

옥순 "그럼 어서 가보세요."

아주머니 "그래 잘 가거라."

*여러가지 경우에 하는 인삿법을 연구하여
실지로 해보도록 하라.

38

26. 인 사 법 (2)

○ 선생님, 진지 잡수십시오.

○ 아주머니, 진지 잡수세요.

○ 동무, 식사하게.

○ 여보게, 밥먹게.

○ 얘, 밥 먹어라.

○ 참 잘 먹었습니다.

○ 아주 맛나게 잘 먹었어요.

○ 참 잘 먹었네.

○ 배 부르게 먹은걸.

○ 얘, 잘 먹었다.

○ 배가 뿌듯하게 먹었다.

39

27. 밥 상

　오늘은 명식이의 생일날입니다. 어머니는 엊저녁부터 없는 돈을 털어가며 맛 좋은 음식을 많이 작만하였습니다.

　아침상이 나왔습니다.

　네모진 밥상 우에는

　주발에 흰 쌀밥

　대접에 곰국

　보시기에 깍뚜기

　접시에 배추김치

　남비에 고기 든 두부찌개가

듬북듬북 들어 있었습니다

40

28. 맛 알기

고추가루　맛은　맵다

간장　맛은　짜다

초　맛은　시다

약　맛은　쓰다

설탕　맛은　달다

깨소금　맛은　고소하다

굴　맛은　시고도 시다

생감　맛은　떫다

시다　떫다　고소하다　짜다
쓰다　맵다　달다　시고도 시다

41

경 어 법

o 할아버지께서 주무신다.

o 어린 애기가 잔다.

o 아버지가 집에 계시다.

o 동생이 집에 있다.

o 선생님이 병환으로 편찮으시다.

o 그가 병으로 누워있다.

o 생도가 병으로 앓는다.

o 할아버지가 돌아가셨다.

o 친한 동무가 죽었다.

o 그가 세상을 떠났다

o 적(敵)들은 함정속에서 다 거꾸러졌다.

* 이러한 복잡한 敬語法은 하루바삐 單純化시켜야 할것
이다.

42

회화체와 문장체

회화체 "날 좀 봐요"

문장체 나를 좀 보아요.

회화체 "그럼 맘대루 해봐"

문장체 그러면 마음대로 하여보아.

회화체 "웨 힘든다구 그걸 못해"

문장체 무엇이 힘이 든다고 그것을 못해.

회화체 "넌 뭘해야 졸지 알겠냐? 니

문장체 너는 무엇을 하여야 좋을지 알겠
느냐?

회화체는 말하는 그대로다. 산 사람의
말이기때문에 어감(語感)이 살아있다.

문장체는 말이 고르기는 하나 산 맛이
없다. 회화체와 문장체는 항상 구별해서
써야한다.

43

29. 애국심

애국심은 자기 조국의 과거를 잘 알며, 자기 민족이 가지고 있는 우수한 전통과 문화와 풍습을 잘 아는데서만이 생기는 것입니다.

애국심은 어떠한 추상적인 개념에 그치는 것이 아닙니다.

애국심은 자기 조국의 강토와 력사와 문화를 사랑함과 아울러 자기 고향에 대한 애착심, 고향 사람들에 대한 생각과 감정, 부모, 아내, 자식들

44

에 대한 애정에도 표현되는
것입니다.

애국심은 인간의 감정에서
구체적으로 살고 있으며, 구체
적으로 표현을 보게 되는 것
입니다

—1951년 6월 30일 중견 작가들과의 접
견 석상에서의 김일성원수의 담화중에서—

45

30. 조선 민주주의 인민 공화국

조선 사람들은 여러 세기 동안 봉건 왕조의 통치 밑에서 학대를 받아 왔으며, 반세기 동안이나 외래 침략 세력 강도 일본 제국주의의 가혹한 착취와 압박에서 신음하였습니다.

그러나 오늘에 와서는 자기 손으로 자기의 정권인 인민 공화국을 수립하고, 인민의 리익과 권리를 보장하는 헌법을 발포하고, 인민의 행복된 생활

46

과 조국의 완전 자주 독립을
위하여 자기 민족의 운명을
자기 손으로 개척하는 길에
들어섰습니다.

  이로부터 우리 민족은 민족
력사에 있어서 새로운 력사의
첫 걸음을 걷게 되였고, 조선
사회는 새로운 발전의 길에
들어서기 시작하였습니다. 그리
하여 세계 지도에서 오랫 동
안 빛을 잃었던 우리 나라가
조선 민주주의 인민 공화국의
새로운 깃발을 가지고 세계
지도 우에 다시 빛나게 되였

47

습니다.

식민지적 인종 차별 대우를 받으며 어디가서 쓰러진들 누구도 돌보지 않던, 망국노의 설음을 받던 우리 민족이 이 날부터 당당한 자기 국가를 가진 민족으로서 세계 민주주의 각 국가와 동등한 대렬에 서서, 자기의 유구한 력사를 자랑하며 자기의 경제 문화를 세계 각국과 교류할 수 있게 되였습니다.

—1949년 9월 9일, 조선 민주주의 인민 공화국 창립 1주년에 관한 김일성 원수의 보고에서—

o 우리 공화국은 어떠한 나라인가 토론하라.

48

반대되는 말

늙은 로인	젊은 청년
비싼 세금	싼 품 삯
얻은 자유	잃은 쇠사슬
무거운 돌	가벼운 솜
넓은 거리	좁은 골목
높은 산	낮은 동산
깊은 바다	얕은 시내
먼 산	가까운 마을
긴 코	짧은 꼬리
밝은 낮	어둔 밤

헌 옷을 벗고, 새 옷을 입자

나쁜 일은 하지말고, 좋은 일만 하자.

맑게 개인 하늘에, 갑자기 구름이 끼고

흐려지기 시작하였다.

49

31. 속 담

티끌 모아 태산 된다.

공든 탑이 무너지랴.

소 잃고 외양간 고친다.

산에 가야 범을 잡는다.

부뜨막의 소금도 넣어야 짜다.

불 안땐 굴뚝에 연기 날까.

발 없는 말이 천리 간다.

낮말은 새가 듣고, 밤말은 쥐
가 듣는다.

열량 돈보다 열사람 벗을 가져라.

장님 속에서는 외눈깔이도 왕이다.

부자의 재미는 빈자의 핏덩이니라.

50

32. 수수꺼끼

젊어서는　청치마
짭짭　입다시고,
늙어서는　홍치마
카　카　매운것,
그것이　무엇?
── 고추

따끔이　속에　빤빤이,
빤빤이　속에　털털이,
털털이　속에　오드득,
그것이　무엇?
── 밤(栗)

51

33. 결혼 청첩장

청 첩

신랑 김 호 완 씨 장 남 김 민 군
신부 로 상 수 씨 四녀 로 구 자 양

이 두 동무는 여러 선배와 친우들을 모신 자리에서 결혼식을 올리고 조국과 인민에 성실히 복무할 결의를 든든히 하오니 귀하께서는 매우 바쁘실 것이오나 부디 오시여 두 동무의 복된 장래를 축하 하여 주시기를 바라나이다

1, 날자 5월 8일 (일요일 오후 1시)
1, 장소 東京都板橋区板橋町4 / 1590 (東京제3조선인초급학교)

1955년 5월 일
주례 리 심 철

청첩인 김병소 손만길 최은환 윤익선 김상기
김달수 림광철 허남기 김은순 서금안
신홍식 김병식 남시우 윤석복 김석범
류 벽 한혜경

52

34. 조선 민화 세편

(1) 땅을 파고 들어앉아야 합니까?

어떤 농민이 하루는 말을 타고 장에 갔다오는 길에 저 편에서 말을 타고 마주오는 량반을 만나 인사를 하였다. 그랬더니 그 양반은 대뜸 노기가 등등하여 꾸짖어 말하되,

"이놈아 쌍놈이 량반 앞에서 말을 탄채 인사를 하니 그런 고약한 버릇을 어디서 배웠느냐?

하고 호령을 하였다.

53

농민은 아주 공손한 태도로
량반을 보고,

"어떻게 해야 옳은 버릇이
오니까?"

"량반이 말을 타고 올때에
는 말에서 내려가지고 인사
를 하는 법이지."

"네―, 그러면 량반이 걸어
올때에는 쌍놈은 땅을 파고
들어앉아서 인사를 해야 되
겠습니다 그려."

(2) 냉면그릇에 콧물

옛날 어느 량반이 서울로

가는길에 하인을 하나 데리고
가는데 어떻게나 인색하던지
점심때면 자기만 점심을 사먹
고, 하인은 점심을 굶긴다.

량반이 배고프다면 하인이라
고 배가 고프지 않을리 없는
일이다. 하루는 걷다가 점심 때
가 되여 어느 동네에서 쉬어
가게 되었는데, 양반은 나무
그늘에 앉아서 냉면을 한그릇
사오라 명령했다. 그런데 하인
은 냉면을 받아가지고 오면서
이리보고 저리보고 고개를 기
웃등거리며 냉면그릇을 자세자

55

세   들여다보는지라   주인량반이
이상스러히   생각하여,
   "야   너   무얼   그리   유심히
들여다보고   있느냐?"
하고   묻자, 하인은
   "예— 소인의   코가   한방울
떨어졌는데   그게   어디   있나
고   찾습니다."
하였다. 주인량반이   이말을   들
으니   더러워   먹을수가   없다.
그래서
   "에익   더러운   놈, 그건   네
나   먹고   다시   한그릇   사오
너라 "

56

(3) 생선토막

한곳에 몹시 가난한 친구가 살고 있었다. 이 친구는 그 형세에 또 인색증까지 있어, 밥을 먹을때이면 간에 절인 고등어토막 하나를 천정에다 매달아 놓고 온집안식구가 그것을 보는것만으로 끼니를 이였다.

하루는 망내아들놈이 그 반찬 까닭에 아버지에게 단단히 꾸지람을 들었다. 그 윈인은 이 망내아들놈이 고등어토막을 두번씩이나 쳐다보았기 때문이

57

였다

　　"이눔아　짜겠다. 물결라　"

　　이말이　그　아버지의　말이였

다한다.

　　풍속도　　　긍재　　김득신 (競齊 金得臣 1754 – 1822) 필.

사투리와 표준말

〈사투리는 어째서 생기게 되었나? 표준말은 어째서 필요한가를 가르칠것.〉

"아메 게신둥"(咸北)

"할메이, 기시는기요"(慶南)

"클마니, 게심네께"(平北) ┐
                              ├── 사투리
"할메 게서유"(全南) ┘

"할머니, 계십니까"(서울地方)── 표준말

표준말	사투리
가 을	갈(忠北), 가슬기(全北), 가실(全南, 江原, 咸南), 가슬(忠南, 慶南, 北, 咸南, 北), 가알(平北), 가울(平南, 黄海).
무 우	무수(忠南北, 全南北), 무꾸(慶南北, 江原, 咸南北, 平北) 무시(全南, 慶南北,), 무이(平南, 黄海), 나삐(咸南)
고양이	고양이(忠北), 고앵이(忠南), 피(忠南, 全南), 핑이(忠南, 全南北), 귀앵이(全北) 피되기(全南), 고애(咸北), 겡이(全南, 慶南北), 표내이(慶北), 고낭이(咸南), 고넹이(平北), 팽이, 팡이(平南), 괘이, 궤(黄海).

59

352 ▌ 1945~50년대 재일코리안 자료집 Ⅰ－재일코리안 민족교육 교과서

후 편

35. 사람들은 어떻게 살아 왔나?

1. "네것" "내것"이 없던 시대

몇 천년 전의 아주 옛날에는 사람들이 많이 살고 있지 않았다.

좋은 도구도 가지고 있지 않았다.

사람들은 모두 힘을 합쳐서 짐승을 잡았다. 잡은 짐승의 고기는 모두 같이 나누어 먹었다.

그 때는 "네것"이나 "내것"도 없고 "모두의 것"만이 있었다.

나중에 녀자들은 집 근처 땅에 씨를 뿌리여 농사를 짓게

60

되였다.

　남자들은 산에 가서 짐승을 잡았다.
ㅏ로 잡아 온 짐승을 길을 드려 목축
ㅣ 시작 되였다.

　농사를 짓고 짐승을 기르게 된 뒤로
은 곡식과 고기가 남게 되였다. 그러
까 먹고 남는 것을 차지하려는 욕심
이가 생겨 나게 되였다.

61

2. 왕과 종

욕심쟁이가 두목이 되여 많은 곡식과
고기를 혼자서 차자하고 다른 욕심쟁이
와 싸왔다.

싸움에 진 편이 모두 종이 되였다
싸움에 이긴 편의 두목은 왕이 되였다.
왕은 종들을 소와 말 같이 부려
먹었다. 종들은 아무 자유도 없었다.
종들은 자주 욕심쟁이들에 반대하여
싸왔다.

62

3. 량반과 농민

목축보다도 농사를 더 많이 짓게 되였다. 욕심쟁이들은 논이나 밭을 차지하고 거기서 나는 곡식을 빼앗어 갔다.

우리 나라에서는 이러한 욕심쟁이들을 량반이라고 하였다. 량반들 우에는 왕이 있었다.

농사를 짓는 농민들은 곡식을 량반이나 왕에게 빼앗기여 아주 가난하였다.

농민들은 량반에게 반대하여 전쟁을 하였다. 옆의 그림은 타작을 하는 농민들과 그 곡식을 빼앗아 가려고 지키고 있는 량반의 그림(리조시대)이다.

63

4   자본가와   로동자

점점   사람들이   많아졌다. 각지에   도시
가   생겨나게   되였다.

도시에는   공장이   생겨났다. 공장에서는
처음에는   손으로   나중에는   기계의   힘으
로   물건을   만들게   되였다.

물건을   실어   나르는   기선이나   기차도
발명되고   전기도   발명되였다.

이렇게   되니   커다란   공장이나   돈을
많이   가진   새로운   욕심쟁이   자본가들이
생겨나게   되였다.

자본가들은   로동
자들의   힘으로   많
은   물건을   만들어
팔았다. 남은   리익
은   로동자들에게는
조금밖에   주지   않
았다.

64

만든 물건이 잘 안팔리면 로동자들을
공장에서 쫓아 냈다.

자본가들은 일을 하지 않아도 돈이
자꾸 많아지고, 로동자들은 일을 하여도
돈이 없고 고생을 하였다.

이러한 세상은 옳지 못한 세상이다.

로동자들은 자본가에 반대하여 싸왔다.

식민지 민족들도 제국주의에 반대하여
싸와 독립을 하였다

65

5. 인민들이 잘 사는 세상

욕심쟁이 자본가들이 망하고 로동자나 농민들이 잘 살 수 있는 세상이 왔다.

쏘련이나 중국이나 우리 나라는 모두 로동자나 농민들이 잘 살 수 있는 인민의 나라들이다.

이와 반대로 미국이나 일본은 아직도 욕심쟁이 자본가들이 주인이 되고 있는 나라들이다.

66

6. 평화는 전쟁에 이긴다

쏘련, 중국, 조선을 중심으로 한 세계 평화 애호 인민들은 평화를 요구하고 있다. 그러나 소수의 제국주의 욕심쟁이들은 전쟁을 요구하고 있다. 사람을 죽이는 무기를 만들어야 돈벌이가 되기 때문이다.

이리하여 미국과 영국은 국가 예산의 대부분을 군사비에 쓰고 있다. 나팜탄, 세균탄, 원자 폭탄만으로도 부족하여 인류를 전멸시키는 수소 폭탄까지 대량으로 만들고 있다. 그러나 평화의 세력은 전쟁의 세력보다 나날이 커져 가고 있다.

67

36. 우리는 승리했다

3년여에 걸친 조국 해방 전쟁에서 영웅적인 조선 인민은 승리하였다.

세계에서 힘이 제일 세다고 큰 소리 치던 미 제국주의자들은 자기들이 침략을 개시하던 38도선에 주저 앉아 정전에 조인하지 않을 수 없게 되였다.

평화를 사랑하는 세계 인민들은 미제에 타승한 조선 인민을 "세계 로동 운

68

동의 돌격대" "조선 민족이라는 말은
민족 정신의 위대성과 불굴성의 상징"
이라고 찬양하였다.

그러면 강대한 미 제국주의 군대를
선두로한 16개국의 침략 군대와 싸와
조선 인민은 어찌하여 승리할 수 있었
을까?

다음의 그림과 설명들은 우리가 반드
시 승리하고, 미제가 반드시 패배하지
않을 수 없다는 것을 증명하고 있다.

69

1. 자기 조국을 지키는 전쟁

우리는 조국을 지키는 정의의 해방 전쟁을 하였다. 몇 천년이나 살아 오던 아름다운 조국을 원쑤들에게 빼앗기지 않기 위하여 피 흘려 싸왔다.

그러나 미국 병정들은 자기들이 무엇 때문에 조선에까지 와서 싸와야 하는가 하는 목적이 분명치 않았다. 그러므로 그들은 조선 전쟁에 끌려 나가 개 죽음 하기를 싫어 하였다.

70

2. 청년들은 모두 조국 방위에!

조국을 사랑하는 조선 청년들은 수령의 교시를 받들고 제1선에 나가 싸울 것을 맹세하였다.

단시일 간에 수 십만의 청년들이 인민 군대에 지원하여 전선으로 출동하였다.

그러나 미국에서는 욕심쟁이들의 리익을 위하여 싸우겠다는 청년들이 적었다.

거리에서 경품을 붙여가며 모집하였다. 그래도 안되니까 강제 징병을 하였다.

7/

3. 전선을 원조하는 인민들

조선 인민들은 원쑤들과 싸우고 있는 인민군 전사들을 열심히 도와 주었다.

전선(前線)에 보내는 포탄이나 무기도 나르고, 식량이나 의복도 날랐다.

그러나 미국에서는 평화를 사랑하는 로동자나 농민, 부인과 청년, 흑인들이 옳지 못한 침략 전쟁을 빨리 그만두라고 반대하였다.

각지에서 파업과 시위도 하였다.

72

4. 후방을 원조하는 인민군 장병들

용감한 조선 인민군 장병들은 모두가
조선의 로동자 농민들의 아들 딸들이다.
  그러니까 인민들은 인민군 장병들을
자기들의 아들 딸 같이 사랑하고, 인민
군 장병들은 인민들을 자기들의 부모
형제와 같이 생각하고 섬기였다.
  그러나 악독한 미군은 조선 인민들을
함부로 죽이고, 많은 보물과 재산을 빼
앗아 갔다.

73

5. 조선 인민을 도와 주는
   세계 인민들

조선 인민은 세계의 평화와 자기 나라의 자유와 독립을 지키는 정의의 조국 해방 전쟁을 하였다. 그러므로 평화를 사랑하는 전 세계 인민들이 조선 인민을 열렬히 지지하고 도와 주었다.

쏘련 인민들은 많은 식량과 생활 필수품을 보내 주었고, 중국 인민들은 지원군 부대를 보내여 피로서 원조하여

74

주었다.

　기타의 인민 민주주의 여러 나라 인민들도 조선 인민을 원조하여 주었다.

　그러나 미국은 남의 나라를 침략하는 전쟁을 하였기 때문에, 날이 가면 갈수록 고립되였다. 그래서 미국은 하는 수 없이 판문점에서 정전 협정에 조인하지 않을 수 없게 되였다.

75

〈복구 건설된 황해 제철소〉

6. 전후 인민 경제 복구 건설에!

조국 해방 전쟁에서 승리한 조선 인민은, 쉴 사이도 없이 전후 인민 경제 복구 건설에 총 궐기 하였다.

인민 경제 3 개년 계획은 벌써 2 년도 계획을 초과 완수하고 계속 노력하고 있다.

조국이 복구 건설됨에 따라 인민들의 생활은 나날이 향상되여 가고 있다.

76

37. 조선은 하나이다

오늘 조선 인민은 조국의 분렬을 어느 때보다도 가슴 아프게 여기며 조국의 급속한 통일을 실실 천추로 갈망하고 있다. 유구한 력사와 찬란한 문화를 가지고 단일 민족으로서 한개의 강토에서 화목하게 살아 오던 조선 인민이 벌써 10년 가까이 량단되여 살아 온다는 것을 어찌 더 참을 수 있는 현상이라 하랴 ?

우리 조국의 분렬은 조선의 정치, 경제, 문화 발전에만 막대한 손실을 끼치는 것이 아니라 수 많은 조선 사람의 개인 가정 살림에까지도 커다란 불행을 가져 오고. 있다.

사랑하는 가족들과 친척들이 남북에 갈려 살며 멀지 않은 거리에서 만나

77

보기는 고사하고 서신 련락 조차 못하는 것을 어찌 묵과할 수 있으랴?

우리 조국 북반부의 풍부한 자원, 전력, 석탄, 비료, 철재, 목재 등 인민 생활에 필요한 모든 자재들은 전 조선이 쓰고 남음에도 불구하고 남조선 인민들은 이것을 사용할 수 없고 태평양이나 현해탄 건너편에서 구태여 실어 오고 있으니 이것이 어찌 개탄할 일이 아니랴!

전후 웅장한 복구 건설 도상에 선 공화국 북반부에서는 로력의 부족을 감촉하고 있을 때 우리 조국 남반부에서는 130만의 무직업자들이 거리에서 방황하고 있으니 이것이 어찌 모순된 현상이 아니랴!

이 모든 사실들은 각 방면에 걸쳐 남북 조선 인민 간의 친선 관계를 설

78

정하고 발전시키며 경제 교류를 강화하며 조국의 평화적 통일을 촉진시킬 수 있는 것이라면 어떠한 대책이든지 조속히 강구 실시하지 않으면 안될 필요성을 제시하고 있다. 우리는 미 제국주의자들의 어떠한 방해 책동이든지 그것을 물리치고 조선 사람끼리 합의에 도달한다면 조선 문제는 조선 사람 자체로써 능히 해결할 수 있으며 또 응당 해결하여야 한다고 주장한다. (호소문에서)

—1954년 10월 28일~30일 3일간 평양 모란봉극장에서 개최된 조선 민주주의 인민 공화국 최고 인민 회의 제8차 회의에서 채택된 호소문. 동 호소문은 남조선 각계 각층 인사들과 전체 인민들에게도 전달 되었으며 재일 동포 대표들에게도 전달 되었다.—

79

38. 공화국 공민의 영예

1. 김일성 원수의 교시

재일 조선 동포들은 일본 반동들의 학대와 탄압에도 불구하고 자기의 진정한 조국－조선 민주주의 인민 공화국을 옹호하며, 리승만 매국 괴뢰 정부를 반대하여 불굴의 투쟁을 하고 있으며 우리의 조국 해방 전쟁 시기에 미제와 리승만 매국 역도들의 강제적인 징병과 추방을 반대하여 견결한 투쟁을 전개하였습니다.

우리 인민은 자기 조국에 대한 재일 조선 동포들의 이와 같은 애국주의적 헌신성에 대하여 심심한 경의를 표하고 있습니다.

재일 조선 동포들이 자기의 의로운 투쟁에서 평화 애호 일본 인민과의 국

80

제주의적 련대성을 더욱 강화할 것이며,
또한 공화국 남반부에 대한 미제의 식
민지화 정책과 리승만 매국 역도들을
반대하며 조국의 평화적 통일 독립을
위하여 더욱 강한 투쟁을 계속함으로써
조국 앞에서 가지는 바 임무를 영예롭
게 수행하리라는 것을 확신하는   바입
니다.

  一조선 민주주의 인민 공화국 내각
수상 김일성 원수께서는 1953년 11
월 9일 국제 쓰딸린 평화상 수상자
인 "일본 평화 옹호 위원회" 위원장
오오야마 이꾸오 교수를 단장으로 한
"조선 정전 축하 일본 인민 평화
친선 사절단" 일행을 접견하시였다
  동 접견 석상에서 경애하는 수령
김일성 원수께서는 특히 재일 조선
동포들에 대하여 우와 같은 말씀을

81

하시였는 바, 이 말씀은 재일 60만 동포가 걸어 나갈 길을 명시하신 것이였다.

2. 조국의 초청

영광스러운 조국 ─ 조선 민주주의 인민 공화국에서는 8·15 해방 10주년을 맞이하여, 전체 3천만 조선 인민이 한 자리에서 이날을 경축하기 위하여 남반부 각 정당, 사회 단체와 재 중국 동포 대표와 재일 조선인 각계 각층 대표 50명을 정식 초청하였다.

이 초청을 받은 재일 동포들은 공화국 정부와 경애하는 수령 김일성 원수의 따뜻한 배려에 감격하여 조국에 보낼 대표들을 선출하여 조국 방문 운동을 강력히 전개하였다. 그러나 일본 정부의 방해로 8·15 당일까지는 가지

82

재일조선인총련합회 귀중

조선인민은 일제의 식민지 통치제도를 조선에서 영원히 청산하고 조선인민앞에 자유와 독립의 길을 열어준 력사적인 민족적 명절 8.15해방 10주년을 머지않아 맞이하게됩니다

조선민주주의인민공화국 8.15해방 10주년기념 준비위원회는 이 민족적명절을 함께 기념하기 위하여 평양시에서 진행되는 8.15해방 10주년 경축행사에 귀단체의 대표 13 명을 초청하는바입니다

본 준비위원회는 이 초청을 접수하리라는것을 기대하면서 이에대한 적당한 회답이 있기를 바랍니다

조선민주주의인민공화국
8.15해방 10주년기념준비위원회

1955년6월28일
평 양 시

못하였으나, 8월 28일 밤 선발대 3 명이 하네다에서 비행기로 조국 방문의 길에 오르게 되였다.

83

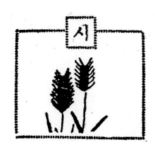

3. 조국이여!

"8·15 해방 10주년 경축 재일 동포 조국 방문단" 선발대 림광철, 리홍렬, 박형남 세 동무를 하네다에서 환송하며

이곳은 하네다 —
깊고 어둔 장막 속에
오색의 불빛이
꽃밭을 이루어 점멸하는
국제 공항!

동무들은
타랖 우에서
우리들은
기역자 형으로 된 환송대 우에서
"잘 갔다 오시요!"
"잘 싸와 주시요!"

84

주고 받는
그 인사 소리는
한숨과 눈물에 어린
목메인 소리가
아니라,
자기 손에
주권을 틀어 쥔
인민들의 벅찬
감격과 환희,
승리와 환신에 넘치는 아우성 소리다!

진정
영광스러운 조국-조선 민주주의 인민
　공화국을 가졌기에
진정
조선 인민의 향도적 력량인 당과 정
　부와
경애하는 수령의

그지 없는 배려가 있었기에
동무들 !
오늘
이 장도에 오름을 명심하라 !

　어두운 밤 —
　눈에 보이지 않는
　벌거지들의 준동을 물리치고
　겹겹이 드리여 친
　두터운 장막을 뚫고
　동무들 !
　오늘
　이 장도에 오른다 !

공화국 깃발이 휘날린다 !
꽃다발이 거세게 물결친다 !
노래 소리 !
만세 소리 !

86

엔진 소리 !
푸로페라 소리 !

오 !
동무들은 떠난다 !
6 0 만 동포가
해방후 십년간
한결 같이 념원하고 지향하던
그 길을 떠난다 !

어둠 속에 사라지는
기체 (機体) 를
마음으로 쫓으며
나는 다시 한번 웨친다
 " 수령이 계신 조국에 잘들
 갔다 돌아오라 ! "

— 1955. 8. 28 밤 (리진규) —
87

4. 조국 인민들의 환영

[재일 조선인 조국 방문단 실행은 9월 6일 밤 조국의 각계 각층 인사들의 열렬한 환영리에 평양에 도착하였는데 8일에는 평양시의 환영 대회가 성대히 개최되였다.]

대회에는 이 방문단을 환영하여 홍명희 부수상, 조선 로동당 중앙 위원회 박금철 조직 지도 부장, 조국 전선 의장단 리영, 김천해, 정로식, 유영준, 김창준 의장, 평화 옹호 전국 민족 위원회 한설야 위원장, 과학원 부원장 최삼열 원사, 기타 당, 정권 기관, 사회 단체, 문화, 예술, 출판계 인사들, 인민군 간부들, 평양 지구 근로자들이 다수 참가하였다.

88

림광철　대표를　비롯해서　이　방문단
단원들인　리홍렬,　정연창,　박형남이　주석
단에　등단했을　때　대회　참가자들은　우
렁찬　박수로써　그들을　열렬히　환영하였
고,　그들에게　꽃다발을　증정하였다.

　　환영　대회는　평양시　인민　위원회　박
광회　부위원장의　사회　하에　개최되여서
조국　전선　의장단　김천해　의장이　환영
연설을　하였다.

　　그는　자기　연설　속에서　재일본　조선
인　조국　방문단의　조국　방문의　실현은
재일　동포들의　조선　민주주의　인민　공
화국과　조선　로동당과　경애하는　수령에
대한　충성과　사랑의　표시인　동시에　재
일　동포들의　단결된　력량의　시위로　되
다고　말하고　그들의　조국　방문은　조국
의　평화적　통일　독립과　전후　복구　건
설에　궐기한　조국　인민을　고무하고　재

89

일 동포들파 조국 인민들과의 단결을 일층 강화하는 계기로 될 것이라고 말하였다.

환영 연설이 끝난 후에 대회 참가자들의 우렁찬 박수 속에 조국 전선 유영준 의장이 조국 전선 중앙 위원회에서 재일본 조선인 총련합회에 보내는 축기를 림광철 대표에게 전달하였다.

이어서 림광철 대표가 감격에 넘친 어조로써 답사가 있었고, 이여서 만장의 열렬한 박수 속에 재일본 조선인 총련합회가 경애하는 수령 김일성 원수께 드리는 축기와 선물을 홍명희 부수상에게 전달하고, 조국 전선 중앙 위원회에 보내는 축기와 선물을 조국 전선 의장단 리영 의장에게 전달하였다.

페회 후 대표들은 창극 ''춘향전'' 공연을 감명 깊게 관람하였다.

90

1955년 9월 20일 인쇄	값 50 00	
1955년 9월 25일 발행		

국어 입문

저 자	리 진 규
발행소	学友書房 (振替口座東京 18779)

東京都千代田区冨士見町 2 丁目 4

5. 初等國語讀本（中）

初等敎材編纂委員會編

初等國語讀本 中卷

朝聯文化部版

NO900113715

읽쓰배
고고자우

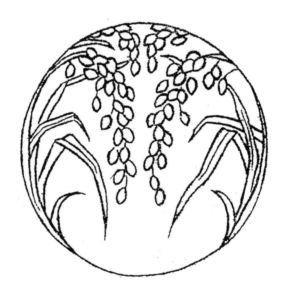

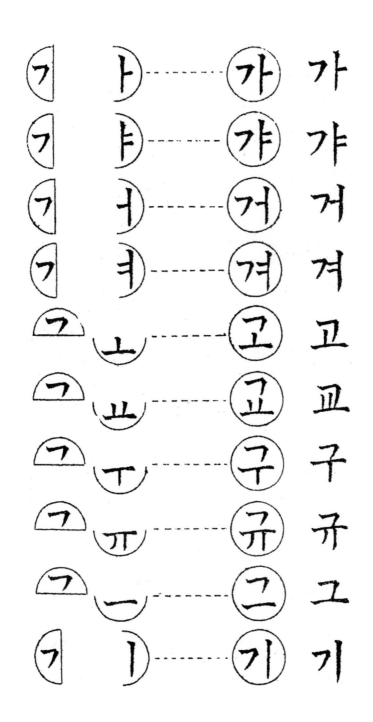

順序

朝鮮의 하늘은 명랑하다

一　朝鮮의(の) 하늘은 명랑하다

二十八度로 갈라졌으나

朝鮮의(の) 하늘은 명랑하다

朝鮮의(の) 南北은

모두들 팔것구

밖으로 나오너라

어데까지든지

어데까지든지

너의 발로

걸어가거라.

太陽이
어린이들을
굳세게 만든다。
山은 좋구나。
바다는 좋구나。
바람이 불어온다。
눈도 불어온다。
그렇지만

모두들
밖으로 나오너라.
그럴새
반드시
太陽이
朝鮮의 어린이들을
강철갈이 만드러줄테니.

二 아침

눈뜬 즉시로
일어나서 뒷강까
에 나가니 막
해가 떠오르는중이
었다. 하늘은 맑
게개였고 연분홍
구름이여기저기 떠

있었다. 수풀도 집도 아침햇빛에 빛
나고 있었다. 나는 東녘하늘을 向해
심호흡을 하였다. 가슴 하나가득 아
침공기를 마시는 일은 정말로 상쾌한
일이다.

저켠에서 사람이 걸어온다 『좋은
아침이오』라고 말하므로 나도 『좋은
아침이오』라고 인사하였다.

三 電車 안에서

어떤 봄날 벗꽃이
만발한 午后였다. 兄
님하고 電車를 탔는
데 사람이 꽉 드러
차서 빈자리는 한곳
도 없었다. 兄님과 나
는 나란히 서 있는데

바로 앞에 걸터앉은 회색 두루마기에 흰수염을 한 영감님이 나를 쳐다보드니

「아가 여기앉어라」

하며 일어스는것이였다。 나는

「팬챵습니다 여기도 좋습니다」

하고 말한즉 영감님은

「그리말고 나는 이내 내리겠은즉」

하시며 저켠으로 가십니다。

『매우 고맙습니다』

兄님이 인사드렸다。 나도 따라서

『고맙습니다』

라고 인사하였다。

『너를 위해 자리를 벗었으니 앉어라』

兄님이 말하므로 나는 사양치않었다。

다음 정류장에 다었는데 영감님은

어쩐지 나리질 않는다.

그다음 두세 정류장을 지나서 鍾路에온즉 사람들이 많이나려서 자리가 一時비었다. 영감도 여기서 나렸다. 兄님은 내옆에 걸터 앉었다.

손님을 바꾸면서 또다시 자리가 찬데다가 손사람은 전보다도 오이려 더 많었다.

그 중 나중드러
오는 이가 七十이
넘은 할머니와
애기업은 어머니
였다。이것을 본
兄님은 조용한
말로
「우리는 스자」

하였다.

할머니와 어머니가 마침 우리앞에로 왔을때 우리는 얼른 서서 자리를 비켜들였다. 두분은 좋은낯으로

『어 착하구나』

말하면서 자리에 앉는데 電車는 또 다시 움즈기기 시작하였다.

四 습관

여러 동무들 부
질없이 풍둥이나
나비의 손발을
뜨더버릇하면 안
돼. 곤충의 날개
나 발을 뜯어
팡겨치는 일은

악착스런일이야. 그런것보다 그런짓을 해버릇하면 動物들의 고통하는것을 뜻없이 보게되여 그만 쥐나 고양이 나 모든 生物더 나아가선 사람에 이르기까지 악착한 사람의 마음으로 변해버리는 까닭으로.

五 어린이 行進曲

파ㅣ란 하늘에
태극기 올리고
아아 질겁다
조선 독립기.

무궁화 三천리
꽃피는 동산은

아아 질겁다
우리 손으로.

어깨를 잡어라
발을 마춰라
아아 질겁다
하낫둘 하낫둘.

六　문방구집과　과일점

벽하나　놓고　과일점하고　문방구집

이　갈라저　있읍니다.

문방구집에는　연필　공책　붓　벼루

와　먹　鉄筆과잉크　크레용과　목탄지

가위와　色종이　칼과붓통　이런것들이

그득그득하니　놓여있는고로　學生들이

자주　드나듭니다.

과일점에는
사과와 배 귤
파네ー불 포수
도와 머루
박과 참외 파
인나풀파 빠
나나 도마도
와 복숭아

이런 것들이 新鮮하게 진열되여 있어
사람들의 마음을 질겁게 합니다.
오늘도 노마가 파일점 앞을 지나
가고 있읍니다.

七 파리

토요일 오후였읍니다.
나는 꽃을 그리고 있으니까 어머
니

는

「잘 그리는구나
먹을것을주랴」
하며 나의 책상우에
엿을 놓아주었읍니
다.
「고맙습니다.」
하고 나는 그냥

그림에 열중하고 있는데 다시 어머니는 『파리가 꾀이니 어서 먹어라。』 말슴하였읍니다.

파리는 어디든지 달려붙어 정말 더러운 벌어지올시다.

그 발에는 여러가지 눈에 보이지 않는 病菌이 붙어 있읍니다。 그러므로 파리가 앉은 것을먹으면 좋지못한병에 걸리기 쉽습니다.

八 바람

바다에서 바람이 불어왔어요. 바람
은 말하겠죠.
「안개야 비켜라!」
배를보고는 이러겠지요. 「어서 돛달고
달려라 날이새었다.」

바람은 땅 우로
달려갑니다.
『일어나거라
아침이다』 소리
치면서.
숲을 보고는
말합니다.
『떠들어라. 앞

새를 번득이어라』

새의 착착 접은 날개를 불어주고

『일어나서 노래하라』

바람은 말합니다.

보리를 보고는 이러겠지요. 아침

한테 절을 하여라』

성당종을 흔들며 말하기를 『종아

어서 일어나서 뗑~ 울어라』

九 밥상

네모진 밥상우에는
수저와 젓가락
주발에밥
사발에 콩나물국
접시에 깍두기
보시기에 김치
냄비에 두부찌개가 들어있읍니다

十

물 한 모금
입에 한 모금
하늘 한번
처다 보고
처다 보고

닭

또 한 모금
입에 물고
구름 한 번
쳐다보고
보다.

十一　호박꽃초롱

호박꽃을　따서는

무얼만드나

무얼만드나.

우리애기　조고만

초롱만들지

초롱만들지.

반딧불을 잡아서
무엇에쓰나
무엇에쓰나.
우리애기 초롱에
촛불켜주지
촛불켜주지.

十二 江물을따라서

언제나 한번 강물흐르는대로 나려
가면서 구경하리라 생각했읍니다.

어제는 일요일인데 아버지가 승낙
하므로 점심밥을 만들어 형님하고
둘이서 하이킹을 떠났읍니다.

아침이슬에 맺어진 좁은 수풀길을
걸어가면 강기슭에 다다릅니다.

여울물이 急해 하얀 물결이 돌과 돌 틈으로 펑펑 뛰여갑니다.

강기슭은 푸른 장막으로 둘러쳤고 진달래꽃이 빨앙게 웃고 있읍니다.

우리가 봄노래를 불으니 여울물소리도 똑같은 노래를 부르는 것같이 들립니다.

빽빽드러찬 참대수풀이 있어 잠시 강물이 보이지 않었읍니다만 「쏵ㅡㄴ」 하는 물소리가 들려옵니다. 강물이 폭포가되여 떨어지는 소리입니다. 각금가다 물줄기가 뉘연해지면 펴렇게 물빛이 변해집니다. 물가 돌우에서 잠자리가 날러단였읍니다.

좀 터가면 건너편 강기슭에서 시

냇물이 합처나립니다. 이편 강기슭도 그렇니다. 마치 어머니 품으로 아기가 달려붙는 것같앴읍니다. 얼마안되여 강

근처에 있는 정거장에 다달었읍니다.

기차가 역에 다어 있는고로 얼른

車에 올랐읍니다. 기차가 달리기시작하

면서 금시로 굴 속으로 드러갔읍니다.

턴넬에서 벗어나온 車는 높은데를 달

리므로 강은눈아래로 멀리 흐르고 있

읍니다

양뚝이 벌려지면서 강넓이가 점점

넘어집니다.

뛰염뛰염 물한판 모래섬에는 적은

나무가 자라고 있읍니다. 강은 점잔어

저서 기척없이 흐르고 있읍니다.

기차가 철교를 건너서니 지금까지

왼편으로 흐르든 강물이 바른편으로 흘

러서 햇빛이 반사하야 눈이부시게

빛납니다.

기차가 마을을 지날때 鐵路뚝에서 어린이들이 만세를 불렀읍니다

나룻터가 보입니다 뱃사공은 노를 젓고 배에는 송아지가 보입니다.

기차는 머물고 우리둘은 나렸읍니다. 이번에는 그곳에서 馬車를 타고 강어구까지 갈 작정입니다.

「뿡뿡」 나팔을불면서 강뚝길을 달려

가는데 눈앞에
터진 벌판은 보
리가 익어 그냥
노랗게 보입니다.
江건너 긴굴뚝
은 잿빛연기를
토하고있으니
場인가보다.

강물은 그리 맑지 않었으나 푸른 하
늘을 빛이면서 천천히 흘러 갑니다.
마을 어구에서 우리는 馬車를 나립
니다. 그 물 말리는것이 여기저기 보
입니다
생선을 山떼미같이 실고 가는 牛
車를 만났읍니다.
거리를 지나서 바다가까운 뚝에

섰읍니다。 바다에는 고깃배가 멪척이
나 보입니다。 여기서 강물과 바다가
합처버립니다。
가 날릅니다。
바루머리우에서 갈메기 대여섯마리
짭짤한 냄새를 품기는 바닷바람이
불어왔읍니다
그날밤 나는 다음과같은 글을 아

버지전 노흘라써서 불였읍니다。

강은 처음에 다름질첬읍니다。

하얀 물거품을내며 달렸읍니다。

맺이풀려 각금 나무그늘에 쉬는가

하면 갑자기 높은곳에서 뛰여나리

끈합니다。

적은시내하고 사이좋게 손목을잡고

강은 어느새 크게됩니다。

반짝반짝 빛나서 웃거나 속이 맑애선 깊이 생각하곤합니다.

강물도 여러가지의 마음을 품은것같이 보였읍니다.

十三 山 바다

동무들아! 山에오르자 독수리같이.

돌바위와 소나무 떡갈나무를헤쳐

높은山에오를때 너는 땀의 귀함을

알것이다.

山운 흔들리지않고 東해와 세상을

굽어본다.

위대한사람은 山을 사랑하였다.

동무들아! 바다에
나려가자 높은곳
에서.
바다는 커다란
두팔을벌려 너의
맨몸뚱이를 어루
만질때 바다는
어머니와같이 너

를 껴안어주리라.

바다는 항상춤추
며 태평양과 세
계에 통해있다.

위대한 사람은
또한 바다를 사
랑하엿다.

十四 안테나

안테나 가까이 노마와 영이와 순

이 세 동무가 몽여 있었다. 세 사람은

안테나 끝을 처다본다.

노마 『아주 높구나』

영이 『얼마나 높겠니』

노마 『글세 十四미一타쯤 될까』

영이 『나는 十三미一타두 안 될줄

순이 「모두들 여기서 무엇하구 있

그때 숙자가 온다.

순이 「글세 十미―타 쯤 될까」

노마 「아는데」

노마 「아는데」

순이 「글세 十미―타 쯤 될까」

그때 숙자가 온다.

순이 「모두들 여기서 무엇하구 있

숙자 「니」

순이 「저기 안테나 높이가 얼마 나 되나 마치기 한다」

숙자가 안테나 끝을 쳐다본다

순이 「숙자야 얼마나 되겠니」

숙자 「十一미―타」

순이 「아―니 모두다들 틀려 누

영이 가 제일 옳을까」

「안테나를 어떻게 해서든지

바로 잴수가 없을까」

그다음 사흘쯤지난 어떤날 영이가

제 그림자를 보면서 궁리한다.

영이
　『아침엔 내 그림자가 훨씬 길든 것이 지금보니까 이렇게 짧다. 내 키만은 변치 않을 텐데 그림자만 저렇게 느렀다 주렀다 하니.』

　다시 『옳다! 그림자가 느렀다 주렀다 할새 내 키와 꼭

영이는
　렀다 주렀다

같이 될때가 있으리라 아니 꼭 있을께다」

갑자기 거름을 멈춘다. 불시로 알았다는 듯이 손벽을 치며

영이 「옳지 옳지. 이렇게하면 된다. 궁리가 생겼다」

하며 매우즐겁다는 듯이 싱글벙글 웃었다.

안테나 앞에 모두들 몰였다.

노마 「영이야 알었다니 정말이냐」

영이 「알었어 정말이야」

순이 「어떻게하면 되겠니」

영아 「우선 내그림자를 재 눈게야」

숙자 「그림자를?」

영이 「그럼」

노마 「네 그림자를 재래는게아니

영이

　야 저 안테나 높이를 재란

　『말이야』

　『좀 참어라 까닭은 이렇다.

（영이는 돌림자를 노마에게

주며） 이것으로 내 그림자

키를 재보아라』

노마는 영이의 그림자를 잰다.

노마 『百二十八센티미─타』

숙자

『영이의 그림자를 재선 무얼해』

영이

『지금 내그림자가 百二十八센티되지。그러나 내키는 百二十四센티거던 조고만있으면 그림자는 百二十四센티로줄어서 내키와 같은 기리가될게다』

노마
「알었다。 인제 알었어」

순이
「어떻게 되는걸까」

노마
「영이키하고 영이그림자가 안테나놓이 뚝 같은때는 저 안테나그림자가 꼭 같 하고 안테나그림자가 은대란 말이지」

영이
「그래 그래」

순이
「그래서 그시간에 저안테나

영이
의 그림자를 재는것이구나」

노마
「그렇다」

숫자
「신통하구나 영이궁리가」

영이
「참으로그래 어쩐면」

「자 노마야 내가「옳지」하
면 안테나그림자를 표해다구」

노마는 안테나 그림자 있는데 가서
표할 준비를 한다。

영이 「순이도 숙자도 내 그림자가 곱二十四센티가 되면 알려 다고」

둘은 다. 열마안되여, 그림자잴 준비를하고 기다린

숙순자이 「영아 지금이 꼭곱二十四센 티다」

一同은 「미―타 二미―타 三미―

타」

하며 소리를 내며 잰다。

일동 「十미―타 十一미―타 十二미―타」

노마 「꼭 十二미―타다」

일동 「저것이 十二미―타일까」

하며 일동은 안테나 끝을 쳐다본다。

十五 설 날

오늘은 새해 첫날이다. 독립을 약속
하야 맞는 처음 설날이다.
우리 집에서는 할아버지 할머니 아
버지 어머니 형님 누님 아주머니
동생 족하 모두 차례로 세배를 올
리고 다 가치 즐겁게 상을 받고
떡국을 먹었다.

골목에서는 널뛰는 소리와 딱총논

는소리가 요란하게들러왔다

나는 학교 가는길에서 수염난 영

감님을맞나 골목길을 가르쳐드렸다.

十六　샘물이 혼자서

샘물이　혼자서
춤추며　간다
산골자기　돌틈으로.

샘물이　혼자서

웃으며 간다
험한산길 꽃사이로.
하늘은 맑은데
즐거운 그 소리
산과 들에 울리운다.

十一 학 붕어 가재

동무들의 뜻이 하나가 되지않으면 그 일은 잘되지 않습니다. 이렇게 된다면 일은커녕 오직 고통만 더 할뿐입니다.

어떤날 학 하고 붕어하고 가재 이렇게 셋이서 짐차를 운반하자의 논했읍니다.

셋이서는 일제히 짐차에 모여 기

운껏 당기기 시작했읍니다。 그런데
이상하게도 짐차는 조끔도 앞으로
굴러가질않습니다。
사실 그들힘에다 비교하면 짐차는
훨신가볍지요。그러나 학은 구름높이
날을랴고 가재는 뒷거룸질
만치고 붕어는 또한 물속으로만 드
러가리라애만쓰고 있었읍니다。

이들셋중에 누가 잘났는지 못난는지 우리들은 모릅니다.

다만 웬일인지 짐차는 달릴줄은 모르고 먼저 자리에서 몸부림만 치고 있을뿐입니다.

十八　지나간날의참새

내가 꼭 三학
년때의 일이었다.
學校에서 도라오
는길에서 七八歲
되는 어린동무가
참새를 잡아서
못견디게굴었다。

얼핏보니 벌서 날개가 꾸부러들고 찢어지고 했다.

참새는 어린동무의 손아귀에서 슬푼 목소리로 찍찍 하고 울며있다. 날러도 망해갈 용기도 없는듯 하였다.

나는 『애야 그참새를 팔아 안줄테냐』 한즉 一錢만내라고함으로 나는 얼른 주머니에서 一錢을 꺼내주었다.

그새 어린동무는 어디론지 사라저버

렸다.

참새는 내손아귀에서 역시 슬픈듯

이 찍찍 찍찍 거리며 운다. 인제는

매우 病드러있다.

나는 「아아 착한일을 했다」 하고 중

얼거리며 집으로 도라왔다. 얼른 새

초롱에넣고여려가지로 간호해주었다.

二、三日이지나서

참새는 놀랄만큼

활기를띠우고 초

롱안이 좁다는듯

이 「짹짹 짹짹 짹짹」

하며 노래한다。

나는 어떻게 해

서라도 참새를

깃드리게할랴고 방안窓문을닫고 초롱
문도 열어주어 날게하여준것도 여러
번이였다.

어느날 학교에서 집에도라오는길로
새초롱을살피니 참새는 간곳이없다.
깜짝놀라 여기저기 살펴보았으나
참새는 나타나지않었다. 三十分이지나
한時間이되여도 나는 근심스러워 밥

생각도 나지 않았다.

나는 나의 참새가 휘파람이라도 들고서 찾아오라고 불어본다. 뒤란과 앞마당 나무가지를 샅샅치 찾었으나 참새는 없다. 나는 울먹울먹 했다.

그때였다. 참새가 도라왔다는 어머니의 음성이 들였다. 나는 쏜살같이 방안으로 달려들어갔다

『앗!』참새는 언제 옆구리를 마졌
나. 샛빨간 피가 흘러나렸다. 눈앞이
캉캄하고 불시로 기둥이 허므러지는
듯하였다. 어느새 나의 두눈에서는
뜨거운 눈물이 뚝뚝떨어졌다. 어룽어룽
하는 피빛은 더욱더 커보였다.
참새를 볼적마다 나는 죽은 참새의
일을 생각한다.

初等國語讀本（中卷）

一九四六年五月二十五日 印刷
一九四六年五月三十一日 發行

著作者　初等敎材編纂委員會
　　　　東京都芝區田村町一丁目三番地

發行者　在日本朝鮮人聯盟中央總本部
　　　　東京都芝區田村町一丁目三番地

印刷所　朝光社
　　　　東京都神田區三崎町一丁目二番地
　　　　電話神田（25）○○一五番 一九九二番

6. 초등국어 4 (후기용)

초 등 국어

4 후

1947. 9

朝聯文敎局

초등국어

후기용

초 듕 뮉 교 욱

先生님 여러분들에게

[1]이 책은 4學年 後期用(9~3月)으로 꾸민것이다.

[2]敎本構成은, 兒童의 生活이 漸次 內省的으로 깊어가고, 事物을 客觀的·批評的으로 觀察하게 됨에 따라 1, 2, 3學年과는 좀 달리 꾸미게 되었습니다. 즉 量的으로 깊어지고 質的으로도 깊어진 느낌이 있을것입니다.

[3]敎材內容에 있어서는 3學年까지는 이야기(寓話, 童話)가 全敎材의 40%以上을 차지하였으나 4學年에서는 25%가량으로 줄고, 이와 反對로 社會事象의 觀察, 批評을 테—마로한 敎材가 20%로부터 30%가량으로 불었습니다. 따라서 先生님들께서는 이点에 留意하여 社會科와의 關聯밑에서 兒童들의 生活環境을 充分히 硏究하여주시기 바랍니다.

[4]漢字는 2, 3學年과 같은 趣旨로 넣어놓았습니다.

[5]各課 끝의 餘白을 利用하여 익힘(復習) 形式으로 文法, 綴字法의 初步와 文章記號, 全文의 大意잡기, 短文짓기, 其他 여러가지 設問을 하여 놓았으나 計劃的, 組織的이 아니었으므로 大端 不完全하오니, 補充하여 옳은 語法 使用에 익숙하도록 努力하여주시기 바랍니다.

[6]國語敎育은 敎本만으로는 充分히 目的을 이르지못할것이므로 作文, 習字等으로 文章作法과, 文章書法을 가르치고, 朗讀會, 兒童劇等으로 發音練習을 시켜주기 바랍니다.

[7]時間配當과 進行速度는 大略 아래와 같습니다.

   1週: 7時間이나, 作文, 習字에 各 한時間 配當하고, 5時間 平均. 1個月: 4週間. 但 12, 1, 3月은 3週間.

   9月: 1~5課   10月: 6~12課   11月: 13~17課

   12月: 18課, 復習   1月: 19~21課   2月: 22~25課

   3月: 26~27課, 總復習.

차 례

1 아가의 잠

엄마가 자장가를 부르시면,

맨처음 귀가 소르르,

오무는 박꽃처럼 귀가 소르르.

귀가 잠들면, 눈이 아물,

밤에 밤별처럼 눈이 아물아물,

다음엔 입이 오물오물.

맨나중 엄마 젖꼭지가 잠들고 나야,

아기는 소르르 꼬빡

소르르 꼬빡 잠이 들어요.

ㅇ갖난애가 엄마 품에 안겨 잠 잘 때의 모
양을 머리 속에 그려가며 읽어보라.
ㅇ귀가 소르르, 눈이 아물아물, 입이 오물오물,
다 뛰어난 말이다.

1

2 동 무

1. 약속

아침, 學校로 가는 길, 거리 모퉁이.

창호가 왔습니다. 남수가 왔습니다. 인식이도 왔습니다.

인식 "복동이는 아직 안 왔지?"

남수 "안 왔어, 복동이는 언제나 늦은걸."

인식 "오늘은 꼭 온다고 해 놓고서"

창호와 남수와 인식이와 복동이는 언제나 넷이 가치 學校에 가는 사이 좋은 동무입니다. 그런데 복동이는 오늘도 늦었습니다.

다른 동무들은 작구 앞을 지나갑니다.

인식 "어떻꺌까?"

남수 "가자, 가"

창호 "내가 가서 다려올까?"

2

남수 "그만두고 가."

인식 "갈까?"

창호 '내 다려올께 가치 가"

인식 "그만두고 가자 야"

　세 사람이서 떠나 갔습니다.

　<u>창호</u>는 혼자서 속으로, "<u>복동</u>이를 데리고 가치 가는것이 좋지 않올까? 하기는 <u>복동</u>이는 언제나 늦게 오니까, 그냥 두고 가는것도 괜찮을듯하기두 하다."고 생각하면서 걸었습니다.

　다른 사람의 말대로' 따라가기는 쉬운 일이지만, 제 생각을 다른 사람에게 그대로 말하고, 그대로 하기는 무척 힘드는 일입니다.

2. 건너 뛰기

　쉬는 時間입니다. 運動場에는 많은 동

3

무들이 뒤섞여 놀고 있습니다.

인식이, 남수, 창호, 모두 어디서 놀고 있는지 얼른 찾아보기도 어렵습니다.

모래터에서 건너뛰기 내기를 하고 있습니다. 한 사람씩 차례로 뜁니다. 뛰어나와 떨어진 발뒷꿈치가 대중입니다.

아, 남수가 뜁니다.

아, 이번에는 복동이가 뜁니다.

두 사람의 발뒷꿈치는 같은 곳이었습니다. 금을 그어서 표한것은 창호입니다.

창호 "꼭 같다."

복동 "내가 이겼지?"

남수 "내가 이겼다."

복동 "내다."

남수 "무어야?"

남수는 복동이를 밀었습니다. 복동이는 남수를 되레 밀었습니다. 싸움이 되었습니다.

4

"그만두어 !"

"싸움질은 말아."

동무들이 모여들어서 떼어 말렸습니다.

"어디 다시 한 번 뛰어 보아."

누가 이런 말을 하였습니다.

"그래, 해보자."

남수와 복동이는 다시 건너뛰기 내기를 시작하였습니다.

그러나 이번에는 아무리 하여도 전에 뛴곳까지 뛸 수가 없었습니다.

왜 그럴까요 ?

3. 우리 동무

一學年生이나 四學年生이나 모두 같은 우리·동무·입니다. 아직 學校에 가지 않는 어린이들도 우리 동무입니다.

學校에 갈 때도, 學校에 가서도, 사이

5

좋게, 즐겁게 놀아야합니다. 學校에 갓다
돌아와서도 사이 좋게 즐겁게 가치 놀
아야합니다.

그런데, 이따금씩 서로 싸움을 합니다.
언제나 늦게 오는 <u>복동</u>이를 그냥 내버
려두고 저이들끼리 가버리는것도 싸움과
비슷한 일입니다. 제게 좋을 때는 가치
하고, 조금이라도 제게 해로우면 따로하
는것은 싸움이나 다름 없읍니다.

동무들끼리는 싸우지말고, 서로 사이
좋게 즐겁게 지내야합니다.

○아래의 글을 읽기 쉽게 띄어 써 보시오.
　창호는혼자서속으로복동이를데리고가치가는것이좋지
않을까하가는복동이는언제나늦게오니까그냥두고가는것
도괜찮을듯하기두하다고생각하면서걸었습니다.
○읽기 쉽게 쓰자면 어떻게 띄어 써야 합니까?

6

3 果樹園

지난 日曜日 나는 누나와 가치 아버지를 따라 과수원을 찾아갔습니다.

양쪽 옆에 포푸라나무가 길게 들어선 길을 지나서 아카시아나무로 울타리를 둘러친 과수원에 이르자, 주인은 우리를 반가히 맞아주었습니다.

넓다란 과수원 안은 똑 바로 줄을 지어 심은 사과나무가 들어찼고 가지가지에는 찢어질듯이 사과가 달려 있었습니다. 올사과는 모두 따고 지금 열려 있는것은 대개가 겨울 동안에 저장되는 것이라고 합니다.

또 사과가 익으면, 모두 다 빨갛게 되는것이 아니고, 어떤 種類는 노랗게 익는것도 있다고 하며 인도라는 사과나

7

8

무를 보여주었습니다.

우리는 늘 먹는 사과가 모두 같은것
인줄만 알았더니 그렇게도 種類가 많다
는데 놀랐습니다.

主人은 우리를 광으로 데리고 갔습니
다. 광 속에는 여러층 선반 위에 사과
가 수북히 쌓여 있습니다.

"이렇게 익은것을 따다 三四日 광
속에 쌓아두면, 사과의 물끼가 나와서
껍질 위에 내돋습니다. 이것을 사과가
땀을 흘린다고 합니다. 땀낸것을 잘
닦아서, 다시 큰것과 작은것을 골라,
상자에 넣어서 여러 곳으로 보내는것
입니다."

하고, 설명하여주었습니다.

우리는 사과를 한구러씩 사 들고 과
수원을 나왔습니다.

9

4   아 침

닭이 웁니다.

" 꼬끼요오.   꼬끼요오. "

닭이 고함을 칩니다.

" 얘들아,   어서   일어나라. "

해가 솟아 오릅니다.

송아지가   벌판으로   나갑니다.

" 매애,   매애. "

새들이   숲   속에서   노래합니다.

" 지지 배배,   지지 배배 "

대장간에서   마치 소리가   납니다.

" 뚝딱,   뚝딱. "

방아간에서   방아 소라가   들려옵니다.

쿵,   쿵,   쿵. "

10

모두가 일을 합니다.

벌들은 꽃으로 날아다니며, 꿀을 나릅니다.

새들은 노래 하며 깃을 만듭니다.

개미들은 줄을 지어 양식을 곳에 간직합니다.

개는 뜰에서 집을 지킵니다.

말은 수레를 끌고 거리로 갑니다.

소는 멍에를 메고 논, 밭을 갑니다.

바람은 넓은 하늘에서 구름을 옮깁니다

해는 온 세상을 비추고, 곡식을 가꿉니다.

닭이 웁니다.

"꼬끼요오, 꼬끼요오."

닭이 고함을 칩니다.

"얘들아, 어서 밥 먹고 학교에 가자"

11

5   허수아비

누른 논에 허수아비 우습구나야,
입은 벌려 웃으며 눈은 성내고,
학생 모자 쓰고서 팔은 벌리고,
장때 들고 섰는 꼴 우습구나야,

누른 논에 허수아비 우습구나야,
작은 새가 머리에 올라앉아서,
이 말 저 말 놀려도 모른체 하고,
입만 벌려 웃는 꼴 우습구나야.

12

6 물방아

방아 방아 물방아야

하루 종일 쉬지 않고

쿵쿵 찧는 이 물방아

열섬 백섬 찧어내니

이 마을의 보배일세

조용한 이 마을 한 옆에 얌전한 물
방아간이 있습니다.

"쿵 , 쿵 "

내려찧는 공이 소리와 어울리어 때때
로 즐거운 노래가 들려오기도합니다.

이 물방아를 밤낮으로 힘있게 돌리는
시냇물가에는 큰 회나무가 하나 서있습
니다. 그 우산 같은 그늘은 무더운 여
름철에 방아를 찌으려 오는 사람들에게
응달을 쳐 줍니다. 그러므로 이 물방아

13

간은 쌀을 찧을뿐 아니라 동네 사람들이 쉬는 곳이 되었습니다.

그러나 이 물방아는 오랫동안 돌지를 못하였습니다.

쌀을 찌어 먹지 못하게 하기 위하여 日本人들이 방아 공이와 돌확을 모두 때려부시었든것입니다.

그러므로 방아간을 돌보는 사람도 없게 되어 지붕은 썩어서 몇 군데나 하늘이 내다 보이고, 기둥은 쓰러져가고 있었습니다.

쌀을 찧지 못하는 빈 방아간은 아이들이 나와 숨박꼭질이나 하고, 지나가던 나그네가 걸음 쉬어가는 쓸쓸한 곳이 되었습니다

몇해를 두고 물레방아는 돌줄을 몰랐습니다.

14

그렇다가 우리 나라가 解放^{해방}되고, 日本
人이 쫓겨가자, 이 땅에 우렁찬 만세
소리와 함께 이 물레방아는 다시 기운
차게 돌기 시작하였습니다.

마을 사람들은 모두 방아간으로 나와
지붕에는 새 이영을 넣고, 기둥을 바로
세우고 방아공이와 돌확을 고치었습니다.

이리하여 전보다 더 훌륭한 방아간이
되었습니다.

오늘도 물방아 소리는 쿵쿵 힘있게
들려옵니다.

아침부터 저녁까지 쉴줄 모로고 돌아
가는 방아는 열섬 스무섬 쌀을 찧어
냅니다. 쌀을 찧으러 모여든 아주머니들
은 돌확의 쌀을 욱여 넣기도 하고, 키
질도 하기에 분주합니다.

15

※ 2쪽 누락

보자. 설명을 좀 더할터니. ”

하고 先生님은 生徒들을 돌아보며 말슴

을 이으셨다.

生徒들은 곧 개미 세마리를 잡아 올

려놓았다. 개미들은 돌아가는 공 위를

이리저리 기어다니고 있다.

한마리가 꼭대기에 붙어 기어다니면

또 한마리는 공 밑에서 기어다닌다.

“개미들이 서로 발을 마주 향하고

붙어 기어다니는것을 地球 위를 걸어

다니는 우리들과 비교해 보면 된다.

맨 꼭대기쪽이 조선이라면 그 반대편

인 밑은 南아메리카가 되는 셈이다. ”

이러한 설명을 듣고 生徒들은 똑똑히

알었다는듯이 제각기 머리를 끄덕거렸다.

○개미 대신 모래알을 올려 놓으면?   어째서?

18

8 속 담

발 없는 말이 천리 간다.

얕은 내도 깊게 건너라.

등잔 밑이 어둡다.

쥐 구멍에도 볕들 날이 있다.

세 살 버릇이 여든까지 간다.

가는 말이 고와야, 오는 말이 곱다.

제 흉 열 가지 가진 놈이, 남의 흉
한 가지를 본다.

19

9 秋夕

달도 밝고 별도 밝아 명랑하구나

산들산들 부는 바람 시원하구나.

동무들아 오늘은 기쁜 추석날,

마음껏 즐겁게 노래 부르자.

팔월에도 보름달 제일 큰 달이

기쁨에 넘치는 추석이란다.

20

가을 하늘 맑은 하늘 드높은 하늘,
산도 들도 시냇물도 즐거운 노래.
동무들아 오늘은 기쁜 추석날,
우리도 즐겁게 노래 부르자.
해 쌀밥 해 쌀떡 먹는 이 날이,
감사에 넘치는 추석이란다.

21

10 씨

여러분은 늦은 가을 날 들로 <ruby>散步<rt>산 보</rt></ruby>나 들놀이를 나가서, 풀밭으로 이리 저리 한참 쏘다니다가, 아랫동아리를 살펴보면, 도깨비바늘 진득찰 같은 열매가 많이 붙어 있는 것을 본 일이 있겠지요? 그때에는 부리나케 그것을 떨어 버릴 것입니다. 사람 뿐 아니라, 무슨 짐승이나 새들도 풀밭으로 돌아다니면, 역시 그 몸뚱이에 여러 가지 열매가 달라 붙어서 여기저기 흩어지게 됩니다.

그 뿐인가요 사람들이 빛 곱고 맛 좋은 복숭아, 사과, 배 같은 과실을 먹고 그 속에 들어 있는 씨는, 굳고 맛없다고 여기저기 버리지요. 새와 짐승도 그와 같이 합니다 그러면 그 씨가 여

22

기저기서 싹이 나와 자라납니다.

또 봉숭아 같은 것은 열매가 말짱게 익으면, 저절로 터지며, 씨가 튀어 나와 四方으로 흩어지고, 미음드레 씨에는 솜 같은 털이 있으며, 단풍나무 써에는 날개가 달려, 여기저기로 흩어집니다.

여러분은 그 씨가 어머니 나무를 떠나서 살면, 얼마나 외롭고 쓸쓸할까 이렇게 생각하겠지만, 植物은 한 번 땅에 뿌리를 박으면 이리저리 옮겨 다니치 못하므로, 만일 씨들이 어머니 나무 밑에만 다 떨어져서, 콩나물 나듯 싹이 나면 空氣와 볕을 잘 받지 못하고, 양분이 부족하여 잘 자랄 수 없을 것입니다.

그러므로, 씨를 여기저기 옮겨 주는것은 植物에게 대단히 필요한것입니다.

23

11 달 밤

달이 말하기를

지난 밤에 나는 어떤 집 안뜰을 비쳐 보았지요. 본즉, 암탉이 한 마리 있고, 병아리가 열 놈이 있어요.

그런데, 마침 그 집에 문이 방긋이 열리고, 방 안에서 예쁘고 조고만 소녀가 나오더니, 뛰놀면서 병아리를 쫓으니까, 어미닭이 깜짝 놀라서 "꼬댁 꼬댁" 하면서, 그 날개 밑에 병아리를 몰아들여 감추었습니다. 그러는데 저의 아버지가 나와 보셔서 단단히 구지람을 들었지요. 그렇지만, 나는 다시 아무 생각없이 거기를 지나쳐 버렸지요.

그런데, 지금 막 그 집 뜰을 잠간 들여다보니까, 잠든 듯이 고요한 뜰에,

24

지난 밤 그 소녀가 갑자기 쑥 나오더
니, 바로 상큼상큼 닭의 우리로 가만가
만히 가더니만, 문을 열고 안으로 들어
갑니다그려. 닭들이 깜짝 놀라서 푸덕거
리면서 우리 가운데서 뺑뺑 돌아 다니
지요. 소녀가 따라다니는것을 나는 우리
의 터진 틈으로 들여다보고,

　"그　계집애　못　쓰겠군."
하고 있는데, 저의 아버지가 나와서 어
제보다도 더 몹시 책망하면서, 소녀의
팔을 붙잡고 말렸지요. 나는

　"옳지, 잘 되었다."
하고 보느라니까, 소녀의 새파란 눈에서
구술 같은 커다란 눈물방울이 뚝뚝 떨
어지던걸요.

　저의 아버지가

　"너　여기서　무얼　하니 ?"

25

해도, 아무 대답도 아니하고 울기만 하고 한참 있더니, 하는 말이,

　　"나 닭한테 가서 잘못했다고 하려고 왔는데."

　　아버지는 이 말을 듣고 아무 말도 아니하고, 어린 딸의 등을 가볍게 두들겨 주었습니다.

　　나도 그 뺨에 함빡 빛을 보내 어루만져 주었지요.

○ 아버지는 왜 어린 딸의 등을 가볍게 두들겨 주었습니까?

○ 다음 符號는 어떤 때에 쓰나 알아 봅시다.

(ㄱ)마침표 (.) (ㄴ)쉬는표 (,) (ㄷ)물음표 (?)

(ㄹ)느낌표 (!) (ㅁ)따옴표 (" ")

○ 만일 이런 符號를 쓰지 않으면 어떻게 됩니까?

26

12 제 비

가을이 되면 제비들이 電線(전선)이나 빨랫
줄에 나란히 앉아 있는것을 보군합니다.
어떤때에는 스물이나 설흔 마리씩 느러
앉기도 합니다.

그중에는 어미 제비도 있지만, 올에
새로 난 새끼 제비도 많이 섞여 있습
니다. 크기는 어미 제비나 다름없이 크
지만, 아직도 주둥이 밑에 있는 빨간
점이 어미 제비들 같이 진하지를 못합
니다. 어떤 놈은 주둥이의 양편 가이
아직도 노─래 보이는것도 있습니다.

이렇게 많이 앉아 있는것을 보면 마
치 저이들끼리 무슨 의논이나 하고 있
는것 같이 보입니다. 지금까지 살고 오
던 이곳에서 떠나기가 싫다는 말인지

또는 이제부터 가야할 먼 곳에 있는 따뜻한 나라의 이야기를 하고 있는지………

九月이 며칠 남지 않게되면 제비들은 차츰 길을 떠나기 시작하여 十月이 되면 너도나도하고 모두 떠납니다. 十一月에 들어가면 거이 한 마리도 뵈지 않게 됩니다.

제비들은 대체 어디로 가는것일까? 옛날 사람들은 따뜻한 江南으로 간다고 하였습니다. 近年에 學者들이 調査하여 보았는데 제비들은 江南보다도 더 멀고 먼, 바다 저쪽 나라로 간다고 합니다.

필리핀? 마리아나? 쎄레베스? 아닙니다. 그보다도 더 먼곳, 赤道를 지나서 오-스트라리아까지 간다고 합니다.

제비는 새들중에 가장 빠른 새입니다. 汽車나 自動車도 따르지 못할만큼 빠르

28

다니까, 몇百키로메―를의 바다 위를 한
숨에 날아간다는 말도 사실일것입니다.

　그러나 그중에는 올에 난 새끼 제비
도 많이 섞여 있습니다. 그리고 때로는
모진 바람이 불고 비를 맞아 생.각지
않든 困難을 겪어가며 날아가는것입니다.

　一千 九百 三十 一年 가을 일입니다.
歐羅巴의 어느 나라에 約十萬마리나 되
ᄂ 제비의 떼가 한거번에 떨어진 일이
있습니다. 그 해는 氣候가 좋지 않아,
九月 二十日께부터 갑자기 추워지면서
오래두고 비가 왔습니다. 그때에 南쪽으
로 날아가던 제비들은 굶주리고 찬 비
를 맞아서 움직일 수가 없어졌던것입니다.

　그래서 그 나라 農民들이 그 제비들
을 따뜻한 방속에 넣고, 먹이를 주었습
니다. 제비들이 回生한 뒤에 다시 南쪽

29

으로 보내 주었습니다.

十萬이나 되는 제비를 보내는것은 큰
일이었습니다. 九月末부터 十月初에 이르
기까지에 汽車와 飛行機로 몇번이나 날
랐다고 합니다.

오는 봄이 되면 제비들은 다시 제가
살던 그 집으로 돌아 온다고 옛날부터
말하여 옵니다. 이것도 近年에 여러가지
方法으로 調査하여 보았는데 역시 옛날
사람들의 말이 옳다고 합니다. 그렇게
적은 몸집을 가진 제비가 一萬 키로메—
틀이 넘는 오—스트라리아에서 어떻게
제가 살던 집을 찾아 오는지 참 놀라
운 일입니다.

봄이 와서 山과 들에 새싹이 푸릇푸
루 돌아나게 되면 제비들은 하로 바삐
제가 살던 나라로 北을 향하여 다시

30

먼 길을 떠나는것입니다.

江가의 버들잎이 돋아나고, 아지랑이가 끼는 조선의 봄, 어린이들이 바구니와 호미를 들고 나물을 캐려나서는 조선의 봄이 그립고, 또 초가집 처마 밑에 있는 제가 살던 흙집이 몹시도 그리워지는 모양입니다.

뜰에 나갔던 일꾼들이 멀리서 온 손님을 얼핏 보고서는 집에 돌아 와서

"오늘은 제비를 보았다."

하고 말하는것입니다. 큰 기쁜 소식이라도 전하는듯이.

○제비는 사람과 어떤 關係가 있습니까?
○다음 말을 넣어 短文을 지으시오.
ㄱ.나란히 ㄴ.갑자기 ㄷ.그리워 ㄹ.너도나도하고
ㅁ.마치 ㅂ.그러나 ㅅ.푸릇푸릇

31

13 단 풍

요새 산과 들에는 벌써 단풍이 들기 시작하였습니다. 청청한 소나무 사이에 붉은 단풍이 섞여 있는 것을 보면, 퍽 고와 보입니다. 그런데, 지금까지 푸르던 잎이 가을이 되었기로 어째서 붉어질까? 퍽 이상스럽지 않아요. 그러면, 어째서 푸른 잎이 붉어지는지 그 이치를 좀 알아 보기 위하여, 단풍잎을 한 줌 따다가 물에다 넣고 끓여 보기로 합시다. 한참 끓이면, 빨간 물이 울어 나오고 잎은 붉은 빛이 없어집니다. 이 빨간 물 때문에 단풍잎이 붉게 보이는 것인데 가을이 되면서 날씨가 선선하여 지면 나무와 풀이 기운이 약해져서 뿌리로부터 물과 양분을 잘 빨아 올리지

32

못하므로, 힘이 점점 약해 지면서 잎

속에 여러가지 變化가 일어나서 빨간

물이 생기가때문에, 푸른 빛이 붉게 변

하는 것입니다.

　단풍은 산나무에만 드는 것이 아니요,

북나무, 담장이 덩굴, 가나무, 개옷나무,

개머루, 벗나무, 진달래들도 신나무만 못

하지 않게 단풍이 곱게 듭니다. 또 단

풍은 붉게 드는 것만이 아니고, 누렇게

드는 것도 있고, 갈색으로 드는 것도

있습니다. 저 은행나무, 양버들나무, 생강

나무 같은 것은, 가을이 되면, 잎이 누

렇게 변하고, 도토리나무, 느티나무, 싸리

나무 같은 것은 갈색으로 변합니다.

　가을이 되어 비가 적어지면, 空氣는

메마르고, 햇빛은 강하게 쬐면서도 아침

저녁으로는 선선하여 집니다. 일기가 이

렇게 되면, 단풍이 매우 아름답게 드는
것인데, 우리 朝鮮의 가을 일기는 꼭
이러하기 때문에, 단풍이 여간 곱지가
않습니다.

한 나무라도 별이 잘 비치는 남 쪽
으로 향한 가지는 단풍이 곱게 들지만,
북 쪽 음달진 곳으로 향한 가지는 곱
게 들지를 않습니다

이렇게 나뭇잎이 단풍 들었다가, 찬
바람이 불면, 붉고 누른 잎들이 우수수
떨어지고, 나무 가지만 앙상하게 남습니
다. 잎이 다 떨어진 나무는 모든 활동
을 쉬고, 추운 겨울 동안 깊이 잠이
들었다가, 이듬해 봄에 다시 깨어 나는
것입니다. 그러니까, 나무가 단풍이 들었
다가 잎이 떨어지는 것은 추운 겨울을
편안하게 지내려고 하는 준비인 것입니다.
34

14 고향 하늘

푸른 산 저 넘어로

　　　　멀리 보이는

새파란 고향 하늘

　　　　그리운 하늘

언제나 고향 집이

　　　　그리운 때면

저 산 넘어 하늘만

　　　　바라봅니다.

15   거북선

지금으로부터 약 四百 年 전 일이다.
우리 나라에는 王과 兩班(양반)들이 政治(정치)를
하고 있었다. 왜 나라에서 우리 나라에
쳐 나오리라는 소문이 있었는데도 그
사람들은 그것을 막아낼 생각은 않고
저이들끼리 서로 말다툼만 하고 있었다.
그 때 全羅道 水軍節度使(수군절도사)로 있던 李(이)
舜臣(순신)이란 將軍(장군)이 나라 일을 걱정하고
군사를 더 늘이자고 여러번 말을 하였
으나 아무도 들어주지 않았다.

將軍은 혼자서 굳게 決心하고 제가
거느리고 있는 군사를 맹열히 訓練(훈련)하고
武器(무기)를 고치고, 꾸준히 準備(준비)를 하였다.

밤 낮으로 나라 일을 걱정하고 있는
동안에 무척 신기로운 배를 만들어 냈

36

다.

그것은 마치 거북 모양으로 만든 배
인데, 위를 판장으로 덮고 판장 위에는
사람 하나 다닐 만한 十字형 길을 내
고, 그 나머지에는 모두 칼과 창을 꽂
고, 前後 左右로는 총구멍을 많이 내었
다.

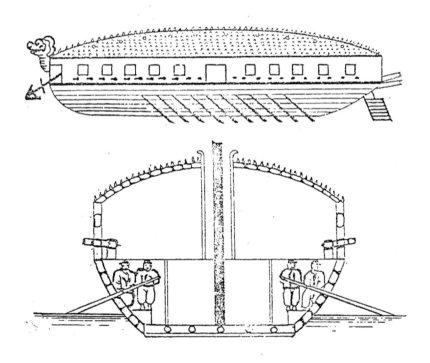

.37

또, 그 안에서 여러 사람이 노를 저어 이리저리 맘 대로 다닐 수 있고, 앞에는 硫黄 연기를 피어 제 몸을 가릴 수도 있게 되었다.

사람들은 이 배를 거북선이라고 불렀다.

이렇게 準備하고 있을 때 왜란이 터져, 왜적의 배가 떼를 지어 자꾸 우리 나라 바다로 쳐 들어오고 있었다.

將軍은 거북선으로 선봉을 삼아, 그 배들이 오는 대로 모조리 쳐 부스되, 한거번에 前後 左右로 대포를 놓아 큰 불도 이르키고 만일 덤비는 놈이 있으면, 창 칼 끝에 무찔러 버렸다.

왜적 들이 탄 배는 싸울래야 싸울 수도 없고, 또 도망가려면 거북선은 지기들의 배보다 빨라서, 도망갈 수도 없

38

었다. 그뿐아니라, 거북선은 철판이기때문에 마주치면 산산히 부수고 말았다.

왜적도 처음에는 열심히 싸웠으나, 나중에는 이 거북선이 온다는 말만 들어도 겁을내어 도망가고 말았다.

이처럼 將軍은 왜적과 여러 번 싸워 번마다 이기었으므로 우리 나라의 威信을 保全할 수 있었다. 그것은 전혀 이 거북선때문이었다.

그 때에 철판으로 둘러싼 배란것은 왜 나라에뿐 아니라, 全 世界에 없었던 것이다.

○다음 漢字에 토를 달고 뜻을 써 보시오.
  ㄱ. 氣候 ㄴ. 調査 ㄷ. 赤道 ㄹ. 方法 ㅁ. 困難 ㅂ. 變化
  ㅅ. 政治 ㅇ. 決心 ㅈ. 訓練 ㅊ. 準備 ㅋ. 左右 ㅌ. 保全
○李舜臣은 어떤 사람인가 간단히 적어보시오.

39

16 夜學校

나는 엊저녁에 아버지를 따라 우리 學校에서 하고 있는 夜學校를 구경하러 갔습니다. 敎室에는 電燈이 환하게 켜있고, 勞働者들이 모이기 시작하고 있었습니다.

運動場에 들어서니까 校長先生님과 다른 몇분 先生님들의 말소리가 들렸습니다. 대단히 성난 목소리었습니다.

방금 누가 돌을 던져서 유리창을 깨쳤기때문이었습니다. 六學年生 한 사람이 달려가서 마당가에 있던 少年 하나를 붙들었습니다. 그런데 그 옆에 있던 少年이 나서면서

"그 애는 아니야요. 내가 보았어요. 광일이가 돌을 던졌어요. 일러 바치둔

40

혼 내 준다구 하면서 도망처버렸어요."

校長先生은 광일이를 벌을 세워야겠다
고 하셨습니다.

그러는 동안에 勞働者들이 두사람, 세
사람씩 모여서 敎室에 꽉 들어 찼습니
다.

나는 지금껏 夜學校 같이 신기한것을
본적이 없습니다. 十二三세 되는 少年도
있고, 방금 일터에서 돌아오면서 책과
공책을 가지고 오는 수염이 껌앟게 난
사람도 있었습니다. 목수도 있고, 낯이
껌한 機關手도 있고, 머리에 흰 가루를
뒤어쓴 쌀집 少年도 있었습니다.

이런 사람들이 우리들이 앉아서 공부
하는 의자에 앉아서 허리와 등을 꾸부
리고 공부를 시작하였습니다.

敎室 문은 열려 있었습니다. 나는 그

41

들이 공부하는 것을 보고 늘랐습니다.

리들 모양으로 작란질을 하는 사람도

없고, 서로 이야기를 소군거리는 사락

없이 모두 열심히 책을 보고 先生닙

말슴을 듣고 있었습니다.

그러나 얼마 안해서 나이 젊은 少

들은 졸기 시작하는 이도 있었습니다

한 사람은 책상 위에 머리를 대고

쿨 자고 있었습니다. 先生님이 그것을

보고 귀를 잡아 끌어 이르켰습니다.

그러나 어른들은 하나도 자는 사람

없었습니다. 모두 눈을 똑 바로 뜨고

열심히 이야기를 듣고 있었습니다.

나는 그렇게 수염이 난 사람들이

리들의 자리에 앉았는 것이 퍽 이상하

보였습니다. 내가 앉는 자리에는 손에

봉대를 감은 사람이 앉아 있었습니다.

42

무슨 機械에 다쳤을 것입니다. 한자씩 천천히 글을 쓰고 있었읍니다.

나는 먼저 집으로 돌아오려고 혼자 밖으로 나왔읍니다. 運動場에는 아무도 없었읍니다. 先生님들이 계시는 사무실 앞에 校長先生님이 가만이 서 있었읍니다. 아마 무슨 생각을 하고 있는 모양이었읍니다.

○ "나는 지금껏 夜學校 같이 신기한것을 본적이 없읍니다."라고 하였는데 어떤것이 그렇게 신기하였읍니까?

○ 여러분이 살고 있는 마을에는 이와 같은 夜學校가 있읍니까? 어떤 사람들이 배우러 옵니까?

○ 다음 글 중에 틀린 곳이 있으면 고치시오.

그러게 수염이 난 사람들이 우리들이 자리에 안잤는졌이 적 이상하게 보였읍니다.

43

17   아버지의 교훈

어떤 날 저녁, 늙은 농부가 젊고
씩한 세 아들을 불렀다. 아버지는 자
앞에 놓인 한 묶음의 대를 가리키며
  "얘들아, 여기 있는 댓묶음을 누가
  꺾을 수 있나, 차례로 시험해보아라
하시며, 세 아들을 돌아보았다.

  맏아들이 먼저 팔을 걷고 나섰다.
팔에 있는 힘을 다 모아가지고, 얼굴
핏대를 올리며 한참동안 애를 썼으나
꺾지 못하고 댓묶음을 덜석 놓고 일
섰다.
  "제 힘으로는 도무지 어쩔 수 없
  니다."
하고는 이마에 맺힌 땀방울을 손으로
문지르며 물러앉았다.
44

그 다음에는 둘째 아들이 나섰다. 그도 역시, 눈을 부릅뜨고, 있는 힘을· 다 썼으나, 헛수고가 되었다. 댓묶음은 그대로 있을뿐이다.

옆에서 보고 있던 막내아들이 대들었으나, 또한 마찬가지였다. 이같이 세 아들중에, 누구 하나 이 댓묶음을 꺾는 이가 없었다.

"약한 자식들이다."
하고 늙은 아버지는 빙그레 웃으며, 세 아들을 번갈아 보았다.

"그러면 내가 꺾을터이니 보아라."
하시며, 아버지는 먼저 댓묶음을 풀어버렸다. 그리고는 대를 한대씩 한대씩 수월하게 꺾어버렸다.

"얘들아 알았느냐? 서로 힘을 합한다는것이 얼마나 필요한 일인가를. 너

45

희들도 언제나 서로 힘을 합하고
愛(애)하기를 잊어서는 안된다."

세 아들은 아버지의 말씀과 뜻을
음속으로 가만히 생각하며 언제까지나
세 형제가 의 좋게 살아가겠다고 決(결)
하였다.

○ 아버지는 왜 아들들을 불렀습니까? 댓묶음은
꺾어서 무엇합니까?
○ 아버지는 "언제나 힘을 합하고 親愛(친애)하기를
서는 안된다"고 하였는데 서로 意見(의견)이 틀릴
에는 어떻게 합니까?
○ 다음 말들 중에서 서로 뜻이 反對(반대)되는 말을
찾아 보시오.

ㄱ. 늙은   ㄴ. 앉았다   ㄷ. 힘들게   ㄹ. 물러앉았다
ㅁ. 섰다   ㅂ. 젊은   ㅅ. 놓았다   ㅇ. 수월하게
ㅈ. 대들었다   ㅊ. 잡았다

46

18 새옷을 입은 임금

옛날 이런 임금이 있었다. 날마다 하로에도 몇번이나 옷을 갈아 입고, 갈아 입을적마다 새옷을 찾었다. 그 임금은 무엇보다도 옷치장을 좋아해서 새옷을 입고 거울앞에 서는것이 가장 즐거웠다.

그래서 보지않던 옷감이 있으면 값을 가리지 않고 샀다. 집에는 옷이 헤아릴 수 없이 많이 있었다. 그러나 임금은 滿足할 줄을 모르고 새옷을 찾었다. 이 세상에는 아직도 더 좋은 옷감이 있을것이라고 생각하기때문이다.

어느때, 이웃 나라에서 온 장사꾼 들이 임금을 찾어와서 말하였다.

"저이들은 이웃나라에서 옷감을 짱는 織匠이 올시다. 저이들이 짱는 옷감은

4"

이 세상에 다시없는 아름답고 훌륭한
것입니다. 그 무늬라던지 빛깔도 그렇
지만, 한가지 이상한것은, 바보나, 거짓
말쟁이나, 또는 엉터리 없이 높은 자
리에 있는 사람의 눈에는 보이지도
않는다는 것입니다."

임금은 그 이야기를 듣고, 두말 할것
없이 속히 그 옷을 만들라고 하였다.
옷을 말들자면 이제부터 베틀을 놓고
짱야 되겠다고 하여서, 임금은 그 말대
로 방을 한간 내어주고 많은 돈과 비
단실을 직장들에게 주었다.

직장은 방속에 들어 앉어서 아침 일
즉부터 밤 늦게까지 부지런히 일을 하
였다. 그러나 다른 사람들은 그 방속에
서 어떤 일을 하고 있는지, 알 수 없
었다 함부로 그 방을 드려다 보아서는

안된다고 금하였기 때문이다.

몇일을 지난뒤에 임금은 얼마나 짰는지 알고 싶었다. 그래서 제일 人望(인망)이 높고 믿을 수 있는 늙은 政丞(정승) 한 사람을 뽑아서 보냈다. 그의 눈에는 안 보일리가 없으리라고 생각하였든것이다.

정승은 임금의 말대로 직장들이 일하고 있는곳으로 보러갔다.

"아, 어서 오십시오."

직짱은 베틀 위에서 내려와 인사를 하고 새로 짠 옷감을 보이면서

"자, 이것을 좀 보십시오. 이 빛깔 동트는 하늘빛 같기도 하고, 무지개 같기도 하지만, 그보다 훨신 더 아름답지요. 그리고 이 무늬는 어떻습니까? 이런 무늬를 어디서 본 일이 있습니까?"

정승은 눈을 바로뜨고 자세히 드려다
보았지만 아무것도 보이지를 않았다. 그
래 어느것이냐고 하려다가, 다시

"나는 바보도 아니고, 거짓말쟁이도
아닐 것인데 그렇다면 내가 정승이
될만한 ……… 아니, 다른 사람이 이런
것을 눈치채면 큰 일이다."

50

생각하고 열른 잘 보이는 척하고,

"참 훌륭하다. 나는 이런 좋은것을 지금껏 본일이 없다. 돌아가서 임금님께 말씀드리면 임금님도 대단히 기뻐하실 것이다."

이렇게 말하고 그 곳을 나왔다. 직장들은 혀를 비쭉하며 서로 보고 웃었지만 정승은 그들이 하든 말을 그대로 임금게 말하려고 몇번이나 입속으로 되풀이하여 보면서 돌아왔다.

정승의 말을 들은 임금은 퍽 滿足하였다. 그리고 이번에는 직장들이 달라고 한것보다 훨신 더 많은 돈과 비단실을 주었다.

또 며칠후에 임금은 다른 정승을 보냈다. 그 정승도 전에 보냈던 정승에 지지않게 人望이 높은 사람이란것은 말

51

할것도 없다

  그 정승도 처음보는 새옷감을 보고
놀래지 않을 수 없었다

  "내 눈에는 아무것도 보이지 안는데
어쩐 일일까? 그러나 보이지 않는다
고하면 내가 바보거나 거짓말쟁이가
되지 않으면 엉터리 없는 놈이 되고
말것이다 아니다 그래서는 안된다

  그 정승도 돌아와서 임금게 말하였다

  "참말 훌륭합니다. 보면 볼수록 아름
다워서 눈을 뗄 수가 없습니다 "
임금은 말할 수 없이 滿足하였다 이번
에는 제가 스스로 가서 보기로 하였다.
먼저 갔던 두 정승도 가치 가고 다른
사람도 많이 따라갔다.

  "자, 이것을 보십시오. 얼마나 아름다
운가 ········· "

52

두 정승이 먼저 이렇게 말하였다. 다른사람의 눈에는 보일것이라고 생각하였든 것이다.

"이것이 어쩐셈일까?"

임금은 적잖게 놀랬다. 정승들도 그러고 직장들도 그러는데 임금의 눈에는 아무것도 보이지를 않았다. 그러나 임금은 속으로 가마니 생각하였다.

"나는 바보도 아니고 거짓말쟁이도 아니다. 그런데 이런일을 다른 사람들이 알면 임금이 엉터리가 없다고 할 것이다."

그래서 임금은 큰 소리를 내어

"음, 참 좋다."

고 하였다.

임금이 아무것 없는것을 보고 이렇게 말하면서 머리를 끄떡거리자, 많은 사람

53

들도 가치 좋다고 탄복하였다. 그러나 좋은 새옷감이란것을 눈으로 본 사람은 하나도 없었다.

임금은 더욱 많은 돈과 비단실을 주고 속히 새옷을 만들라고 하였다. 며칠 있으면 임금이 거리에 行列을 지어야할 일이 있기 때문에 그때에 입을 생각이었다.

거리에 살고있는 사람들은 임금이 새로 만든다고 하는 새옷 이야기에 뒤끓고 있었다.

마첨내, 그 날이 왔다. 직장들은 그전 날 저녁때부터 방안에 촛불을 열개나 켜 놓고, 밤을 새워가며 새옷을 지었다.

직장이 새옷을 가지고 임금 있는 곳으로 왔다. 임금은 큰 거울 앞으로 가서 벌거벗고 새옷을 입기로 하였다.

54

이것이 바지입니다. 다음에는 저고리
는 이것입니다. 그리고 이것이 주의입
니다."
하고, 직장이 주는 새옷을 한가지씩 차
례로 받아 입었다.
　"참, 가벼웁지요. 아마 입으신것 같지
않을것입니다. 너무도 가벼우니까."
　거울 속에는 벌거숭이 임금이 서있었
다. 그러나 임금은 훌륭한 새옷을 입었
다고 생각하면서 점잖게 보이기위해서
배와 가슴을 앞으로 쑥 내밀고 서서
거울 속을 한번 더 드려다 보았다.
　"아이, 참 맞기도 꼭 잘 맞습니다."
　옆에 있던 사람들이 이렇게 말하였다.
그때 侍從 하나가 임금 앞으로 와서
　"行列준비가 다 되었습니다."
하고 말하였다.

55

"음, 곧 나간다."

임금은 이렇게 말하면서 다시 한번
거울을 보고 빙그레 웃어보고 나섰다.
맨 앞에 임금이 서고 그 뒤에 많은
높은 벼슬에 있는 사람들이 딸았다. 行
列은 엄숙하게 거리를 지나갔다.

56.

사람들은 그 行列을 보려고 왁왁 몰려들었다. 임금이 입은 새옷을 보고 모두 제각기 탄복하였다.

저 빛갈을 좀 보아, 곱기도하지."

"저 무늬는 얼마나 고운데."

누구의 눈에나 임금은 벌거숭이로밖에 보이지 않았지만, 제 눈에만 안 보이고 다른 사람들에게는 보이는줄로 알았든 것이다.

"아버지, 임금님은 에째 벌거벗었어요?"

어린애 하나가 이렇게 말하였다.

"내 눈에도 그렇게 밖에는 보이지 않는다."

아버지가 적은 소리로 이렇게 대답하였다. 옆에 섰던 사람이 그 말을 듣고

"어린애는 바른 말을 한다. 임금님은 벌거숭이다."

57

또, 그 옆에 섰던 사람이,

"그렇다, 벌거숭이다."

고 말하였다. 이렇게 하여서 모였든 사
람들 사이에 이런 말이 차츰 퍼져서
모두가 수군거리게 되고 내중에는 임금
의 귀에도 그 소리가 들어가게 되었다.
임금은

"그 말이 옳을지도 모른다. 그러나
이 行列을 이제 그만둘 수는 없다."

고, 생각하면서 한층더 가슴을 내밀고
어깨를 우쫄거리며 걸어갔다. 그 뒤로
딸아가는 侍從은 보이지 않는 임금의
새옷 자락을 조심스럽게 받들고 갔다.

—— 덴마크의 童話作家 안데르센

(1818~1875) 의 童話集에서.

ㅇ이 이야기를 演劇이나 가미시바이로 하여보시오

58

19 동경 계신 언니에게

언니, 오늘은 벌써 정월도 사흘이 지난 초나흗날입니다.

아침부터 눈이 펑펑 쏟아져서, 온 세상이 떡가루를 덮어 놓은 듯합니다.

눈이 종일토록 오고, 그리고 설 때가 되니까, 언니 생각이 더 나서, 이 편지를 씁니다.

언니, 요새는 날이 몹시도 추운데, 언니는 객지에서 몸이 늘 건강하시고, 공부에 재미 있게 지내십니까?

아우는 잘 있고, 아버님 어머님께서도 안녕하시며, 온 집안이 별일 없이 새해를 맞이하였습니다.

설날 아침에는 여러 가지 음식도 만들고, 떡국을 끓여 가지고 온 집안 식

59

구가 둘러 앉아서 맛나게 먹으면서, 언
니 생각을 얼마나 했는지 모른답니다.

　아버지는

　"우리 식구가 다 있는데 <u>혜경</u>이 하
나만 빠졌군. 국어 공부를 한다고 방
학에도 안 오고, 객지에서 지내지 !"
하시고,

　어머니는

　"그 애가 떡을 좋아하고, 떡국을 제
일 잘 먹는데."
하시며, 목이 메어서 말을 채 못하시고,
떡국그릇을 내 놓고 그만 일어나셨다오.

　"앓지나 않고 건강해서 지내면 제일
이지."

　이렇게 말씀하시고, 웃으시는 아버지도
말씀 끝이 흐려지던걸요.

　언니, 언니도 집 생각이 나지요? 그

60

러나, 언니는 공부꾼이요. 또 운동가니까, 공부와 운동에 재미를 붙여서 집 생각도 덜하고 유쾌하게 지내겠지요.

요새 우리는 날마다 썰매를 탄답니다. 어제 영길이가 썰매 타다가 단단히 딩굴고, 울며 들어왔답니다.

언니, 아무쪼록 겨울 동안 몸 조심해서 앓지 않도록 하고, 공부 잘 하다가, 봄 방학이 되거든, 그 때에는 부디 한 번 단녀 가세요 영길이는 누나가 제일 보고 싶다고, 그리고, 누나가 좋은 선물을 사 가지고 온다고 날마다 기다린다오.

할 말은 끝이 없으나, 오늘은 이만 씁니다.

언니, 안녕히 계십시오.

일월 사일   아우

혜 영 드림

61

20   겨울 밤

바람이 쏴아 쏴아 부는 밤,

문풍지가 붕 붕 우는 밤,

겨울밤 추운밤.

우리는 화로 가에 모여 앉아,

감자를 구워 먹으며,

옛날 이야기를 합니다.

언니는 범 이야기,

누나는 노루 이야기,

나는 오늘밤도 토끼 이야기.

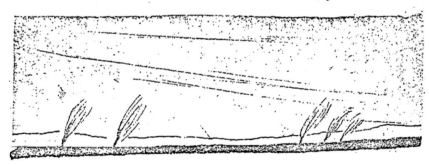

62

감자를 두번씩이나 구워 먹고나도,
우리는 잠이 안 옵니다.
겨울밤은 걸고 깁니다.

우리는 콩을 볶아 먹습니다.
옥수수를 튀겨 먹습니다.
그래도 겨울밤은 아직도 멀었습니다.

방 안엔 재티가 뽀얗고,
화로불은 죄다 꺼지고,
우리들의 입은 새까맣고.

인제는 이야기도 하기 싫습니다.

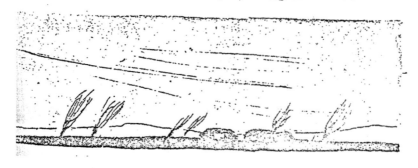

63

인제는 감자도, 콩도, 옥수수도,

아무것도 다 싫습니다.

그래도 잠은 안 오고,

심심은 하고.

우리는 인두로 화로의 재를 다져놓고,

손가락 작란을 시작합니다.

언니가 만든건

범의 발자국,

누나가 만든건

아기 발자국

64

내가 만든 건
참새 발자국.

언니는 발자국 만들기가
싫어졌단다.

누나도 그만
자야겠다고.

나도 인제는
졸음이 옵니다.

21 앵무새

어떤 집에 앵무새 한 마리가 있었습니다.

"나는 좋아, 나는 좋아."
주인에게 이런 말을 배와서 제법 잘 하였습니다.

앵무새는 주인이 살고 있는 방 안 한 모퉁이 들창 옆에 붙인 마른 나무 가지에 앉아서,

"나는 좋아, 나는 좋아."
이렇게 말을 하고 있는것을 보면, 참말로 그 앵무새의 마음은 언제나 즐거운 것 같이도 보였습니다.

주인이 음식을 먹을 때에는, 상 옆에 내려와서, 먹이를 얻어 먹습니다. 목이 마르면, 주인의 책상 위에 놓여 있는

66

꽃병의 물을 마시고 꽃의 향기를 맡습니다. 그리고 심심하면 경대 앞에 가서, 거울 속에 비취는 자기의 모양을 들여다 보고,

"나는 좋아, 나는 좋아."

그러다가는 다시 들창 옆, 제 자리에 올라 앉아서 방 안 벽에 걸린 그림을 바라보고 들창 밖의 하늘과 나무들을 바라다보고,

"나는 좋아, 나는 좋아."
하며 날을 지냅니다.

그런데, 어떤 추운 겨울날이었습니다. 밖에는 찬 바람이 몹시 불어서 들창 옆이 대단히 추웠습니다. 앵무새는 저편에 피워 놓은 난로 옆으로 갔습니다.

어쩐지 자꾸만 추워서, 난로 옆으로 가까이, 더 가까이 갔습니다.

67

그때였습니다. 벌겋게 달은 난로에서 앵무새의 깃과 꽁지에 불이닿았습니다. 앵무새는 뜨거워 견딜 수가 없어서 고함을 질렀습니다.

"나는 좋아, 나는 좋아."

○ 앵무새는 뜨거워 견딜 수가 없었는데 어째서 "나는 좋아, 나는 좋아."라고 고함을 질렀습니까?

○ 다음 글 중에 틀린곳이 있으면 고치고, 여러가지 符號를 써가며 읽기 쉽도록 써 보시오.

ㄱ. 알치나안코 건강해서지내면제일이지 이러케말슴하시고 우스시는아버지도 말슴끄티흐러지던걸요

ㄴ. 목이마르 면주인이책상위에노여잇는 꼿병이물을마시고 꼿치향기를맛슴니다

○ 다음 말들은 어떤 때에 씁니까?

ㄱ. 펑펑   ㄴ. 단단히   ㄷ. 솨아 솨아   ㄹ. 붕 붕
ㅁ. 뽀얗다   ㅂ. 벌겋게

68

22 文益漸

文益漸은 지금으로부터 六百餘年 전인 高麗 때 사람으로, 中國에 가서 처음 목화씨를 가져온분입니다.

우리가 입는 옷감은, 그 대부분이 이 목화를 가지고 만드므로 없어서는 안될 물건입니다.

이처럼 우리에게 必要한 목화도 文益漸이가 그 씨를 가져오기 전에는, 조선에는 없었습니다. 그 때까지는 대개는 베옷을 입고, 혹 명주옷을 입는 사람도 있었습니다. 그러므로 일반 백성들은 겨울에는 베옷을 여러겹 입을 수 밖에 없었습니다.

中國에는 일찍부터 목화가 있었으나 外國에 나가지 못하도록 엄하게 막기

69

때문에, 누구나 감히 가져오려는 생각조차 못하였던것입니다. 그런것을 文益漸이가 元나라에 사신으로 갔다 돌아오는 길에, 목화 씨를 몇개 얻어서 붓대 속에 몰래 감추어 가지고 왔습니다.

그리하여 그 씨를 동산에 심었더니, 처음에는 나서 무성하였으나, 가꾸는 법을 몰라서 필경은 모두 말라죽고 오직 한포기만이 살아서 열매를 맺게 되었습니다.

이 한포기에 맺인 씨를 그 이듬해 봄에 다시 심고, 또 그 이듬해에 심고 하여 가꾼지 三年만에는 목화가 많이 번식하여서, 차차 이웃으로 퍼져 十年도 되기 전에 온나라에 퍼지게 되었습니다.

高麗末年에는 목화가 벌써 조선것이 되고 말았는데, 그 근본을 따져보면 다

70

죽고 남은 한포기에서 퍼진것입니다.

그 뒤로 이어서 목화의 씨를 빼는 씨아와, 실을 뽑는 물레와, 무명을 짜는 方法이 文益漸의 집안 사람들의 손으로 시작되었다고 합니다.

혹은 말하기를 물레는 그의 아들 문래라는 사람이 만들었으므로 그 이름을 따랐고, 무명도 그의 아들 문영이라는 사람이 처음 짰으므로 그 이름을 따라 불렀다고 합니다.

이런 말이 사실인지 아닌지는 알 수 없으나, 어쨌든지 목화가 우리 나라에 들어와서 백성들이 처음으로 옷다운 옷을 입을 수 있게 되었다는 것은 잊지 못할 功績입니다. 그 공적 을 고맙게 여겨 그를 木綿公이라고 일컫게 되었습니다.

23 싸락눈

아가아가 우리 아가 잘 들어봐라.

아버지 어렸을 그 때에는,

배가 암만 고파도 쌀은 없어서,

부실부실 싸락눈 오는 밤이면,

혼자서 논두덩 눈만 보았단다.

부실부실 눈싸라기 쌀이드라면,

얼마나 마음대로 먹었을것을.

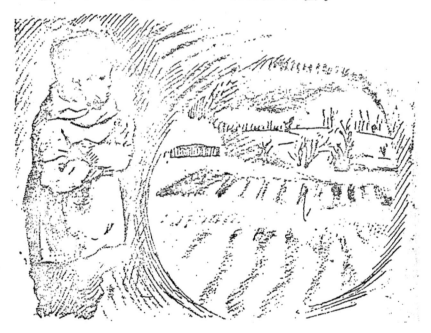

72

아가아가 우리 아가 잘 들어봐라.

어머니 어렸을 그 때에는,

날이 암만 추어도 옷은 단 한벌

부실부실 싸락눈 오는 밤이면,

혼자서 지붕에 눈만 보았단다.

부실부실 눈싸라기 솜이드라면,

얼마나 따뜻하게 입었을것을

73

24 活字
<small>활 자</small>

먼 옛날에는 책이라면 한자 한자 손으로 쓴것 밖에는 없었다. 그러므로 책이 몹시 귀하여, 공부를 하려고 하여도 책이 없어 못하는 사람이 많았다.

지금부터 千 年 前에 나무판장에 글을 색여 책을 박을 수 있는 木版을 發見하였다. 이 목판은 한번 색이면 몇 千卷이라도 박아낼 수 있었다. 이리하여 책이 전보다는 많이 나오게되어 공부하기에 퍽 도움이 되었고, 따라서 여러가지 學問이 發達되었다.

그러나 고생해서 새겨 놓아도 목판이란것은 한가지 같은 책밖에는 박아낼 수가 없기 때문에 다른 책을 박아낼 때에는 또 다른 木版을 새로 새길 수

74

밖에 없었다.

이런 方法을 中國사람들에게 배와서 책을 박아내고 있던 우리 나라에서는 지금부터 約六百 九十年前 高麗때에 수많은 佛教 책을 木版으로 박아내면서 고생하여본 끝에 글자 한자 한자 씩을 새겨서, 글을 딸아 그 글자를 모아 판을 짜는 方法을 發明하였다.

이렇게 하면 한번 새겨 놓은 글자는 몇번이고, 活用할 수 있게된다. 그런 글자를 活字라고 하는데 活字로 처음 책을 찍어낸것은 一千 二百 三十 四年 일, 이 地球 위에 사람이 생겨난 뒤도 처음 일이다.

이런것을 보면 우리 조선 사람들의 재간이 결코 다른 나라 사람들에게 뒤떨어지지 않을뿐 아니라, 오히려 앞섰다

75

는것을 알 수 있을것이다.

그러나 이런 훌륭한것을 만들어낸 우리 나라가 世界에 가장 學問이 發達되고, 가장 문명해졌을것 같지만, 지금 우리 나라는 어떤가? 적어도 책을 찍어내는것만이라도 世界에서 가장 앞섰어야 할것인데 그것도 그렇지 못하다.

지금까지의 우리 나라는, 얼마 되지 않는 權勢있고 돈 많은 兩班이라고 하는 사람들만이 공부를 할 수 있었고, 대부분의 人民은 공부를 할 수 없었다. 아주 어렵게 살 수 밖에 없었으므로 도무지 공부할 겨를이 없었다.

공부하는 사람이 적으면 學問이 發達될 수도 없고, 책도 많이 소용되지 않으므로 책을 찍어내는 技術도 發達되지 못할것이다.

76

그러므로 우리들이 가지고 있는 재간을 잘 發達시키고 우리 나라를 빛나게 하자면 우리들 人民이 다 가치 공부할 수 있는 나라를 만들어야 할것이다.

○活字란것은 어떤것입니까? 木板과 어떻게 다릅니까?

○世界에서 第一 먼저 活字를 發明한것은 어느 나라입니까? 지금 우리 나라는 왜 책을 찍어내는 技術이 發達되지 못하였습니까?

○어떻게 하면 우리들 人民이 다 가치 공부할 수 있는 나라를 만들 수 있습니까?

○다음 말들의 뜻을 써 보시오.

ㄱ.논두덩   ㄴ.솜   ㄷ.發見   ㄹ.學問   ㅁ.發達

ㅂ.佛敎   ㅅ.權勢   ㅇ.겨룸   ㅈ.소용   ㅊ.技術

25. 엄마소

우리집 엄마소는

　　　　팔려 간대요.

산 넘고 물 건너

　　　　일본 땅으로

소장사를 따라서

　　　　아조 간대요.

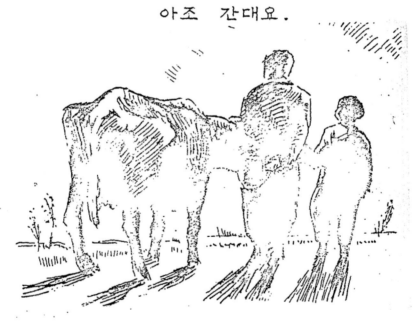

○ 이 동요는 어느 때 생겼을까요?

○ 어째서 이러한 노래가 생겨났을까요?

78

26 우스운 이야기

1 올꾼

옛날 어느 곳에 올꾼이라는 아이가 살고 있었다.

어떤 날 아침 아버지가

"올꾼아 너 오늘 용강고을에 심부름 갔다오너라.

하고 일러두었다.

올꾼이는

"예

하고 대답하였다. 그러나, 조금 후에 정작 심부름을 보내려고 찾으니 어디 갔는지 보이지 않았다 아침에 심부름을 갔다 오라고 일러 두었는데 어디 갔을까하고, 온 동네를 두루 잦았다 그러나

옷을 입고, 쌀 밥과 고기찬만 먹고 살겠
다 생각하였다. 그렇게 될것을 생각하니
하도 기뻐서

"아이구 좋아, 엄씨구 좋아."

하며, 춤을 추기 시작하였다. 춤을 추다
가 지게를 버려 세웠던 작대기를 발로
차서, 그만 지게와 함께 독이 쓰러져서
산산이 깨지고 말았다.

그래서 옛날부터 "독장사 구구."라는
말이 있다.

○"올꾼이 용강 가듯 하다."는 말은 어떤 때에
쓰는 말입니까?

○"독장사 구구"라는것은 어떤것입니까?

○다음 낱말을 어떤 차례로 붙이면 글이 됩니까?

ㄱ.용강고을에, 올꾼이는, 왔다, 심부름을, 갔다,

ㄴ.깨쳤다, 쉬다가, 독을, 나무 그늘에, 독장수는,

27 세 사람의 도적

어떤 시골 사람이 당나귀 한 마리와 염소 한 마리를 끌고 장으로 팔러 가는 길입니다. 염소 목에는 방울이 달려서 달랑달랑 소리를 냈습니다.

도적 세 사람이 그것을 보았습니다. 한 도적이 말하기를,

"내 저 염소를 훔쳐 올께."

또, 한 도적이

"그럼, 나는 저 당나귀를 훔쳐 올터이다."

셋째번 도적이

"그까짓 짓이야 누가 못 할라구. 나는 저 사람이 입고 있는 옷을 홀딱 벗겨 올터이니 보아."

처음에 말한 도적이 가만가만 염소

옆으로 달아가면서 목에 달린 방울을 떼어 당나귀의 꼬리에 달아 놓고 염소를 끌고 도망하였습니다.

길이 꾸불어진 모퉁이에 와서 주인이 뒤를 돌아보고서 염소가 없어진것을 알고 찾기 시작하였습니다.

그 때 둘째번 도적이 가까이 오면서 무엇을 그렇게 찾고 있느냐고 물었습니다.

주인은 염소를 잃어버렸다고 대답하였습니다. 도적이

"아, 염소요? 이제 방금 저쪽 숲속으로 어떤 사람이 염소를 끌고 달아나는것을 봤는데 그것이로군. 딸아가 보시오. 곧 부뜰 수 있을것이오."

주인은 염소를 찾으려고 도적이 가르치는 숲을 향하여 가면서, 갔다 오는 동안 당나귀를 좀 보아달라고 부탁하였습니다. 도적은 얼씨구나 좋다고 당나귀를 끌고 내빼고 달았습니다.

주인이 숲에서 돌아와 본즉 당나귀까지 없어졌으므로 어쩔줄을 모르고 허둥지둥 길을 돌아오고 있었습니다.

길 가에 있는 못 옆에 한 사람이 쭈구리고 앉아서 울고 있었습니다.

왜 울고 있느냐고 물은즉, 그 사람이 말하기를 돈이 가득 들어 있는 주머니를 가지고 장에 가던 길에 이좀 쉬고 있다가 그만 ㅓ에 주머니를 물 ㅓ기 앉아서 였습니다 솔고 있는 동안 속에 떨어트렸다고 하

왜 들어가서 건져내지 않고 울고만 있소? "

하고, 물어보니까,

" 어디 헤엄을 칠 줄 알아야지요. 두ㅇ

서워서 물 속에는 들어가질 못해 그
럽니다. 주머니를 건져주사면 스무 냥
은 드리겠습니다."

이 말을 듣고 주인은 대단히 기뻐했습
니다. 염소와 당나귀를 잃어버린 대신으
로 하느님이 나를 도와 주시려는 것이
라고 생각하였습니다.

그는 옷을 벗고 물 속으로 뛰어들었
습니다. 그러나 아무리 찾아 보아도 돈
이 들어 있는 주머니는 손에 잡히지를
않았습니다.

물에서 나와 본즉 옷이 없어졌습니다.
이렇게 해서 셋째번 도적은 옷을 왼
통 훔쳐가지고 가고 말았습니다.

——帝政로시아 時代의 人道主義 文學者
롤스토이 (1828~1910)의 "어린이 이야기"에서

86

1947年9月20日　印　刷
1941年9月30日　初版發行　　（不許複製）

初 等 國 語　4

著作者　　　　初 等 敎 材 編 纂 委 員 會

東京都中央區月島西中通12丁目7番地

發行者　　　　在 日 本 朝 鮮 人 聯 盟
　　　　　　　中 央 総 本 部 文 敎 局

東京都板橋區板橋町8丁目2045番地

印刷所　　　　文 敎 印 刷 所

定價 14.00

7. 초등국어 6-1

초 등

국 어

贈呈

6-1

N0900113671

軍政廳(文敎部

군 정 청 문 교 부

목 록

제일 과   자유종(自由鐘)

벙어리 된지 설흔 여섯 해,
서울 종로(鐘路)의 자유종이 울었다.
아가야, 이 종소리를 너는 듣느냐?
깨어져라 하고 두드리는 저 종소리,
대한(大韓) 독립(獨立) 만세(萬歲)를 부르짖는 저 환호성(歡呼聲),
이제는 조선(朝鮮)에도 봄이 왔구나。

아가야, 너도 나도 조상(祖上) 없는 자손(子孫)이던
가?
성도 이름도 다 갈았구나,
아가야, 말까지 빼앗겼구나。
둥게 둥게 두둥게
너를 얼러 보지도 못하였구나,
오천 년 역사를 가진 민족(民族)이라면서。

벙어리 된지 설흔 여섯 해,

삼천리 강산에 자유종이 울었다.

조선의 아들, 조선의 아가야,

이 종소리를 너도 듣느냐?

대한 독립 만세를 부르짖는 저 종소
리.

이세는 이 강산에 봄이 왔구나.

활개를 치자, 너도 나도 다시 살아
났구나.

제 이 과   팔 월 십 오 일

팔 월 십 오
일! 일천 구
백 사십 오 년
팔월 십 오일
낮 열 두 시, 라
디오에서 들려
오는 일본(日本) 임
금 의 목소리
는 어찐 일인
지 퍽 처량하고
언짢았읍니다.

그러나, 무슨 말을 하는지는 도무지 알
수 없읍니다. 그래 어머니께,
"무슨 말을 하고 있어요?"
하고 여쭈어 보았더니, 어머니는 대답은
안하시고, 잠자코 있으라 손을 내어저으

시며, 좀더 라디오 앞으로 바싹 닥아앉으십니다. 나는 이제까지 그처럼 열심으로 라디오를 들으시는 어머니를 뵈온 적이 없읍니다. 그래, 나는 얼마 동안 정신 없이 어머니의 얼굴만 치어다보고 있었읍니다.

그리자, 어머니는 라디오를 들으시다 마시고, 갑자기 내 손을 붙들고 부르르 떠십니다.

"어머니, 웬 일이셔요?"

하고, 여쭈어 보니까,

"항복을 했단다. 일본이 연합국에 항복을 했단다. 그 지긋지긋한 전쟁이 이제야 아주 끝이 나고 말았구나!"

나는 어머니 말씀을 듣자, 갑자기 가슴이 울렁울렁하며, 두 눈에 눈물이 핑 돌았읍니다. 바로 며칠 전에 소련군이 일본에 대하여 선전포고를 하고, 국경을 넘어 만주 벌판을 휩쓸어 들어오기 시작하자, 라디오

로 그 정보(情報)를 들으신 아버지께서,

"이제는 제아무리 일본놈들이 더 버티어 보고 싶더라도 막 무가내다. 공연(空然)한 전쟁을 이르켜서, 왼통 우리 조선(朝鮮)사람까지 못 살게 굴더니, 마침내, 나라가 망하고 마는구나! 일본이 망하면 우리 조선은 독립(獨立)이 되지!"

하시던 말씀을 생각하였기 때문입니다.

"어머니! 일본이 졌으면, 그럼 우리 조선은 독립이 되나요?"

"아암, 독립이 되고 말고!"

어머니는 두 눈에 눈물이 글성글성해지시면서,

"그리고, 이제, 머지 않아 너의 오빠도 돌아오고……"

떨리는 음성으로 말씀하시고, 어머니는 창(窓) 너머로 먼 하늘을 바라보십니다.

"정말이여요? 어머니."

나는 너무나 기뻐, 소리를 버럭 질렀읍니다. 작년 여름에 징용을 당하여, 구주 탄광으로 간 오빠가 이제 돌아오게 된다니……

"어머니, 오빠도 알가요? 일본이 진 것을, 또 우리 나라가 독립이 되는 것을."

"아암, 벌써 알고 있겠지."

어머니의 뺨 위로 눈물이 두 줄 주르르 흘러 내립니다. 나도 자꾸 눈물이 나서 견딜 수가 없읍니다.

그리자, 문득, 먼 데서 아우성치는 소리가 들려왔읍니다.

"아아! 모두들 기뻐서 만세들을 부르는구나!"

나는 어머니가 하시는 말씀을 듣고, 곧 밖으로 뛰어나갔읍니다.

큰 한길에는 사람이 들끓었읍니다. 몇 천 명, 몇 만 명인지를 모르겠읍니다.

장안 사람들이 흠뻑 쏟아져 나왔나 봅
니다. 모두들 두 손을 들고.

　'조선 독립 만세'를 부릅니다. 만세
소리에 세상이 그대로 떠나갈 듯합니다.

　나는 그 우렁찬 만세 소리 속에, 오빠
의 목소리를 듣는 것 같았읍니다.

　(아니야, 오빠는 지금 구주에 계신데……)
얼른 이런 생각도 났지만………그렇지만,
오빠도 일본이 지고, 우리 나라가 독립
되는 것을 아셨으면, 구주 산 구석에서
라도 목이 터져라고 만세를 부르실 것
입니다. 그 만세 소리가 지금 나의 귀에
들려오는 것 같아서, 나도 오빠한테 지지
않을만치 큰 소리로 만세를 불렀읍니다.

　조선 독립 만세………
　조선 독립 만세………
　조선 독립 만세………

제삼 과   장 속의 새

영국의 어떤 해군 병사 한 사람이 프랑스사람과 전쟁을 하다가, 적에게 사로잡혀 옥에 가쳐서, 여러 해 동안 지났읍니다.

그리 하다가, 다행히 놓여서 본국으로 돌아오게 되었읍니다. 마침내 런던까지 와서, 하루는 테임스 강변으로 걸어 가다가, 어떤 사람이 새를 여러 마리 새장에 넣어 가지고 다니면서 팔려고 하는 것을 보았읍니다.

그 병사는 잡힌 몸이 얼마나 불행하고, 자유가 얼마나 좋은 것임을 잘 알기 때문에 그 새를 모두 사서 새장 문을 열고, 하나 씩 하나 씩 놓아 주었읍니다.

새장수는 이 사람더러 어찌하여 그런 어리석은 짓을 하느냐고 말하였으나, 아무 대답도 않고, 웃기만 하면서, 새들을 다 날려 보냈읍니다. 그런 뒤에 하는 말이,

"나도 외국(外國)에 가서, 오래 동안 가치어 있던 사람이요, 만일, 당신도 나만큼 오래 철창 속에 가쳐 있어 보았더라면, 이 새들이 날아가는 것을 보고 기뻐하실 줄 믿읍니다.

어떤 사람은 새를 사랑한다고 하면서도, 새장에다 가두어 두는, 그런 잔인스러운 일을 합니다.

카나리아나, 그 밖에 어떤 새들은 오래 동안 새장에서 자랐기 때문에 그 속에서도 잘 있기는 하지마는, 그런 새들도 썩 자유롭지는 못할 것입니다.

보통 새장에서는 새가 날개와 다리를 마음껏 펴 가지고 운동할 수가 없을 것입니다. 그러기에, 오래 가쳐 있던 새는 놓아 주더라도 잘 날지를 못하는 수가 있읍니다.

어떤 새는 절대로 새장에 가두어 기를 수 없는 것이 있읍니다. 사람이 아무리 잘 돌보아 준다고 하더라도, 다만 자유가 없으므로, 못 견디는 것입니다. 자유스럽게 자라난 새를 새장에 집어 넣는 것은, 사람이 아무리 잘 간수한다 해도 새로서는 큰 불행입니다.

어떤 사람들은 새들이 새장에서 지저 귀고 소리를 하는 것을 가지고, 거기서 편안히 잘 있다고 하며, 좁은 새장에서도 소리를 썩 잘한다고 하지마는, 노래 부르는 것이 반드시 행복스럽다고 볼 수

는 없는 것입니다。다만 우리가 어떤 무서

운 악한에게 잡혀서 가치어 지난다면,

안타깝고 답답한 마음을 스스로 위로하

느라고 노래를 부를 수도 있으나, 만일

놓인다면 도리어 노래할 틈도 없을 것

입니다。

　사람은 남의 사정을 살필 줄 모릅니

다。내가 자유 없는 것이 괴롭거든, 남

의 자유 없는 것도 동정하여야 할 것

이요, 내가 자유를 좋아하거든, 남의 자

유도 도와야 할 것입니다。"

※ 2쪽 누락

날아 갑니다. 만일 이 비행기로 해 구경을 간다면, 밤낮 쉬지 않고 가도 거의 삼십 구 년이나 걸릴 것입니다.

우리 지구에서 가까운 해가 이렇거든, 하물며 다른 별들은 얼마나 멀겠읍니까? 한 없이 멀어 아무리 가도 끝이 없읍니다. 삐29가 우리 세상에서는 빨리 가는 셈이지만, 하늘 나라, 별 나라에다 내 놓으면 느리기가 짝이 없읍니다. 그래서, 별을 연구하는 천문학에서는 세상에서 가장 빠른 광선을 씁니다. 광선은 일 초 동안에 지구를 일곱 번 반이나 돕니다. 이것을 숫자로 말 하면, 30만 킬로미터입니다. 한 시간에 600킬로미터 날아 가는 삐29로 500 시간이나 걸리는 거리입니다.

그리고, 삐29로 39년이나 걸리는

해와 지구 사이를 광선은 8 분 20
초 동안이면 가 버릴 수 있읍니다.

그러면, 이렇게 빠른 광선이 한 시간
동안 간다면, 얼마나 멀리 갈 수 있을
가요? 아니, 그보다 더 많이 하루 동
안, 한 달 동안, 또는 일 년 동안 쉬
지 않고 간다면, 얼마나 멀겠읍니까?

천문학에서는 이렇게 광선이 일 년 동
안 쉬지 않고 가는 멀고 먼 동안을
광년이라고 합니다.

해는 너무 가까워서 8분 20 초밖
에 안 되니까 일억 오천만 킬로미터라고
하지마는, 멀고 먼 별들은 모두 이 광
년으로 서 헤아립니다. 이를테면, "일백 광
년"이라고 하면, 그것은 광선이 일백
년 동안 가는 거리를 말한 것입니다.
그리고, 일 광년은 구조 사천 육백 삼

십 억 (9,463 000,000,000) 킬로미터라고
합니다.

이렇게 보면, 우리 지구에서 해까지가
일 광년도 못 되니, 별의 세상이 얼마나
넓은 것을 알 수 있읍니다.

제오 과 면양

우리 동네에는 양을 치는 집이 여러 집 있읍니다. 그 가운데 태식이네가 제일 많이 기릅니다. 설흔 마리나 됩니다.

털을 깎아 쓰는 양을 면양이라고 합니다. 양털로는 옷감을 짜기 때문에 면양은 대단히 요긴한 가축입니다. 전에는 면양을 치는 사람이 별로 없었으나, 요새는 치는 사람이 차차 많아졌읍니다.

면양은 여러 종류가 있으나, 우리 나라에서 흔이 먹이는 것은 "코리데일" 종인데, 암컷이나, 수컷이나, 뿔이 없고, 잘 자라고, 털과 고기도 많고, 체질이 튼튼해서, 우리 나라 기후와 풍토에 제일 맞는 것입니다. 면양은 봄부터는 풀을 먹이는데, 웬만한 풀은 무엇이나 다 잘

먹읍니다. 아침 저녁에는 콩이나, 보리나, 쌀겨 같은 것도 먹이고, 낮에는 종일 들에 놓아 먹입니다. 겨울에는 마른 풀과, 콩깍지, 감자덩굴이나, 무잎 같은 것을 말려 두었다가 먹입니다.

양은 동물(動物) 가운데, 제일 순하고, 꾀가 없는 짐승이므로, 반드시 목자(牧者)가 달려서 잘 돌보아 주어야 합니다. 목자는 언제나 양을 몰고 다닙니다. 목자가 양을 많이 몰고 다니는 모양은 보기도 훌륭합니다. 서양(西洋)이나, 만주(滿洲) 같은 데서는, 한 사람이 여러 백 마리를 몰고 다니면서 먹이는 일이 흔히 있읍니다.

목자는 양을 마치 제 자식처럼 사랑합니다. 사나운 짐승에게 잡혀 갈까, 목이 마를까, 병이 날까, 염려하고 돌보아 줍니다. 그러므로, 또 양들은 목자를 잘 알고 따릅니다. 목자의 음성을 알고, 인도하는 대로 따라 갑니다.

태식이네는 우리 동네에서 제일 먼저 양을 치기 시작하였읍니다. 태식이 형님 태일이가 먹이기를 시작하였읍니다. 태일이는 이 동네 사람들이 우 선생이라고 부릅니다. 나이는 아직 많지 아니하나, 열심으로 야학도 시키고, 양 치기와, 벌 치기 같은 것을 먼저 시작해서 지도하기 때문에, 동네에서 선생님 대접을 받는 것입니다.

우 선생은 자기 손으로 양 우리도 짓고, 군에서 면양을 가져다가 기르기를 시작하였읍니다. 우 선생이 아침에 나가서 우리문을 열면, 양들은 우르르 따라나웁니다. 그리고, 우 선생이 가는 대로 줄

래줄래 따라 갑니다. 우 선생은 막대기를 들고 이리저리 풀밭으로 몰고 다닙니다. 혹 미처 따라 오지 못하거나, 딴 데로 가는 놈이 있으면, 우 선생은 "휘이 휘이" 하고 소리를 지릅니다. 그리면 양은 그 소리를 듣고 빨리 따라 옵니다.

기다리고 있던 우 선생은 나중에 온

놈을 슬슬 어루만져 줍니다.

어떤 때는 우 선생의 부인도 뒤에서 따라 가면서, 그를 도와서 양을 먹입니다. 우 선생이 읍에 가고 없을 때에는, 부인이 태식이를 데리고 먹입니다. 분홍 저고리 입은 새아씨가, 흰 양을 몰고 가는 것은 보기도 좋습니다.

한 번은 양 한 마리를 잃어 버렸읍니다. 우 선생이 읍에 갔다가 저물게 와서 양을 잃어 버렸다는 말을 듣고, 저녁도 안 먹고, 이 산 저 산으로 헤매고 다니다가, 밤이 꽤 깊어서야 찾아 가지고, 우 선생이 어깨에 메고 들어 왔읍니다. 깊은 산골짜기에서 혼자서 '매매' 하고 울고 있는 것을 찾아 왔다고 합니다. '매매' 울고 있던 놈이 목자의 음성을 듣더니, 막 달려와서 뛰어 오르더라고 합니다.

그 날 저녁에 우 선생은 너무 기뻐서, 친구들을 모아 놓고 한 턱 하였읍니다.

양이 새끼를 낳으면, 온 집안이 기뻐합니다. 겨울에 새끼를 낳으면, 우 선생 부인은 방으로 안고 들어가서 뜻뜻한 데서 재웁니다. 새끼 양은 털이 더 희고, 썩 예쁩니다.

일 년에 한 번 씩 오월이나 유월에는 털을 깎아 줍니다. 양의 털을 깎는 것은 '전모' 라고 합니다. 우 선생이 전모를 할 때에는 동네 사람들이 모여서 구경을 합니다. 양이 털을 깎일 때는 가만히 있어서 잘 깎입니다. 모두 순하다고 칭찬을 합니다. 우 선생의 외투와 내의는 다 양털로 손수 짜서 입은 것입니다.

제육 과 개미의 자랑

나는 우리 개미가 모든 곤충(昆蟲) 가운데 가장 슬기 있다고 생각합니다. 그리고, 우리 개미만큼 여러 가지 일을 지혜 있게 할 수 있는 동물(動物)은 별로 없으리라고 생각합니다. 이제 우리가 하는 일을 몇 가지만 이야기하리다.

첫째 우리는 우리가 가고자 하는 데는 어디든지 거침 없는 길을 훌륭하게 닦읍니다. 이 길을 닦는 데는 많은 계획과 힘이 필요한 것은, 다시 말할 것이 없읍니다.

그리고, 우리는 또 굴을 뚫기도 합니다. 한 번은 어떤 동무가 강을 건너가려고 하는데, 다리도 없고, 배도 없었더라고 합니다. 그래서 마침내 강 밑으로

굴을 뚫고 건너갔다고 합니다. 사람들이
이보다 더 나은 일을 한 적이 있는지,
나는 모르겠읍니다.

매일 아침 우리는, 우리 어린것들을
데려다가 볕에 내 놓읍니다 저녁에는
다시 데려다가 따뜻한 자리에 누워 자
도록 합니다. 어떤 때는 사천이나 되는
어린것들을 볕으로 내다 놓는 일이 있
읍니다. 우리들은 팔이 없고, 다리로는
걸어 다녀야 하기 때문에, 어린것을 입으
로 옮긴답니다.

그리고, 우리는 여러 일군이 같이 일을
하는데, 한 대장이 나서서 시키면, 하루
종일 일을 해도 사람처럼 떠들거나, 어
지러운 일이 없이 잘 해 나갑니다. 그리
고, 아무리 큰 것이라도 여럿이 달라붙
어서 힘을 합해 가지고 일하면, 그리

힘 안 들고 옮깁니다.

우리는 먹는 것을 간직합니다. 또 우리는 젖소가 있어서, 젖을 짜 먹는답니다. 우리가 어떻게 젖을 짜 먹는지, 우리의 젖소는 무엇인지, 여러 분 아십니까? 봄이나 여름에, 식물의 새 움이나, 갖 나온 잎에, 작은 벌레가 많이 붙어 있고. 거기에는 우리 개미들이 많이 다니는 것을 본 이들이 있겠지요? 우리가 젖을 먹고 싶으면, 수염으로 가만가만히 그 벌레를 두드리면, 저절로 꿀 같은 젖이 돌려 나와서, 우리가 빨아 먹게 되는 것이랍니다.

우리의 젖소는 '진디굴' 이라는 것인데, 사람들은 흔히 싫어하는 것이지마는, 우리에게는 요긴하기 때문에, 늦 가을이 되어 추울 때면, 우리 집으로 데려다가

26

다음 해 봄까지 잘 보호합니다.

우리들은 집을 할 수 있는 대로 깨끗하게 거둔답니다. 그리고, 또 우리 몸을 깨끗하고 단정하게 합니다. 우리가 일을 할 적에 가만히 들여다보십시요 우리 몸에 먼지를 말갛게 털고 있는 것을 볼 수 있는 것입니다. 생각 없는 아이들이 우리 집 문 어구를 밟아서 우리의 담을 무너뜨리면, 우리는 그것을 바로 고쳐 놓은 다음에야, 쉬게 됩니다.

우리가 일을 하고 돌아오다가, 동무가 나가는 것을 가끔 만나게 됩니다. 우리는 가다가 서서, 수염을 아래 위로 눌러서 공손하게 인사를 합니다. 또 우리가 짐을 옮기고 있는 것을 보면, 역시 저 쪽에서도 같은 모양으로 인사를 합니다.

우리는 흔히 사람의 집 가까이 집을 지읍니다. 사람에게 밟히기도 하고, 어떤 때는 우리 집이 송두리채 패여서 결단 나기도 합니다. 그래도, 그런 위험(危險)을 무릅쓰고 사람의 집 가까이 사는 것은 먹을 것을 장만하려는 까닭입니다.

우리가 집을 한 번 지으려면, 상당히 오래 힘을 들여야 됩니다. 그런데, 집을 짓다가, 사람에게 헐리면, 기가 막힙니다. 그러나, 우리는 낙심(落心)하지 아니하고, 또 다시 시작해서, 종내 마쳐 놓고야 말지요, 사람처럼 낙심하고 그만 두지는 아니합니다.

제칠 과 별

바람이 서늘도 하여 뜰 앞에 나섰더니,

서산 머리에 하늘은 구름을 벗어 나고,

산듯한 초사흘 달이 별과 함께 나오

더라.

달은 넘어가고, **별만** 서로 반작인다.

저 별은 뉘 별이며, 내 별 또한 어느
게오?

잠자코 호올로 서서 별을 헤어 보노라.

제팔 과 동룡굴

청천강 맑은 물을 옆에 끼고 부지런히 달리던 기차는 구장역을 지나, 어느새 동룡굴 정거장에 도착하였다.

나리자마자 우리 일행은 김 노인의 인도로, 동룡굴이 그 밑에 있다는 용문산을 반가운 듯이 바라보면서, 철로를 건너서 언덕 길을 동남 쪽으로 향하여 갔다.

하늘은 한 없이 개이고, 타는 듯한 단풍 빛은 썩 아름답다. 단풍이 곱게 들은 언덕과 고개를 넘고, 좁은 산길을 여러 번 꼬불꼬불 돌아서, 드디어 산 허리에 있는 굴 어구에 이르렀다. '지하 금강 동룡굴'이라고 새긴 돌기둥이 있고, 그 뒤에 홍예문 같은 커다란 굴

문이 있다. 그러나, 그 속에 넓이 칠만

평방 미터나 되는 대종유동이 있다는

것을 누가 믿을 수 있으랴! 과연 놀라

운 일이다. 인도하는 노인의 뒤를 따라

서, 비탈진 길을 굵은 쇠사슬에 몸을

의지하여 한 발자국 씩 한 팔십 미터

가령 내려간즉, 그 다음에는 사닥다리다.

나는 차디찬 난간에 매어달리면서, 그

사닥다리를 조심조심 내려갔다.

환한 전등 불에 문득 별천지가 나타

난다. 엄청나게 크고 넓은 굴인데, 여기

를 세심동이라 부른다. 높고 둥근 천장

에서 늘어져 있는 무수한 종유석과 굴

밑바닥에 빽빽하게 들어 선 석순의 무

리, 암소 젖 같이 축 늘어진 것, 죽순

모양으로 삐죽삐죽 자란 것이며, 긴 것,

짧은 것, 큰 것, 작은 것이 서로 부르

료, 서로 대답하는 듯한 그 광경이, 이곳이 아니면 볼 수 없는 것이다. 여기에 육 미터 가량이나 됨직한 커다란 석순이 있고, 그 옆에 '미력탑' 이라고, 쓴 나무 패가 서 있다.

미력탑을 지나 좁은 길을 간즉, 마침내, 눈 앞에 몇 만 개인지 이루 셀 수도 없는 종유석아, 잘 달린 포도송이 처럼 축축 늘어져 있다. 과연 희한하고 엄청난 광경이다.

다음에 훈련원이라는 곳을 지나니, 길 옆에 대장탑이라는 마치 대장이 투구를 쓴 듯한, 큰 석순이 우뚝 버티고 있고, 그 뒤에 물이 듬뿍 괴인, 한 스무 간 쯤 되어 보이는 조그만 못이 있다.

그 다음에, 가슴이 서늘할만치 깊은 골짜기가 닥친다. 이곳을 지나니, 또 다시 큰 동굴에 나서게 된다.

처음에 이 동굴을 탐험할 때에 수천 마리의 박쥐들이 무시무시하게 날개 소리를 내면서 날아서, 그 때에 왔던 사람들의 간담을 서늘하게 하였다는 데가 바로 여기라고 한다.

그 곳을 지나, 성불령을 거쳐 좁은 돌문을 빠져 얼마 나아가니, 글 안은 별안간 훨씬 넓어 진다.

여기가 유명한 다불동이요, 벽은 높이 하늘에 닿았고, 밑에는 무수한 석순이 늘어 서 있다. 탑도 같고, 부쳐도 같고, 사람도 같은, 그 형형색색으로 된 이상한 모양은, 사람의 솜씨로는 흉내도 못낼, 조물주의 조화다. 이편에 구룡연이라는 큰 못이 있는데, 밑바닥이 얼마나 깊은지 모른다고 한다.

54

그 다음에 또 다시 넓은 못이 하나
나타난다. 파연 넓은 호수(湖水)다.

"전에는 배로 건느던 곳인데, 용연지(龍淵池)
라고 합니다. 그리고, 저편에 있는 곰의
뼈는 아마 천 년은 더 넘었을 것입니다."
이렇게 김 노인의 설명(說明)을 듣고 용연지
를 지나니, 별안간에 천장이 높아 진다.
넉넉잡고, 삼십 미터는 될 것이다.

이윽고, 이 굴 속에 제일 이름이 높
은 금강동으로 나왔다.

앞을 내다보니, 동 쪽과 남 쪽의 동
굴벽에는 장하고 화려(華麗)함이 눈을 놀래게
하는 돌폭포가 되어 걸려 있고, 그 밑에
는 금강탑(金剛塔) 팔음석(八音石)이라고 하는 두 큰
석순이 마치 거인(巨人)처럼 우뚝 서 있다.

이 팔음석이란 돌을 단장(短杖)으로 때리니,
피아노를 타는 듯한 맑고도, 고운 소리

가 난다. 그 뿐 아니라, 그 소리가 높고, 낮고, 강하고, 약해서 저기 있는 음률을 듣는 듯하다.

이 바닥의 광경은 한없이 묘하다. 맑은 물을 가득가득 담은 수백 개 작은 웅덩이, 그 물 속은 말할 것도 없고, 그 근처 전부를 아루새긴 방해석이 전등 불빛을 받아 눈이 부시게 반짝반짝 빛난다.

여기서 잠간 쉬면서, "대체 종유동은 바위 틈으로 스며 흐르는 지하수가 녹이는 것으로 된 것인데, 그것이 길이 이천 수백 미터, 넓이 칠만 평방 미터 가까운 이 동룡굴이 된 것은 몇 백 만 년 걸렸을 것인가?" 하고, 생각을 하다가, 인제 고만하면 나가설까요?' 하는 인도자의 말에 정신을 차려, 자리를 일어섰다.

얼마 걷지 않아, 몽환동(夢幻洞)을 나섰다.

별은 환하다. 세상은 다시 밝아 진다.

이 산 저 산을 곱게 물들인 단풍이 불

타는 듯하는 양이 다시 바라보였다.

제구 과 세종 대왕

세종 대왕은 태종 대왕의 셋째 아드님
으로 이씨 조선의 넷째 임금이시다.

태조 고황제 육 년 (기원 3730 년)
사월 열흘날, 한양에서 나시고, 태종 팔
년에 충녕군으로 봉하시고, 십 이 년에
충녕대군으로 진봉되셨다가, 십 팔 년에
세자가 되시고, 그 해 팔월 열흘날 태종
의 선위를 받으사, 경복궁 근정전에서
임금의 위에 오르시니, 이 때 춘추가
스물 두 살이셨다.

대왕은 덕이 높으시고, 지혜가 깊으시
며, 학식이 넓으사, 나라 사람들이 해동
성인이라고 우럴어 찬양하였다.

이 때에 이씨 조선은 선지 이미 삼
십 년이 되었으되, 아직 나라를 다스력

나아갈 모든 제도(制度)가 다 짜히지 못하였었는데, 대왕이 임금이 되시자, 새로이, 온갖 법률과 제도를 마련하사, 나라 다스리는 근본(根本)을 세우시고, 모든 학문을 널리 연구하셔서, 정치(政治), 경제(經濟), 법률(法律) 천문학(天文學), 지리학(地理學), 의학(醫學), 농학(農學), 악학(樂學), 경학(經學) 등(等)에 많은 발명과 큰 저술이 있으며, 혼천의(渾天儀), 해시계(日時計), 물시계(水時計), 측우기(測雨器) 같은 유명한 천문학 기계를 만드시고, 박연(朴堧)을 시켜 악곡(樂曲)을 지으시며, 여러 가지 악기(樂器)를 만드시니, 이것이 오늘날 이름 높은 아악(雅樂)이다. 그리고, 주자소(鑄字所)를 두어 많은 책을 박아 내시니, 이것이 우리 문화사상(文化史上)에 가장 빛나는 바이며, 더욱 거룩하고 장한 일은 훈민정음(訓民正音)을 지어 주신 것이다.

우리는 역사가 있은지, 몇 천 년이 넘도록 우리 말에 맞는 글이 없어, 한

문을 빌어다가 썼으나, 그 글이 무척 어렵고, 우리 말에 맞지 아니하여, 배우기에 힘들므로, 우리 나라 사람들은 거의 다 글을 가지지 못한 무식쟁이로, 아무리 답답한 사정이 있어도, 뜻을 풀어 나타낼 길이 없더니, 대왕께옵서 이를 딱하게 여기사, 여러 해를 두고 글을 만드시기에 정신과 힘을 다 들여, 이십 오 년 (기원 3776 년) 십이월에, 새로 스물 여덟 글자를 만들어 내시고, 이십 팔 년 (기원 3779 년) 구월 열흘께 이를 나라에 널리 펴시니, 이것이 곧 훈민정음이요, 우리가 오늘날 쓰는 한글이다.

ㄱㅋㆁ ㄷㅌㄴ ㅂㅍㅁ ㅈㅊㅅ ㆆㅎㅇ ㄹㅿㆁ ㅡ ㅣ ㅗ ㅏ ㅜ ㅓ ㅛ ㅑ ㅠ ㅕ

大東千古開矇矓

用字例

初聲ㄱ。如감為柿。ㄱ。如우

ㅋ。如우케為未春稻。콩為大豆。ㆁ。如러울

為獺。서에為流澌。ㄷ。如뒤為茅。담

為墻。ㅌ。如고티為繭。두텁為蟾蜍。

ㄴ。如노로為獐。납為猿。ㅂ。如ᄇᆞᆯ為

臂。벌為蜂。ㅍ。如파為葱。ᄑᆞᆯ為蠅。ㅁ。

이 스물 여덟 글자 가운데, (ㆁㆆㅿ•) 네 글자는 지금 쓰지 아니하고, 스물 네 글자만 쓰나니, 글자 수는 적으나 돌려 쓰는 법이 지극히 넓어서, 이 스물 넉자만 가지면, 표하지 못할 소리가 없고, 적지 못할 말이 없으나, 세계 여러 나라 글에 비교하여 가장 우수한 글이다.

이로부터 우리 나라 사람은 글을 가지게 되었으니, 이 글로 우리의 뜻을 시원히 나타내게 되고, 또, 모든 어려운 학문을 다 쉽게 배우게 되었으니, 이 얼마나 기쁘고 즐거운 일이냐? 만일에 우리가 이 글을 가지지 못하였더라면, 오늘날 우리는 어떠한 처지에 있게 되었을까? 이것을 생각할 때에, 대왕의 은덕이 얼마나 크신가를 알게 될 것이다.

제십 과   금을 사랑하는 왕

(1)

옛날에 미다스라는 부자 왕이 있었는데, 메리금이라는 외딸을 극진히 사랑하였읍니다.

그런데, 이 왕은 세상에 무엇보다 금을 제일 사랑하였읍니다. 만일에 그 밖에, 또 왕이 그만큼 사랑하는 것이 있다면, 그것은 언제나 자기 슬하에서, 종달새처럼 즐겁게 놀고 있는, 어린 딸이였읍니다. 그리고, 이 어리석은 왕은 세상에 있는 금이라는 금은, 다 모아 산 같이 쌓아서, 그것을 그 딸에게 남겨 주는 것이 제일이라고 생각하였읍니다. 그래서, 밤이나 낮이나 그 생각을 하고, 그것을 일우기에 온갖 힘을 다하였읍니다.

　　그리하여, 왕은 언제나 자기 궁중에 어떤 깊은 땅광 속 어둡고 침침한 방에 금을 감추어 두고, 거기서 금돈을 세어 보며, 금주머니를 흔들어 보고, 빙긋빙긋 웃으면서, 하루 해를 거의 다 보내는 것이었읍니다.

(2)

　　하루는, 왕이 전과 같이 캄캄한 굴방에서, 황금주머니를 만지고 있는데 난데없는 사람이 자기 앞에 문득 나타났읍니다. 불그레한 얼굴에 환한 노인이 겨우 한 줄기 들여비치는 햇발이 있는데 서서, 더욱 빛났읍니다. 문에 튼튼한 쇠를 단단히 잠갔으니, 보통 사람은 들어올 수 없을 것인즉, 필경 자기를 복되게 해 주려는 신령인 줄 알았읍니다

　　그 이상한 노인이 방 안을 한 번

휘둘러 보고 하는 말이,

"당신은, 과연 부자요. 이 세상에는 당신만큼 금을 많이 가진 사람이 없겠소."

"글세요, 웬만큼 있지요. 그러나, 그까짓 거 얼마 돼요?"

왕의 이 말을 듣고, 그 신령은 깜짝 놀래서,

"무엇! 그까짓 것이라니? 그러면, 이것이 아직도 부족 하다는 말이요?"

이 때에 왕은 고개를 끄덕끄덕하였읍니다.

"그러면, 당신의 소원은 무엇이요? 당신이 원하는 대로 다 일우어 지도록 해 줄 테니, 소원이 무엇인지 내게 말을 하시오."

그래서, 왕이 대답하기를,

"나는 금을 모으기에 이제는 진력이
났으니, 무엇이든지 만지는 대로 다
금이 되었으면 좋겠소."

"만지는 대로 금이 되었으면? 그러
면 아주 만족하겠는가? 다시 후회할
일이 없겠는가 말이요."

노인은 단단히 다지는 듯이 말하였읍
니다.

"그리 된다면야 다시 부족할 것이
무엇이요, 후회할 것이 무엇이리까?"

"왕의 원 대로 될지어다. 내일 아침
해가 떠오를 때부터 왕의 소원 대
로 되리다."

하고, 노인은 자취를 감추어 버렸읍니다.

(3)

왕은 이튿날 새벽에, 깜깜할 때 일어
나서, 옆에 있던 교의도 만져 보고, 다

른 것도 만져 보았으나, 그 대로 있고, 금으로 변하지 아니하였읍니다. 그래서, 왕은 그만 낙심을 하고, 다시 누웠다가, 아침 햇볕이 창으로 들여비치기를 시작할 때에 벌떡 일어났읍니다. 그리고, 자기가 깔았던 요를 자세히 본즉, 빛이 누래지고, 만져보니 과연 금이 되었읍니다.

그래서, 왕은 너무 기뻐 미칠 듯이 날뛰며, 방 안을 왔다 갔다 하면서, 아무 것이나 닥치는 대로 붙잡았읍니다. 침상대를 붙잡으니 금시에 금몽둥이가 되고, 방을 밝혀 가지고 이런 놀라운 광경을 자세히 보려고 문장을 잡아 당기니, 온통 금이 되어서 무거워 꼼작할 수가 없었읍니다. 상 위에 놓은 책을 만지니, 만지는 대로 한 장 한 장이 모두 금반대기가 되었읍니다.

그리고, 급히 옷을 입으니, 무겁기는 하지마는, 훌륭한 황금 옷이 되었읍니다. 그리고, 어린 딸이 만들어 준 손수건을 꺼내니, 선을 감친 실까지 금이 되었읍니다. 포케트에서 안경을 꺼냈읍니다. 사랑하는 딸이 만들어 준 손수건이 못쓰게 된 것도 좀 섭섭히 생각하였거니와, 안경 알이 변해서 금이 된 것은 더욱 딱하게 생각하였읍니다.

미다스 왕은 아래층으로 내려가서 동산으로 나갔읍니다. 동산에는 예쁜 장미 꽃이 잘 피어서, 아침 바람에 향기를 날리고 있었읍니다. 왕이 이 꽃을 만지니, 만지는 대로 꽃이나, 잎이나, 가지나 온통 누런 금이 되어 버렸읍니다.

그리자, 왕은 시장한 생각이 나서, 급히 궁중으로 들어갔읍니다. 식당으로 들

어가 먼저 앉아서, 어린 딸을 불러 놓
고, 기다리고 있었읍니다.

(4)

그 때에 어린 딸이 시름없이 들어와
서, 화초 밭에 예쁘게 피었던 장미꽃이
다 버리어 졌다고 짜증을 내면서, 뻣뻣
해 진 장미꽃 한 가지를 방바닥에 내
던집니다. 왕은 그까짓 것을 가지고 그
럴 것 없이, 어서 아침이나 먹으라고
하고, 왕은 우선 차를 마시려고 차판을
가지고 차를 부으니, 금시에 차판이 금
이 되었읍니다. 그리고, 차를 한 숟가락
떠서 마시니, 차가 금이 되어 먹을 수
가 없었읍니다. 그리고, 다음에 빵을 떠
으려고 한 조각 집으니, 빵이 딱딱한
금덩어리가 되어서 먹을 수가 없읍니다.
"이것 큰 일 났구나." 하고, 속으로 걱

정을 하면서, 어린 딸이 잘 먹는 것을 부러운 듯이 바라보.다가,

"나는 시장한데, 먹을 수가 없구나."

하고, 그 다음에 삶은 달걀을 하나 집어 먹으려고 하니, 역시 금방 금덩어리가 되었읍니다.

소원이 일우어 져서 좋기는 하나, 왕은 시장해서 견딜 수가 없었읍니다. 그래서,

"아이구, 야단났구나!" 하고, 소리를 질렀읍니다. 이것을 보고, 어린 딸 <u>메리</u><u>골</u>은 딱한 듯이 이윽고 아버지 얼글을 바라보고 있다가, 그만 달려가서 아버지 무릎에 두 팔을 벌리고 매달렸읍니다. 이 때에 아버지는 손을 내밀어, 딸의 뺨을 만졌읍니다. 그리고, 딸의 사랑은, 자기가 이 날 아침에 만져서, 금이 된 그 값보다, 몇 만 배 더 큰 것이라고, 생각하였읍

니다.

"오오, 귀여운 내 딸!." 그러나, 세
리금은 아무 대답이 없읍니다. 그런데, 이
런 법이 어디 있으랴? 왕의 손이 딸
의 뺨에 닿던 순간에 장미꽃 같이 예쁘
던 얼굴이 누런 빛으로 변하고, 두 뺨
에는 누런 눈물 방울이 맺혔읍니다. 부드
럽고 고운 몸이 금시에 굳어 져서, 마침
내 어린 메리금은 부처 같은 금상이
되었읍니다.

왕이 가끔 "금같이 귀한 딸" 이라고
하던 말이 사실이 되었읍니다. 그러나,
왕은 말할 수 없이 슬펐읍니다.

"아! 나는 세상에 제일 불상한 사람
이다. 내게 있는 모든 재물을 다 바쳐
서라도, 내 사랑하는 딸의 얼굴이 다
시 전 같이 장미꽃처럼 되고, 도로 살

아났으면!” 하고, 왕은 차디찬 딸의 몸을 안고, 울고 울고 한없이 울었읍니다.

(5)

이 때에 전 날에 왔던 노인이 또 다시 나타나서,

“어떠시오? 금이 많이 생겨서, 이제 마음이 흡족하시오?”

“아니요, 나는 아주 불상한 사람이 되었소.”

“불상한 사람이라니 웬 말이요? 내가 언약한 바를 지켜서, 왕이 원하는 모든 것을 다 얻었을 터인데.”

“아니올시다. 금이 제일이 아나라, 나는 가장 사랑하는 것을 잃었소.”

“그러면, 만지는 대로 금이 되는 힘이, 왕에게서 떠났으면 좋겠소?”

"아이구! 지긋지긋하오. 어서 없어졌으면 좋겠소."

이 말을 듣고, 노인이 고개를 끄덕고 석하더니,

"그러면, 후원에 있는 못에 가서 몸을 씻고, 그리고, 병에 그 물을 떠다가, 무엇이든지 금이 되었던 것을 도로 제 대로 되기를 원하는 것이거든, 거기다가 그 물을 뿌리시오."

하고, 일러 줍니다.

그리하여, 왕은 급히 물병 한 개를 가지고 가서, 노인이 이른 대로 몸을 씻고, 병에 물을 떠다가, 우선 딸의 몸에부터 뿌렸읍니다. 그리자, 메리금의 누렇던 얼굴은 차차 불그레하기를 시작하고, 차차 몸에 피가 돌아 움직이기 시작하였읍니다. 이 때에 왕의 기쁨은 어떻다고 말할 수 없었읍니다.

　그리고, 금보다 맑은 물 한 그릇이나,
떡 한 조각이 얼마나 더 귀하며, 후원
에 곱게 핀 꽃 한 송이가, 금보다도
훨씬 더 귀한 줄을 깊이 깊이 깨달았
다고 합니다.

제십 일 과   가을

검웃한 바위 틈에 발간 단풍(丹楓) 가지,
삼각산(三角山) 봉우리마다 석양(夕陽)이 비치는데,
은은히 어느 곳에서 종소리가 들리네.

들마다 늦은 가을 찬 바람이 일어나네,
벼 이삭 수수 이삭 으슬으슬 속삭이고,
밭 머리 해 그림자도 바쁜 듯이 가
누나.

베어내고 뽑아내고 또 무엇을 파아내나,
새파란 괭잇날이 가을 볕에 번쩍이며,
이제야 웃음 소리가 들로부터 나오네.

무 배추 밭 머리에 바구니 던져 두고,
젖 먹는 어린아이 안고 앉은 어미

마음,

　늦은 가을 저문 날에도 바쁜 줄을
모르네.

제십 이 과   소풍 (1)

　하루는 아침 첫시간에 <u>김</u> 선생님께서 웃음을 띠고 들어오셔서,

　"너희들, 잘들 자고 왔느냐?" 하시고,

　"너희들, 소풍 가고 싶지?" 하고, 물어 보셨읍니다.

　"예, 예, 소풍 가요, 선생님." 아이들은 좋아서, 이렇게 대답하였읍니다.

　"너희들, 다 소풍 가기 원하니?"

　"예, 예, 선생님 저희들 다 소풍 가고 싶어요."

반장 <u>영철</u>은 성큼 일어나서 반을 한 번 휘 둘러 보고, 이렇게 말하였읍니다.

　"그래, 소풍 가기 싫은 사람은 하나도 없겠지! 자, 그럼 언제 어디로 갈까?"

선생님은 웃으시면서, 이렇게 말씀하셨읍니다.

우리 학교에서는 아침마다 상학하고 공부를 시작 하기 전에, 선생님과 학생들이 잠간(暫間) 이야기를 합니다. 그 때에 그날 하루 할 것을 의논(議論)합니다. 어떤 때에는 한 주일 동안 할 일을 이야기 하기도 합니다.

이 날 아침에는 소풍 갈 일을 이야기하게 되었읍니다.

"어디, 영철이가 말해 보아. 너는 어디로 가면 좋겠다고 생각하느냐?"

"산에 가면 좋겠읍니다. 지금 산에 가면, 단풍(丹楓)도 볼 수 있고, 놀기도 좋을 테니까요."

영철이는 미리 생각해 두었던 듯이 얼른 대답하였읍니다.

"그럼, 어떤 산으로 갈까?" 하고, 선생님은 아이들을 보시고 물으셨읍니다.

"선생님, 북한산성(北漢山城)에 가요."

철수가 손을 들고 대답하였읍니다.

"선생님, 삼각산(三角山) 가요."

"선생님, 남한산성(南漢山城) 가요."

이렇게 여러 아이들이 저마다 딴 의견을 말하였읍니다.

"그런데, 내 생각에는 북한산성이 하루에 갔다 오기는 제일 좋을 것 같은데! 남한산성은 너무 멀고, 삼각산보다도 북한산성이 고적(古蹟)도 많아, 역사(歷史) 공부도 되고, 좋을 것 같다."

"예, 그럼, 북한산성 가요, 선생님."

그 때에 영철이가 일어나서 이렇게 말하였읍니다. 여러 학생들은 찬성(贊成)하는 뜻으로, 손벽을 첬읍니다. 그러나, 선생님은 웃으시면서 말씀하셨읍니다.

　"그러나, 소풍은 다른 공부와 다르니,
교장 선생님께 여쭈어 보아야 한다."

　"우리는 우리가 원해서 선생님께서
데리고 가시면 되는 줄 알았지요."
한 아이가 말했읍니다.

　"아니다, 교장 선생님의 허락을 받아
야 된다."

　선생님과 반장이 교장 선생님에게 가
서, 그 말을 하였읍니다.

　다음 날 아침에 교장 선생님은 영철
네 교실에 들어오셨읍니다. 학생들에게
잠간 말을 하시겠다고, 김 선생님에게
청하신 다음에, 이렇게 말씀을 하셨읍니다.

　"어제 너희들의 의논한 말을 들었는
데, 소풍 가는 것이 좋다고 나도 생
각하고, 처소도 북한산성으로 잘 정했

으나, 날자만은 다른 반도 갈 터이니
선생님들이 의논하여 정하겠다.”

아이들은 너무 좋아서 박장을 하였읍
니다.

영철이는 일어나서 교장 선생님께 여
쭙기를,

‘교장 선생님, 고맙습니다. 교장 선생
님도 저희하고 같이 가셔요, 예!”

“할 수 있으면, 나도 같이 가지.”

교장 선생님은 고개를 끄덕이시면서 바
쁜 듯이 나가셨읍니다.

그런 뒤에 날자는 다음 토요일로 작
정이 되었읍니다

제 십 삼 과 소 풍 (2)

마침내 그 날이 왔읍니다. 날은 맑고, 바람도 없이, 썩 좋았읍니다. 다행히 교장 선생님도 같이 가시게 되어서 학생들은 여간 기뻐하지 아니하였읍니다.

일행은 일찌기 떠나서 효자동으로 해서, 높은 언덕을 넘어, 인왕산을 옆으로 바라보면서, 창의문을 지나서, 세검정과 소림사절을 잠간 구경하고, 골짜기로 울라갔읍니다. 여기까지 온즉, 서울 시내 보다는 완연히 공기가 맑은 듯한데, 바위 틈으로 맑은 물이 좔좔 흐르고, 좌우 편 산에 고운 단풍은 마치 청실 홍실로 수를 놓은 듯한 경치를 볼 적에, 아이들우 너무 시원하고 좋아서, 제절로 노래가 나왔읍니다.

가는 길에 김 선생님은 재미 있는 동화를 들려 주시고, 교장 선생님은 세검정과 북한산성의 유래를 이야기해 주셔서, 지리한 줄도 모르고 갔읍니다.

세검정은 이씨 조선 숙종 대왕 때에, 봄과 가을에 군사를 위로 하느라고 세운 것이요, 북한산성은 고구려 때에 반도의 중부 지경까지 내려와서 군사를 주둔시켰던 곳이요, 지금의 성은 그뒤 숙종 때에 쌓은 것이라고 설명해 주셨읍니다.

태고사까지 가서 저마다 준비해 가지고 온 점심을 이 모퉁이 저 모퉁이 둘러 앉아서 먹고, 절에서 데워 준 물을 마시고 난 다음에는, 달음박질도 하고, 보물 찾기도 하고, 재미 있게 놀다가, 오후 세 시 쯤 되어서 천천이 떠나기로 하였읍니다.

떠날 때 여러 사람이 종이 조각파
과실 껍질을 주워서 버렸읍니다. 나중에
는 절집 마당까지 치워 주었읍니다. 여
러 사람이 수고를 같이 하면, 훌륭하게
좋은 일을 할 수 있다고, 선생님께서
말씀 하셨읍니다.

그리고, 영철이가 김 선생님을 모시고
대표로 절에 들어가서, 물을 데워 주
어서 고맙다는 사례를 하고 나왔읍니다.

흰 수염을 길게 늘인 노인이 지팡이
를 짚고 나와서 공손히 인사를 합니다.

"학생들 고맙소. 이렇게 사방을 말갛
게 치워 주어서 고맙소. 아 담에 또
들 오시오"

여러 학생들이

"할아버지, 안녕히 계십시오."

하고, 인사를 하고, 교장 선생님도 모자를 벗고 공손히 인사를 하셨읍니다.

"산에서 사시는 저 어른은 저렇게 몸도 건강(健康)하시려니와, 마음도 착하고 겸손하시다. 우리도 저런 어른을 본받아야 한다."

하시고, 교장 선생님께서 내려오는 길에 학생들에게 말씀하여 주셨읍니다.

어떤 아이는 다리가 아파서 절쩔매었읍니다. 그러나, 모두들 노래를 부르며 씩씩하게 돌아왔읍니다.

제십 사 과 율곡 선생

선생은 기원 3869년 십 이월 이십 륙일에 강능군 경포변 오죽헌에서 나셨다. 어머니는 글 잘하고, 그림 잘 그리며, 글씨 잘 쓰기로 이름난 사임당 신씨로서 선생의 성명은 이 이요 율곡이라 합은 선생의 별호이다.

선생은 재주 있는 어머니를 닮아서 어려서부터 뛰어나게 잘 나고, 남 다른 재능이 있었던 것이다. 그래서, 첫 돐이 지날락 말락하면서부터 말과 글을 같이 배웠고, 세 살 적에 외할머니의 가르침을 따라서 한문시도 지었다 한다. 알곱 살에 지었다는 줄글이며, 열 두 살에 지은 귀글은 지금도 전하여, 여러 사람의 청찬을 받아 왔다. 따라서 선생의 높은 이름은 십 여 세에 벌써 세상에 알려졌었다.

그러나, 불행히 십 륙 세 때에 선생의 어머니로서 선생을 잘 지도하여 주시고, 선생의 뜻을 깊이 알아 주시던 사임당 신씨가 돌아가시게 되매, 선생의 슬픔과 외로움은 한이 없었던 것이다. 그래서, 세상의 믿을 수 없는 것과, 그 몸의 고독함을 크게 비관하던 선생은 겨우 삼년상을 마치자, 곧 금강산에 들어가서, 일 년 동안 불도를 닦아서 진리를 깨치려고 애써 도기도 하였었다. 그러나, 앞으로 만리 전정을 내다보고, 또 다시 속세로 돌아왔다.

그래서, 이듬 해 고향에 돌아오자, 곧 유교를 공부하기 비롯하여서, 이십 사 세에 유명한 유교학자인 퇴계 이 황

선생을 찾아 만났다. 조선 유학계에 위대한 이 두 학자가 한 때에 나서 한 자리에 모여 앉게 된 것은, 우리 학계의 성사로서, 역사에 드문 일이다. 이 두 선생이 서로 만나시던 그 때에 끝없는 기쁨을 느꼈던 것이다. 그래서, 율곡 선생은 퇴계를 숙덕의 선배로 사모하시고, 퇴계 선생은 율곡을 뛰어난 후진으로 칭찬하셨다. 그리고, 이 전후에 도의의 친구로 사귀어진 송 익필, 성 혼 두 선생도 또한 율곡 선생의 일생 중에 많은 도움을 받던 분이다.

선생은 이십 구 세에 과거를 보아서 네 차례 시험에 장원급제를 하였었다. 그래서, 이로부터 이십 년 동안에 여러 가지 벼슬을 하면서, 나라 일을 위하여 많은 힘을 써 왔었다. 나라의 제도를 고치고, 문화를 발전시키려고 크게 애쓴 때도 있었으며, 군사 십만을 길러 국방을 굳게 하자고 한 때도 있었다.

그러나, 세상은 점점 거칠어 져서 선생의 뜻 대로 되지 못하여 가고 선생의 정력은 너무 피로하여 져서, 사십 구 세를 일기로 지원 3955년 정월 십 륙일에 한성부 사동(지금 인사동) 본댁에서 세상을 떠나셨다.

선생은 아깝게 가셨지만, 선생의 위대한 자취는 정치적 방면보다는 차라리 학문적 방면에 영원히 남아 있다. 이것이 곧 선생의 썩지 않을 만한 큰 공적이다. 그리고, 선생의 높으신 인격과 맑으신 지조는 지금껏 남아서, 우리 후생의 정신을 크게 감화시켜 준다.

제삽 오파 가정

농부들이 종일 힘들게 일하다가도 해가 저물어 저녁 때가 되면, 혹은 소를 몰고, 혹은 호미를 들고 마을로 들어갑니다. 마을에 가서는 저마다 제 집으로 들어갑니다.

도회지는 저녁 다섯 시나, 여섯 시가 되면, 거리거리에 사람이 많이 밀려 갑니다. 공장에서나, 관청에서나, 회사에서 하루 종일 일을 마치고, 각각 제 집으로 돌아가는 것입니다. 우리에게는 다 집이 있읍니다. 가정이 있읍니다. 모든 사람은 다 제 집을 찾아 갑니다.

어떤 사람은 집을 떠나서, 경치 좋은 곳을 찾아 유람을 다닙니다. 산으로도 가고, 바다로도 갑니다. 외국으로 유람을

다니는 이도 있읍니다. 경치 좋은 산천(山川)
이나, 해변(海邊)에 가서 놀든지, 외국에 가서
구경을 하느라고, 집 생각을 잊어 버리는
수도 있읍니다. 그러나, 우리가 어떤 곳
에 가든지, 아무리 재미 있게 지나더라
도, 그것은 다 잠시(暫時)요., 조금만 지내면,
내 집이 그립고, 집으로 돌아가려고 합
니다. 그런고로, 집이 없는 사람은 제일
불행합니다.

우리가 이렇게 그리워하고, 좋아하는
곳은 우리 가정입니다. 그러면, 가정이라
는 것은 무엇입니까? 집이라고 대답하
겠지요? 물론(勿論) 집이지요. 집이 있어야지요.
그러나, 집은 겨울의 추위와, 여름의 더위
와, 바람과, 비를 피하는 곳이요, 편안히
앉아서 음식(飮食)을 먹고, 밤에는 편안히 쉬
는 곳입니다. 그러나, 그것은 여관(旅舘)에서
도 할 수 있고, 기숙사(寄宿舍)에서도 할 수

있으나, 그러한 곳을 우리 가정이라고 하지는 아니합니다.

우리 가정에는 아버지가 계시고, 어머니가 계십니다. 여러 동생이 있읍니다. 어떤 집에는 할아버지, 할머니가 계십니다. 할아버지가 계신 집에는, 할아버지가 제일 웃 어른이십니다. 웃 어른은 온 가족(家族)을 극진히 사랑합니다.

할아버지, 할머니나, 아버지, 어머니 밑에 여러 가족이 그 말씀에 순종(順從)하여, 서로 사랑하고, 서로 돕고, 화목(和睦)하게 지나는 것은, 우리 나라 가정의 가장 아름다운 일입니다.

아들이나 딸 된 사람은 부모님을 사랑하며, 공경(恭敬)합니다. 그것을 효도(孝道)라고 합니다. 부모는 아들과 딸을 극진히 사랑합니다. 형은 아우를 귀애하고, 아우는 형을 사랑합니다. 그것을 우애(友愛)라고 합니다.

72

제십룩파 옛 시죠

청산은 어찌하야 만고에 푸르르며
유수는 어찌하야 주야에 궂지 아니는고
우리도 그치지 말아 만고 상청호리라.

태산이 높다 하되 하늘 아래 메이로다.
오르고 또 오르면 못 오를 리 없건마는
사람이 제 아니 오르고 메를 높다
하더라.

까마귀 싸우는 골에 백로야 가지 마라.
성낸 까마귀 흰 빛을 새오나니
청파에 조히 씻은 몸을 더러힐가 하
노라.

제십 칠 과 간도

간도는 오랜 옛날부터 지리적으로나, 역사적으로 우리 조선과 서로 나눌 수 없는 밀접한 관계를 맺고 있읍니다.

간도를 한 섬이라고 생각하는 이도 있지만, 간도는 섬이 아니라, 두만강 건너 편에 있는 넓은 만주 땅의 일 부분입니다. 그것은 이전에 압록강 건너 편 땅을 서간도라고 부른 일이 있었기 때문입니다.

간도라는 이름은 본래 고려 시대에 간토라고 부르던 것이 그 뒤에는 지금의 간도로 변했다 하는데, 이 간도만 아니라, 만주 일대가 옛날에는 우리 옛 조선 나라인 고구려의 국토이었으며, 이 지경에 도읍을 정하고 있었던 관계로

사실은 이 간도 지방까지도 모두 우리

조선 땅이었던 것입니다.

　지금도 간도의 수부 용정에서 해란강

을 끼고, 서 쪽으로 이십 리를 올라가면,

동고성자라는 큰 토성이 있으며, 다시

삼십 리를 더 가면 얼다오거우 가까이

서고성자라는 커다란 성이 있읍니다. 이

성돌은 흙으로 만들었기 때문에 수천 년

간 내려오는 동안, 비와 바람에 무너져

서. 그 위에 농부들이 밭 갈고, 씨 뿌

려 곡식을 가꾸었지만, 그 성 안에 옛

날 발해국 시대 궁궐의 주춧돌들이

최근에 발견 되었고, 또 그 시대의 기

아와 그릇들이 발견 되어서, 우리 조상

들이 넓은 만주 벌판에서 대왕국을 세

우고, 어느 족속에게 떨어지지 않는 훌

룽한 생활을 하고 있었다는 것을 더듬

어 볼 수 있다는 것은, 우리의 기쁨이 아닐 수 없읍니다.

　이러한 찬란한 옛 시대가 지난 뒤, 수천 년 동안 이 간도는 불행히 사람의 자취가 끊어 지다 싶이 되어 옛 모습을 찾아 볼 길이 없었을 뿐만 아니라, 세상에서 버린 바가 되었더니, 지금으로부터 칠 팔십 년 전, 수재나 혹은 가난으로 인하여, 우리 동포들이 간도로 들어가 황폐해 진 땅을 개척하기 시작했읍니다. 그러나, 처음에는 그 수효가 극히 적었읍니다. 그런데, 그 뒤 일본이 우리 조선 나라를 빼앗아서, 좋은 농토와, 좋은 공장과, 좋은 벼슬을 모조리 자기들이 차지하고, 우리 백성을 못 살게 했기 때문에, 할 수 없이 십 삼 도 각 곳에서 우리 동포들은 정든 고향을 버리고, 아이를 업고, 혹은 할머니와, 할아버지의 손을 이끌고 울면서, 낯설고 거칠은, 이 간도 땅을 찾아 몰려들게 된 것입니다. 조선 십 삼 도 백성이 이 간도에 몰려들어 떨며 굶으면서, 혹은 마적의 습격을 받으면서, 피눈물과, 피땀으로 황폐한 땅을 일워서, 오늘의 기름진 옥토를 만들었던 것입니다.

이 때에 들어간 우리 동포들은, 개척 사업에만 힘쓴 것은 아닙니다. 개척 사업을 하는 한 편으로 촌촌에 학교를 세우고, 자녀들에게 글을 가르치었읍니다. 각처에 소학교가 많이 있고, 용정과 그 부근에는 훌륭한 남녀 중등 학교도 많이 있어서, 고국에서도 공부하려 용정으로 유학생이 왔고, 심지어 시베리아에 가서 사는 우리 동포의 자녀들까지도 용정으로 많이 유학 오게 되었읍니다.

그리고, 간도에 있는 우리 동포들은
어떻게 하면, 왜적 일본의 손에서, 우리
조선 나라를 도로 찾아 낼가 하여, 맹렬
히 활동한 일이 있으니, 그것이 곧 독
립 운동입니다. 고국에서 일본 정치가
싫어서 망명해 온 사람, 또는 일본파
싸우다가 도망해 온 여러 지사들이 이
간도에 몰려 들어, 독립군을 길렀으므로,
이 땅은 우리 독립 운동의 근거지가
되었던 것입니다.

그런데, 지금으로부터 이십 칠 년 전 바
로 기미 년 삼일운동이 있던 다음 해에
일본군 이개 사단이 서 북 간도에 들
어가서, 우리 독립군만 아니라, 여느
백성들까지도 참혹하게 많이 참살한 일
이 있읍니다. 갖은 악독한 짓을 다 하

였던 것입니다. 이 때에 <u>간도</u> 천지는

악착스러운 붉은 피로 물들여 졌으며, 희
생 당한 동포의 수효가 무려 사만 명
에 이르렀다고 합니다.

<u>간도</u>는 우리 조상이 개척하고 우리
조상의 피를 흘린 땅인만큼, 잊으려야
잊을 수 없는 땅입니다.

제십 팔 과 백장 스님

옛날 중국에 백장이라는 유명한 스님이 있었읍니다 백장 스님은 날마다 여러 제자를 가르치면서, 틈틈이 밭에 나가서 손수 괭이를 가지고 농사를 하며 하루도 쉬는 일이 없었읍니다.

그러나, 스님은 이미 팔십이 가까워서 몸이 극히 쇠약해 졌읍니다. 그 제자들은 그처럼 스님이 힘드는 일을 하는 것을 차마 볼 수 없어서, 하루는 여러 사람이 모여서, 일을 그만 두라고 스님께 간하기로 의논을 하였읍니다.

그리고, 한 사람이 들어가서 간곡한 말씀을 드렸읍니다. 그러나, 스님은 그 말을 들은 척도 아니하고, 여전히 밭에 나가서 일을 하는 것입니다.

아무리 간절히 말려도 종내 듣지를 아니하므로, 할 수 없이 이 제자들은 그 팽이를 감추었읍니다.

백장 스님은 그 날도 여전히 밭에 나가 일을 하려고, 아무리 팽이를 찾아도 없으므로 할 수 없이 그 날은 그냥 쉬었읍니다.

그런데, 그 날 저녁 때에 식사 시간이 되어서 저녁 상을 드렸더니, 웬 일인지, 스님은 밥을 한 술도 뜨지 아니합니다. 이튿날도, 또 그 이튿날도 여전히 진지를 입에 대지도 아니합니다. 그리하여 사흘 동안을 도무지 밥을 한 알도 입에 대지 아니하므로, 제자들은 근심이 되어서, 여러 말로 권하였으나, 종내 숟가락을 들지 아니합니다.

그래서, 제자 한 사람이 조용히 나아

81

가 그 까닭을 물었더니 간신히 눈을 뜨고,

"하루 일을 아니 하면, 하루 먹지 아니할지니라."

이렇게 한 마디 말씀을 하고, 다시 눈을 감았읍니다. 이 말에 감복(感服)하여, 여러 제자들은 땅 위에 엎드렸읍니다.

감추었던 괭이를 다시 내어드리매, 또 다시 밭에 나아가 일을 하면서, 하늘과 땅의 은덕과, 여러 사람의 수고로 된 쌀을 한 알이라도, 수고하지 아니하고 먹는 것은, 도둑질을 하는 것과 다름 없다고 가르쳤다고 합니다.

제 십 구 과　격언(格言)

천릿길도　한　걸음부터.

낮말은　새가　듣고, **밤말은**　쥐가　듣는다.

멧돌　잡으려다가,　집돌까지　잃는다.

돌을　차면　제　발뿌리만　아프다

남에게　대접을　받고자　하거든, 먼저　남을　대접하여라.

생명(生命)이　있는　동안에, 희망(希望)이　있다.

뜻이　있는　곳에, 길이　있다.

제이십 과   큐리 부인

큐리 부인은 폴랜드 나라 서울 왈소으의 어떤 중학교 물리학 선생의 딸인데, 부인의 이름은 마리라고 불렀다.

아버지는 학문 연구(硏究)에만 뜻을 둔 학자로, 매우 가난하게 살았다. 한 번은 빚을 많이 져서, 집달리(執達吏)에게 옷장과 세간을 빼앗긴 일까지 있었다. 이렇게 가난한 살림 가운데도, 마리는 부지런히 공부를 하였다. 아버지를 닮아서 잇과에 재미를 붙여, 물리(物理) 화학(化學)을 열심(熱心)으로 공부하였다.

1891 년에 마리는 아버지의 허락(許諾)을 받아, 파리 솔본대학에 가서 공부를 하였다.

옛날부터 파리는 화려하고 사치(奢侈)하기로

유명한 곳인데, 검은 옷에 검은 무명
양말을 신고, 화장도 하지 않고 지내는
마리는 그 대학에서 한 웃음거리가 되
고, 또 여자로서 물리 화학 연구를 한
다는 것을 업신여겨서, 학생들 사이에는
수군수군 비웃는 이도 많이 있었다.

　"여자가 화학을 하면, 별 수 있나?"
　그러나, 마음에 단단한 결심을 품고
고국을 떠나서 멀리 파리까지 온 마리
는, 그런 것을 조금도 개의하지 않고, 연
구실에서 연구하는 일에만 한사코 열심
을 다하였다.

　그리하여, 남자 연구생들을 놀래게 할
뿐 아니라, 그들도 여자에게 지지 아니
하려는 마음으로, 서로 다투어 공부를
하므로, 립만 교수 밑에는 졸지에 연구의
열이 높게 되었다. 그리고, 선생님은 마

리를 지도하는데, 특별히 성력을 다 하
였다.

×

　집이 가난하므로, 집에서 학비를 갖다
쓸 형편이 못 되는 고로, 마리는 가정교
사 노릇도 하고, 연구실에서 소제도 해
서 약간 받는 것으로 살아 갔다.

　그래서, 아파트의 맨 꼭대기 층 한
방을 빌어 가지고, 겨울에 불도 못 피
우고 지냈었다.

　그러나, 마리는 가난한 선생의 딸로,
어려서부터 고생살이를 해 보았을 뿐
아니라, 본국에서는 친구들이 나라 일을
하다가, 로시아 사람의 압박을 받아서,
옥에서 심한 고생을 하는 이가 많고,
그리고, 본국에서는 폴랜드말도 못 하고,
제 나라 말로 쓴 책도 못 보는 형편인

데, 파리에서는 고국 친구를 만나서, 마음 대로 제 나라 말을 하고, 국가를 부를 수 있는 자유(自由)가 있기 때문에, 여간한 고생은 조금도 고생으로 생각되지 않고, 연구에만 골몰하고 지냈다.

"나는, 기어이 한 번 보람 있는 일을 해 보겠다. 큰 일을 성취(成就)하여, 나를 보내 주신 아버지와 친구들의 은혜(恩惠)를 갚고야 말리라. 그리고, 나를 여기에 쫓아 낸 로시아 정부(政府)를 놀래게 하리라." 하고 굳은 결심을 한 그는 열심으로 연구를 계속해서, 삼 년 후인 1894년에 물리학의 학사호(學士號)를 얻고, 다음 해에 화학의 학사호를 받았다.

1895년에, 마리는 마침 파리 대학의 교수(敎授)로 이름이 높은 과학자인 피에트 큐리와 결혼(結婚)을 하게 되었다.

마침내 1898년에 (큐리 부인은 남편 큐리와 더불어 놀랍고도 신기한 '라듐' 이라는 원소(元素)를 발견하였다.

이것은 세상에 가장 드물고 적은 원소로, 값이 극히 비싼 것이다. 차숟가락 하나만큼 하면, 값이 수십만 원 하는 것이다. 이 두 사람의 이 발견은 세계 과학에 큰 공과 이바지함이 되는 것이다. 그들은 파리 대학에서 제일 높은 학위(學位)를 얻고, 노벨상을 받았다.

그리 하여, 온 세계에서 그들의 공적(功績)을 기리고 높이게 되었으나, 큐리 부인은 그것을 그다지 자랑으로 생각지 아니하였고, 프랑스 정부에서 훈장(勳章)을 준다는 것도 그들은 거절(拒絶)하였다.

제이십 일 과　신문

신문은 바다보다 넓고 더 큰 거울이라고 할 수 있다. 지구상에 있는 모든 나라, 모든 인류가 움직이는 중요한 사실이 날마다 신문이란 큰 거울에 비치고 있다. 그런 까닭에 신문을 사회의 거울이라고 한다.

이 거울 속에는 세계 여러 나라들의 움직임과, 나라 안에서 일어나는 정치, 경제, 문화, 온갖 새로운 발전과 사회에서 생기는 좋고 나쁜 모든 사건과, 그리고, 놀랄 만한 중대한 일이며, 일용품 시세에 이르기까지, 크고 작은 일이 활자로 나타나서 그대로 비쳐지고 있다.

그러므로, 모든 신문 독자들은 날마다 신문을 통하여, 새로운 세계 소식을 알고,

새로운 사회의 움직임을 안다. 만일 하루라도 신문을 안 보면, 그만큼 세상 소식에 어두어 지고, 그만큼 시간시간으로 진보 발전하는 세계에서 뒤진다. 이러한 의미에서 신문은 우리 일상생활에 없지 못할 것이다.

그러면, 신문은 세계의 소식을 어떻게 얻는가?

십구 세기까지만 하더라도 구주에서 글 전하는 비둘기를 이용하여, 겨우 상업 통신을 해 왔다. 그리다가, 과학이 발달 됨에 따라, 전보, 전화, 무선전신, 라디오 등이 발명됨을 따라, 전세계 방방곡곡에 거미줄 같은 통신망이 퍼져서, 시간시간으로 일어나는, 모든 새 소식들이 전파를 타고, 이 통신망을 통하여 자기 나라의 중요한 통신사로 모이게 된다.

이렇게 모여뜬 새 소식을 국제통신연
맹이란 것이 있어서, 나라와 나라 사이
에, 서로 새 소식을 바꾸게 된다. 이렇
게 바꾸어 진 외국 소식을 통신사에서도
자기 나라 수백 수천의 각 신문사에
나누어 준다

나라 안에 각 신문사에서는 이 외국에
서 들어온 뉴쓰와, 또 각각 자기 신문
사 기자들을 널리 보내어서 얻은 나라
안의 뉴쓰 가운데서, 가장 필요한 것을
골라서 기사를 만들어 가지고, 신문에
실는다.

이제 신문사의 조직을 이야기해 보기
로 하면, 대체 신문사를 편집국, 영업국,
공무국 세 가지로 나눈다.

나라 안과, 나라 밖에서 가장 정확하

게, 공정하게, 그리고, 아무쪼록 빠르게
얻은 뉴쓰들이 편집국의 각 부문인 정
치부, 사회부, 통신부, 학예부, 운동부, 조
사부, 사진부, 논설반 등의 민첩하고 빠
른 솜씨로 된 원고가 정리부로 모여들
게 된다。

정리부에서는 그 원고를 공정한 생각
으로 다시 검토하여, 버릴 것은 버리고,
택할 것은 택해서, 크고 작은 사건으로
갈라서, 제목을 붙이어 문선부로 넘긴다。

문선부에서는 원고 대로 활자를 골라 초
벌 인쇄를 한 다음에 틀린 글자, 빠진
글자가 없는가를 충분히 교정하여 지형
을 뜨고, 다시 연판을 부어 만든다。 이
연판을 윤전기에 걸어, 매 시간에 십
오만 장의 최고 속도로 인쇄한다。

한 번 윤전기에 걸어 기게를 맞춰

놓기만 하면, 신문은 사람의 손을 대지 않고, 신문을 접고, 장수까지 세어서 자동^{自動}적으로 나오게 된다.

편집국과 공무국을 거쳐 만들어 진 신문을 영업국에서는 상품화^{商品化} 시켜서 이를 널리 팔고, 광고^{廣告}를 얻어 수입^{收入}을 늘이어 가지고, 전체^{全體}의 영업이 잘 되도록 힘쓴다.

신문은 이 같이 살아 움직이는 전세계와, 모든 사회의 움직임의 진실한 사실을 사실 그대로, 커다란 통신망의 힘과, 한 시간에 십 오만 장이나 박아 내는 인쇄기계의 힘으로 말미암아, 날마다 수백만의 독자들에게 알려 주고 있는데, 이것을 보도^{報道}라고 한다. 그런 까닭에 신문은 사회의 이목^{耳目}이요, 세계문화 추진^{推進}을 돕는 것이라고 한다.

우리 나라에도 신문이 여러 종류가
있고, 신문을 아니 보는 집이 별로 없다.
신문은 이처럼 우리 사회의 눈이 되고,
귀가 되는 것이니, 하루라도 없지 못
할 큰 그릇이다.

제이십 이 과 효녀 지은

신라 진성 여왕 때 어느 해 봄날, 신라 서울 남산에 있는 포석정에서, 당시에 이름이 높던 화랑인 효종랑이 여러 낭도들로 더불어 즐거이 놀고 있었다.

얼마큼 놀다가, 나중에는 다음 번에 만나 놀 곳을 의논하던 차에, 낭도 두 사람이 늦게야 올라오는 것을 보고, 화랑이 그 까닭을 물으니, 그 낭도 한 사람이 대답하기를

"분황사 동네로 지나오다가 한 집에서 너무도 슬픈 울음 소리가 들려 오기에 그 집 안을 들여다보니, 조그만 집 안에는, 스물이 채 될락말락한 예쁜 처녀가 소경 어머니를 붙들고 슬피 울고 있기에, 이웃 사람에게 그 까닭을

물어 보았지요. 그랬더니, 그 이야기는 이러 합니다." 하고, 하는 말은 대강 아래와 같다.

분황사 동네에 연권이라는 사람이 있어, 그 집이 몹시 가난하였다. 연권이 오랜 병으로, 자리에 누워 앓고 있었으나, 어린 딸 지은이의 힘으로는 어찌 할 수 가 없었다. 그렇다고 하여, 그 안해의 힘을 입을 수도 없는 것은, 그 안해가 소경이었던 까닭이다 한 술 밥이 그들의 차지에 돌아오기 어려웠거든, 하물며 한 방울 약이야 바랄 수 있었으랴! 그리하여, 가여운 연권은 소경 안해와, 어린 딸 하나를, 거칠은 이 땅 위에 모르는 듯 남겨 두고, 다시 못 오는 길을 영원히 가 버리었다.

모진 것이 목숨이라, 아버지를 잃은

슬픔으로 울고만 앉아 있기보다도, 끼마다 닥쳐오는 배고픔을 면(免)하기 위하여는 소경 어머니를 외로이 집에 남겨 두고라도, 어린 딸 지은(知恩)이는 거리거리 집집이 돌아야만 하게 되었다.

한 술, 두 술 밥이 그릇에 반이 차기도 전에, 지은이는 바쁜 걸음으로 집에 돌아와 소경 어머니와 마주 앉아, 찬 밥도 더운 듯이, 쓴 장(醬)도 단 듯이 먹는 것이었다. 그리다가, 얼마 뒤에는 어느 부자집에 들어가, 날이 맞도록 부엌 일을 하고, 밤이면 삯으로 벼를 얻어 방아에 찧어 가지고, 걸음을 재촉하여, 집으로 돌아와서는, 기다리던 소경 어머니께 더운 밥을 지어 드릴 수가 있었다.

"어머니, 오늘 저녁은 밥 맛이 좋아

요, 어머니, 많이 잡수셔요. 예?"

"오냐, 아가, 너는 더 많이 먹어라. 하루 종일(終日) 얼마나 배 고프고 피로(疲勞)였 겠니?"

이렇게 저녁 밥을 마친 뒤에는 심지 에 불을 켜고, 웃으며 이야기하는 것 이 그들에게는 더할 수 없는 낙(樂)이었고, 새벽이 되기까지 서로 안고 깊은 잠 속에 드는 것도 다시 얻지 못할 즐거 움이었다. 집집이 돌아 다니며 한 술 씩 얻이다 어머니를 봉양(奉養)할 때보다는 되로 받아 보고, 되를 모아 말로 받아다가, 뜨거운 밥으로, 어머니를 봉양(奉養)하는 것이 어린 딸 지은에게는 더할 수 없는 기쁨 이었다.

그러나, 어머니는 어쩐지 마음이 편하 지를 못하였다. 날마다 지은이를 내보내

묘는 홀로 앉아,

"행여나, 우리 아기, 어디가 상할세라!
불상한 저것이 죄 많은 나를 위해
땀 흘리며, 애쓰는 것, 마음 아파 어
이 살고!"

혼자서 눈물을 흘리며, 혼자서 눈물을
닦는 것이었다. 그리하여 지은이를 붙들
고,

"얘야 지은아, 요새는 무슨 일로 내
마음이 이리도 편안하지를 못하냐?"

"예, 어머나 무슨 말씀이셔요. 왜 그
럴가요. 어머니!"

하고, 지은이는 하늘이나 무너진 듯 놀
란 가슴을 움켜쥐면서, 소경 어머니에게
가까이 닥아앉으며 울 듯이 말하였다.

"아니, 얘야, 전날엔 껄끄러운 겨밥을
먹어도 마음만은 편안하더니, 요사이는

목에 겨운 기름진 밥을 먹는데도, 어찐 일로 칼로써 가슴을 에는 듯 이렇게도 불안하냐?"

소경 어머니는 이렇게 말하면서 흑흑 느껴 운다. 지은이도 어머니 무릎 위에 엎더져 울면서,

"어머니, 어머니, 이 하늘 아래서는 어머니 밖에 모실 이가 또 어디 있겠읍니까. 내 몸이 부서져 가루가 된다 하여도, 어머니 마음이 편안하시기 그것만이 소원이옵는데, 이 어찐 말씀이셔요?"

지은이도 어머니의 목을 안고 그철 줄 모르고 울었다.

"아가, 내 말 한 마디로, 네 마음을 상하게 하였구나. 이걸 어찌니? 아가, 너는 울지 말라"

어머니는 이렇게 도로 그 딸을 위로 하였으나, <u>지은</u>이의 터지는 듯 아픈 마음은 돌릴 수가 없었다. 그러나, <u>지은</u>이가 너무나 안타까이 우는 그것이 오히려 어머니 마음을 상하게 하는 것인 줄 깨닫고 다시 말하였다.

"어머니, 저의 하는 일이 조금도 고되지 않으니, 염려(念慮) 마셔요."

이 말 한 마디에 어머니와 딸은 다시 한 번 같이 울었다. 딸은 소경 어머니의 얼굴을 우러러 보며, 울고 다시 울고, 소경 어머니는, 딸의 머리를 손으로 어루만지며, 울고 고쳐 울고……울음은 안방을 새어 길에까지 들리었다.

이 이야기를 들은 화랑(花郞)은,

"우리 나라 서울에 불상한 사람도 많고, 어버이에게 효성(孝誠) 있는 사람도

많겠지만, 지금 들은 지은이의 일이야

말로 참으로 눈물겨웁소. 나는 이제

벼 백 섬을 내어, 이 불상한 지은이

를 도우려 하오."

하니, 여러 낭도(郎徒)들이 나도 나도 하여, 벼

천 섬을 모아 주게 되었다.

이 때에, 화랑과 낭도들이 착한 일과

옳은 일에는 이렇게 선선하였다. 그리고,

이 말이 그 뒤에 대궐 안에까지 들려

서, 진성왕(眞聖王)이 알게 되어, 벼 오백 섬과,

집 한 채를 내려 주었다. 그리하여, 슬

픈 울음 소리가 들린지 며칠이 못 되

어 지은의 집은 모녀(母女)가 안락(安樂)한 살림을

하게 되었다.

제이십 삼 과   어린이 시절

콩서리 하여다가 모닥불에 구워 먹고,
밀방석 한 머리에 신삼는 늙은이 졸라,
끝 없는 옛날 이야기 밤을 짧아 하
였다.

그 겨울 동지 섣달 추위도 모르든지,
눈 속에 발을 벗고 동무와 달음질
치고,
볏가리 고드름 따다, 이를 서로 겨르
다.

제이십 사 파 크리쓰마스 송가

세월이 빨라서, 벌써 크리쓰마스가 몰아왔다. 내일이 크리쓰마스라고 교회마다, 집집마다 크리쓰마스를 차리기에 바쁜데, 스쿠리지 상점에는 난로에 불도 변변히 피우지 않고, 늦도록 사무를 보고 있다.

스쿠리지 하면, 영국 서울에서도 지독한 구두쇠 영감인 줄을 모르는 이가 없다. 그가 지나가면 어린애들이라도 손가락질을 하고, 동네 개까지라도 슬금슬금 보면서 피하는 형편이었다.

문을 뚝뚝 두드리는 소리에 스쿠리지는 깜짝 놀래며 성가신 듯이 고개를 돌리고,

"거 누구요, 들어오."

하는 소리가 끝나기도 전에, 스쿠리지의

어린 조카가 들어오면서,

"아저씨 아저씨"

"왜, 왜 그래, 왜 또 왔어?"

"아저씨, 아버지가요, 내일 낮에요, 집에 오시래요. 크리쓰마스라고 별로 차린 것은 없어도, 오셔서 같이 잡수시고 이야기나 하시자구요."

하는 말을 들은 <u>스쿠리지</u>는 성을 왈칵 내면서,

"애 애, 듣기 싫어, 무어 크리쓰마스 때면, 외상에 졸리기에 정신 못 차리는 것들이 크리쓰마스가 다 무엇이냐? 바쁜데, 귀찮다. 나는 못 간다고, 가서 그래라."

어린이는 그만 멋적은 듯이 슬그머니 나가 버렸다.

그리자 가방 든 신사(紳士) 두 사람이 뒤

이어 들어왔다. 교회 연합(聯合)으로 다니는
빈민(貧民) 구제(救濟)하는 동정금(同情金) 모집위원(募集委員)들이다

"이게 오늘은 웬 일이야."

하고, 우선 속으로 중얼거린 스쿠리지는,

"나라에서 양로원(養老院), 고아원(孤兒院) 같은, 빈
민 구제법이 있는데, 웬 걱정들이요?
나는 피천 한 푼 벌 수 없소"

여러 말 하여야 쓸데 없는 줄 안, 동
정금 모집위원들이 나가 버리자, 스쿠리지
는 문을 탁 닫아 버렸다.

한 모퉁이에서 얼굴이 새파래서 떨고
앉아 있는 서기(書記)더러, 스쿠리지는 골이
잔득 난 목소리로,

"오늘은 그만 하고 가게 그리고, 내
일은 하루 놀게 그 대신 모레는 꼭
시간에 와야 하네"

서기가 고맙고 황송(惶悚)한 듯이 허리를

굽혀 인사를 하고 나가자 스쿠리지는 자기 혼자 자는 안방으로 들어왔다. 그 집 안이 어떻게 캄캄하고 음산스러운 자, 금방 도깨비라도 나올 듯하였다.

그러나, 워낙 사람이 지독스러운 스쿠리지는 도깨비 따위는 우습게 여긴다.

×

그런데, 이상스러운 일은, 그날 밤에 캄캄한 방 안에서 혼자 자려고 하는데, 벌써 죽은지 오랜 자기와 동사하던 말레의 얼굴이 나타난다. 그는 쇠사슬에 손과 발이 매여 있다. 그리고, 스쿠리지 더러 하는 말이,

"나는 생전(生前)에 좋은 일을 하지 못하고, 나쁜 일만 해서, 이렇게 쇠사슬에 매여서 헤매고 다니네. 이제 오늘 밤 한 시가 되면, 유령(幽靈) 셋이 자네게로

찾아 올 터이니, 좀 만나 보게"

스쿠러지는 소름이 끼치도록 깜짝 놀랐다. 그리고, 초조(焦燥)한 마음으로 한 시 되기만 기다리고 있었다. 아무리 잠을 자려야 잘 수가 없어서, 눈을 딱 감고 누워 있는데 이윽고, 뗑 뗑 열 두 시를 친다. 또 얼마 있더니, 뗑! 하고 고요한 방이 무겁게 울리면서 한 시를 친다.

X

첫째 유령이 나타났다. 그것은 지나간 일을 뵈여 주는 유령이다. 그는 스쿠리지의 손을 이끌고, 먼저 고향으로 갔다.

젊어서 남의 상점(商店) 점원(店員) 노릇을 할 때에, 그 인자(仁慈)한 주인(主人) 부인(婦人)이 크리쓰마스에 음식을 잘 차리고, 저를 극진히 대접하던 것을 보았다. 또 약혼(約婚)한 여자(女子)

를 박차 버리고, 돈 많은 여자를 따라 가던 꼴도 보여 준다 그리고, 첫째 유령은 사라졌다.

×

스쿠리지는 둘째 유령을 기다려도 오지 않더니 갑자기 옆 방에 불빛이 환하게 비치더니, 화려하게 장식한 방 한 가운데, 한 사람이 높이 앉은 것이 보인다. 그가 곧 유령이요, 크리쓰마스의 사자다.

그는 스쿠리지를 데리고 론돈 거리를 보인다. 거리에는 크리쓰마스라고 기쁜 빛이 넘쳐 흐르고, 사람들은 싸움과 기바를 그치고, 서로 축복을 한다. 유령은 그를 데리고 자기 서기의 집으로 갔다.

비록 가난하지만, 그 집에도 사랑과 기쁨이 넘쳐흐른다 특별히 팀이라는 병신 아이를 온 집안이 위로하고, 기쁘게 하는 그 애정은, 보는 이의 마음을 봄 눈 녹 듯하게 한다.

다음에는 아까 왔던 조카네 집에 갔다. 온 집안이 어려운 중에도, 평화의 웃음으로 지나는 것이 과연 땅 위에 천당이었다. 참례하지 아니한 자기를 위하여, 기도를 하며, 건강을 빌고 있었다.

×

둘째 유령도 사라지고, 셋째 유령이 나타나는데, 그것은 앞의 일을 보여 주는 유령이었다.

<u>스쿠리지</u>는 그를 따라서 자기가 죽은 뒤에 광경을 보았다. 자기가 죽었는데, 어느 누구 하나 서러워하는 이가 없고 도리어 좋아하고 기뻐하였다. 동네 부랑자들이 <u>스쿠리지</u>의 송장이 있는 방에

와서 자기 물건을 훔쳐 가는데, 아무도 말하는 사람이 없다. 그 광경은 차마 볼 수 없다.

그는 다시 자기 서기네 집에 갔다. 병신 팀이 죽었는데, 온 집안이 어떻게 슬퍼 하는지 어떻게 장례를 훌륭히 하는지, 자기의 죽은 모양과는 아주 딴판이다. 스쿠리지의 눈에서는 눈물이 한 없이 흘렀다.

스쿠리지는 만일 이제 다시 살아난다 면, 다시는 그전 같은 마음을 가지지 않겠다고 단단히 결심하였다. 그리자 셋 째 우령이 사라졌다.

"기쁘다 구주 오셨네.

만 백성 맞으라……"

하는 새벽 찬송소리가 멀리서 희미하게 들렸다. 쓸쓸한 스쿠리지의 문 밖에 와서도, 거룩한 찬송대의 크리쓰마스 송가는 다시 고요히 들렸다. 그는 슬픔과 감사(悲感)의 눈물로, 그 노래를 들었다.

그 이튿날 크리쓰마스날! 스쿠리지는 과연 새 사람이 되었다. 칠면조(七面鳥) 한 마리롤, 이름 없이, 자기 서기네 집으로 보내고, 빈민 구제위원에게도 동정금을 후히 보냈다.

그 이튿날 사무실에 나가서 좀 늦게 온 서기를 불렀다. 무서워 떠는 서기에게 월급을 올려 준다는 언약(言約)을 하였다.

그 뒤부터는 스쿠리지는 유명한 자선(慈善)가가 되었다.

제이십 오 과 눈과 얼음

눈이 많이 오는 날 아침에, <u>김</u> 선생님께서는 눈과 얼음에 대한 이야기를 하셨읍니다.

너희들, 비와 구름에 대해서는 지난 여름에 공부하였으니까, 다 알겠지, 그럼, 눈이라는 것은 무엇이냐?"
하고, 학생들에게 물었읍니다.

"수증기가 눈이 되는 것이지요."
한 학생이 대답하였읍니다.

"옳지, 비가 오려고 할 때, 공중에서 갑자기 찬 공기를 만나서, 그것이 얼면, 눈이 되는 것이다. 금방 공중에서 내리는 눈을, 옷자락에 받아 가지고 와서, 돋보기를 가지고 자세히 보아라. 작고도 맑은 얼음 조각이 이리저리 붙어서 엉긴 것을 분명히 알 수 있다. 이 작은 얼음 조각 한 개를 눈의 결정(結晶)이라고 한다. 돋보기로 자세히 보면, 여간 예쁘지 않다. 그리고, 그 한 개 한 개가 모두 여섯 줄기로 퍼지고, 여섯 모가 진 것을 볼 수 있을 것이다. 이 눈의 결정을 몇 백 개 보든지, 형상(形狀)이 각각 다르고, 또 형상은 각각 다를지라도, 모두 여섯 줄기로 되어 있고, 여섯 모가 진 것은, 이상하고도 묘(妙)한 것이다.'

이 말씀을 듣고, 학생들 중에 몇 아이가 밖에 나가서, 눈을 받아다가 돋보기 유리로 보았습니다. 과연 선생님의 말씀과 같고, 모양이 어찌 예쁜지, 그냥 들여다 보고 있었습니다.

이 때에 선생님은 그림을 내 걸고 다

서 말씀 하셨읍니다.

"여러 가지 눈의 형상이 다른 것을 그린 것이 있는데, 그 중에 몇 가지를 그림에 보이기로 한 것이다. 어떤 때에는 눈이 썩 많이 와서, 땅 위에 몇 자가 쌓이는 일이 있다. 공기의 온도가 '빙점' 이하에 있을 동안에는, 눈이 그대로 있다가, 차차 따뜻해서 온도가 올라갈 때에는, 녹아서 물이 되어 버린다. 그리고, 높은 산 꼭대기나, 혹 온도가 언제나 빙점 이상에 올라가지 못하는 북극이나, 남극 지경에는, 일 년 사철 어느 때나, 눈이 녹지 않고 그대로 있고, 눈이 올 적마다 점점 더 많이 쌓이게 된다. 너희들, 지붕 위에 있는 눈을 보았지."

하고, 선생님은 말씀을 계속 하셨읍니다.

"그것은 녹을 때까지 그대로 있지 않고, 가끔 지붕에서 미끄러져서 땅에 떨어진다. 그 모양으로 험(險)하고, 높은 산 위에 있는 눈도, 가끔 미끄러져서 밑으로 굴러 떨어진다. 어떤 때에는 바람이 갑자기 몰아쳐 불 때에 눈이 구르기를 시작해 가지고 골짜기로 급히 굴러서, 그것이 지나는 길에는 나무나, 바위나, 집이나, 모든 것을 휩쓸어 내려간다.

눈을 한 줌 쥐어 가지고, 꼭꼭 뭉치고 눌러 보아라. 그냥 자꾸 누르고 다지면, 나중에는 단단하고 맑은 덩어리가 될 것이다. 눈에 압력(壓力)을 많이 더하면, 나중에는 얼음이 되고 말 것이다. 높은 산 꼭대기나, 북극 남극 지경에는 해마다 눈이 많이 쌓이어서,

밑에 깔렸던 놈이, 위에 있는 눈 때
문에 눌려서, 마침내 얼음이 된다. 흔
히 높은 산에는 골짜기에 넓은 얼음
두덩이 있다."

재이십 륙 과   서가모니

서가모니의 부친은 가비라성 주인 정반왕이요, 어머니는 마야 부언이었다.

마야 부인은 오래 동안 아들이 없다가 사십 세 되던 때에, 비로소 잉태하어 친정에 가서 해산을 하려고 가는 중로에 무우수 밑에서 한 아들을 낳으니, 이분이 곧 서가이다. 조선에서도 해마다 '사월 파일'이라고 해서, 절에서나 민간에서 지키는 것은, 서가의 탄생을 기념하는 것이다.

이 태자는 아머닙 정반왕에게 가장 고임을 받아서 자라나시니, 자라실수록 더욱더욱 총명하여, 모든 학문과 기예를 잘 배우셨다.

그런데, 한 번은 별안간 마음에 크게

불안한 생각이 일어났다. 그것은 어떤 날 성 밖에 나가서, 들 길을 거닐고 있는데, 새 한 마리가 벌레를 쪼아 먹는 것을 보고, 문득 마음에 자비심(慈悲心)이 일어나서, 그 뒤로부터는 늘 수심(愁心)이 가득하여, 깊이 생각을 하게 되었다.

또 한 번은, 백발노인(白髮老人)이 지팡이를 의지(依持)하고 가는 모양을 보고, 인생(人生)의 무상(無常)을 느꼈다.

또 한 번은, 성문(城門)에 의지하고 신음하(呻吟)는 병자(病者)를 보고, 병앓는 피로움에 대하여 슬픔을 느꼈다. 한 번은, 울면서 상여(喪輿) 뒤를 따라 가는 사람들을 보고, 죽음에 피로움을 느꼈다.

세상이 이처럼 무정(無情)함을 깊이 느껴, 그는 하루도 편안(便安)한 마음을 가지지 못하셨다.

그래서, 왕은 이웃 나라 왕의 딸을 맞아서 태자비(太子妃)를 삼고 또 태자를 위하여, 아름다운 호수(湖水) 가운데, 있는 섬에 화려(華麗)한 궁을 지어 주어 살게 하였다.

그리고, 왕은 태자로 하여금, 무릇 아름다운 것 밖에, 아무 것도 보지 못하게 하고, 거지나, 병자나, 소경이나, 불구(不具)자는 그 눈에 띄이지 못하도록 하기를 엄(嚴)하게 명(命)하였다.

이렇게 화려하고 호강스러운 생활(生活)도, 서가의 마음을 참으로 즐겁게 하지 못하였다.

마침내 그는, 궁중(宮中)에 더 머무를 수가 없었다. 내 마음만 생각하고, 육신(肉身)의 생(生)을 즐기려는 모든 거리낌을 깨뜨려 버려야 하겠다고 생각하고, 하루 밤은 모든 것을 버티고 떠나기로 결심하고, 말을 타고 달렸다.

멀리 가서 어떤 강가에 머물러서, 자기 손으로 머리를 깎고, 그 몸을 장식하였던 것과 칼을 말에 실어 집으로 돌려 보냈다.

그리고, 길을 가다가, 어떤 남루한 옷을 입은 사람을 만나서, 자기 옷과 바꾸어 입고, 더 깊은 산으로 들어가서 굴 속에 있는 도사들의 가르침을 받았으나 만족하지 않았다.

그리하여, 그는 깊은 산중에 들어가서, 짐승들로 더불어 같이 지내면서, 식음을 폐하고, 갖은 고생을 하는 동안에, 사람의 바른 길을 찾고자 하였다.

이렇게 하기를 육 년 동안을 계속하였으나, 아무 깨달은 바가 없었으므로, 할 수 없이 산에서 다시 나와서, 맑은

강물에 목욕을 하고, 어떤 양 치는 여
자에게 젖을 받아먹고 쇠약한 몸의 기
운을 회복해 가지고, 불타가야에 가서,
보리수 밑에 앉아서, 도를 깨닫기에 힘을
썼다. 그렇게 하신지 사십 구 일 되는
새벽에, 서 쪽 하늘에, 반짝이는 별 밑에서,
문득 깨달음을 얻었다.

서가는 이 깨달음의 깊은 뜻을 모든
사람에게 가르쳐 주시려고, 미가다바 녹
야원)에 이르러, 본시 당신을 모시던,
다섯 사람을 먼저 제자로 삼았다. 그리
고, 사십 오 년 동안 인도의 각처를
두루 다니시면서 도를 가르치시다가, 구
시나 가라 땅에 이르러 마지막 설교를
마치시고, 사라쌍수 밑에서 입적하셨다.

서가는 사람의 피로움은 물욕에서 오
는 것이므로, 이것을 이기지 못하면, 피

로움과 슬픔을 면(免)할 수 없으니, 이 물

욕을 떠나라고 가르치셨다. 이 가르침을

불교(佛敎)라고 한다.

제이십 칠 과 토함산 고개

바람은 하늬바람 토함산 고개라네.

그리워 찾던 길 못 잊어서 또 오는

길,

아랫골 그림자못에 내 그림자 버칠네.

오실님 없더라도 토함산 고개라네.

잡목은 헐벗어 떨고 섰는 겨울 날도,

석석석 석굴 석굴암 잰걸음친 길일네.

제이십 팔 과 누구의 어머니

어떤 겨울 날, 누구의 어머니신지, 다 떨어진 신을 신고, 옷은 누덕누덕 해어진 것을 입고, 한길에서 추위에 떨고 웅크리고 있다.

눈이 막 그치고, 약간 녹아서 길은 질벅거리는데, 네 거리에 서서 오래오래 기다리고 있으나, 아무도 돌아보는 이가 없다.

그 옆으로 잘 차린 신사와 귀부인, 어린이, 지나가고 지나오는 사람들은 많건마는, 노인의 딱한 정경을 알아 주는 이는 하나도 없다. 그 때에 저 위에서 금방 학교에서 헤어져 나오는 학생 아이들이 웃고 지꺼리면서 몰려온다.

아이들은 눈을 집어 던지고 저희끼리 장난을 하면서, 양떼처럼 우르르 몰려 간다. 그러나, 아이들은 저 갈 길을 바

삐 가느라고, 노인의 옆으로 그냥 지나
가 버렸다.

지나가는 전차, 자전거나, 자동차에 다
칠까 봐, 게다가 얼음 깔린 길에 미끄
러질까 봐, 지축지축하면서, 어찌할 바를
모르고 쩔쩔매고 있는, 불상한 노인을,
붙들어 주려고 하는 이는 한 사람도
없었다.

맨 마지막에 몇 아이들이 즐거운 듯이
노래를 부르면서 지나가고, 그 아이들
가운데도, 가장 활달해 보이는 한 사나
이가 노인 가까이 와서 멈추어 서서,
귀에다 대고 말하였다.

"할머니, 건너 가려고 그리셔요? 제가
붙들어 드려요."

노인은 반가운 듯이 웃으면서 떨리는
손으로 아이의 튼튼한 손을 붙잡고, 그

아이는 한 손으로 노인의 한 팔을 붙들었다.

그리고, 비틀비틀 힘 없는 다리로 터덕터덕 간신히 걸어 가는 노인을 건너 편까지 조심조심 모셔다 드리고 나서, 자기는 씩씩하고 든든한 사람이라는 것을 자랑하는 듯이 기쁘고 만족한 웃음을 띠우고, 앞서 간 동무들을 따라 갔다.

누구의 어머니인지, 그 노인은 집으로 무사히 돌아온 다음에, 두 손을 합하고 속으로 다시금 축원하였다.

"누구의 아들인지 기특 하고도 고마워라……하누님 저 아이에게 부디 만복을 내립소서."

제이십 구 파   종소리

옛날에 한 사람이 부지런히 공부를 해 가지고, 서울로 파거를 보러 떠났읍니다.

하루는 으슥한 산길을 가는데, 터덕터 덕 고개를 올라가니까, 길가에 있는 나무에서, 별안간 까치 소리가 요란스럽게 들리드랍니다. 그 요란하고, 처량한 소리가 고요한 산을 울리고, 하늘에까지 사모치는 듯하였읍니다. 이 젊은이는 이 소리에 놀래어 무십코 고개를 들어 쳐다보니까, 커다란 구렁이가 나무 가지에서 까치를 찬찬 감아 가지고, 금방 통으로 삼키려고 하는 모양이었읍니다.

이 젊은이는 등에 메고 가던 전통에서 살을 한 개 선뜻 뽑아 가지고, 그

뱀을 겨누어 쏘았읍니다. 화살은 핑 소리를 내면서 뱀의 몸둥이에 들어박히자, 땅바닥에 탁 떨어졌읍니다.

꼭 죽었거니 하고 슬피 부르짖던 까치는, 고맙다는 인사를 하는 듯이 깍깍 두어 번 소리를 하고, 어디로 날아가 버렸읍니다. 이 젊은이도 그것을 보고, 마음이 썩 좋아서, 고개를 터덕터덕 넘어 갔읍니다. 그리는 동안에 해가 저물어서 점점 어두어 졌읍니다.

밤은 차차 깊어 가고, 배는 고프고, 다리는 아파서, 한 걸음도 더 갈 수가 없었읍니다. 젊은이는 그래도 억지로 기운을 내 가지고 좀 더 가느라니까, 맞은편 언덕에 반짝반짝하는 불이 보였읍니다. 그 불을 보고, 기운을 얻어 가지고 빨리 걸어 갔읍니다.

　기운을 다해서 가 보니까, 커다란 절간인데, 한 방에서 불빛이 새어 나오는 것이었읍니다. 젊은이는 곧 그 방문 앞에 가서,

　"저는 길을 잃고, 날은 저물어서 헤매다가 찾아 온 사람이니, 하루 저녁만 재워 주셔요."

하고, 공손히 말을 했읍니다.

　얼마 있더니, 안에서 웬 여자가 하나 나왔읍니다. 이런 산중 절간에 웬 여자가 혼자 있노 하고, 수상스럽게 생각했지마는, 하도 곤해서, 그 여자를 따라 어떤 방에 들어가서 쉬게 되었읍니다. 방에 들어가 보니, 무시무시한 생각이 나서, 마치 등에다가 찬물을 끼얹는 듯하였읍니다. 그러나, 하도 곤한 김이라, 딴 생각을 할 새도 없이, 그냥 잠이 들어

버렸읍니다.

곤한 김에 잠이 깊이 들었던 젊은 이는 웬 일인지 가슴이 답답한 것 같았읍니다. 처음에는 잠결에 꿈인가 하고 있었으나 점점 가슴이 답답해서, 마침내 잠이 깨었읍니다. 눈을 번쩍 떠보니까, 천만 뜻밖에 굉장히 큰 구렁이가 자기의 몸둥이를 친친 감아서 목에 까지 올라왔읍니다. 그러니 별 수 없이 꼭 죽었읍니다. 그래서, 죽을 힘을 다해서 벗어나려고 애를 쓰나, 어떻게 단단히 감았는지 꼼짝할 수 없었읍니다. 젊은이는 어쩔 줄을 모르고 몸부림을 하고 있노라니까, 구렁이는 무섭게 반짝거리는 눈을 뜨고 노려보면서,

"나는 아까 네 살에 맞아 죽은 뱀의 안해로다. 내 남편의 원수를 갚으려고 기어이 너를 여기다가 끌어들인

것이다. 너는, 이제는 별 수 없이 내 손에 죽었으니, 야단할 것 없이, 내게 목숨을 바쳐라."

이 말을 들은 젊은이는 "얘 이거 큰일 났구나." 하고, 기가 막혔으나, 턱 마음을 진정해 가지고,

"네가 내게다가 원한을 품고, 원수를 갚으려고 하는 것도 마땅하지마는, 잠간만 내 말을 들어다고. 나도 사람이요, 더욱이 일개 남자로서 그 처량한 까치 소리를 듣고, 어찌 못 들은 척 하고, 그냥 지나갈 수가 있으랴. 그 까치가 하도 불상해서 살려 주느라고 그랬지, 낸들 왜 네 남편이 미워서 그랬으랴. 네 남편을 죽이려고 한 것이 아나라, 불상한 까치를 살려 주려고 하던 것인데, 네 남편을 죽여

놓고 보니, 내 마음인들 어찌 좋았으랴. 할 수 없이 그렇게 된 것이니, 이러한 내 속을 너도 좀 알아 주기를 바란다. 나는 내 일생에 지금이 대단히 중한 때로다. 오래 동안 부지런히 공부를 해 가지고, 장차 나도 한 번 큰 사람이 되어 보려고 서울로 파거를 보러 가는 길이야, 그러니, 내 사정을 보아서, 부디 이번만은 놓아다고."

이렇게 진정으로 말을 하였지만, 구렁이는 여전히 눈을 깜박거리며,

"네 사정도 딱하지만, 나는 내 원통한 마음을 풀 수 없다. 나는 기어이 남편의 원수를 갚고 말겠다."

그 사람은 하도 기가 막혀서 어쩔 줄을 모르고 쩔쩔매고 있는데, 이 때에 난데 없는 종소리가 '뎅' 한 번 울렸음

니다. 연거퍼 땡, 땡 모두 세 번을 울리더랍니다. 이상한 일이다. 자기를 감고 있던 구렁이는 스르르 풀고, 황겁히 달아나 버렸읍니다. 그 종소리야 말로 하늘에서 울리는 사람을 살리는 종소리가 아닐까?

날이 훤하게 밝았읍니다. 하도 이상스러워서, 그 사탐으 종소리 난 곳을 가 본즉, 종 달린 누각은 공중에 가맣게 높이 솟아 있었읍니다. 그런데, 무심히 땅 바닥을 나려다보니, 까치 두 마리가 떨어져 있더랍니다. 한 마리는 주둥이가 몹시 상하고, 한 마리는 대가리가 몹시 부서져 있더랍니다.

제삼십 과 천거장

어떤 회사에서 일할 소년 한 사람을
구한다고 광고를 내었더니, 청원하는 사
람이 오십 명이 넘었읍니다. 지배인은
그 가운데서, 한 사람을 얼른 뽑고,
나머지는 다 돌려 보냈읍니다.

　그 때에 어떤 친구 한 사람이 마침 찾아왔다가 그것을 보고,

　"그 소년은 천거장도 한 장 가져 오지 아니하였는데, 무엇을 보고 채용(採用)하셨소？"

하고 물었읍니다.

　"아니요, 그것은 잘못 생각이요."

하고, 그 지배인은 그 까닭을 이렇게 이야기하였읍니다.

　"그 소년은 천거장을 많이 가졌었소. 우선 들어올 때에 신발을 닦고, 들어온 다음에 문을 꼭 닫았으니, 그 것은 깨끗하고 단정(端正)한 것을 들어내는 것이요.

　그리고, 자기 자리를 얼른 노인(老人)을 위하여 내어 주는 것은, 친절(親切)하고 생각이 있다는 것을 알 수 있고,

방 안에 들어오자, 곧 모자를 벗고 공손하게 대답하는 것은, 똑똑하고 예절다운 것을 보인 것이요.

내가 일부러 마루바닥에 떨어뜨렸던 책을, 다른 사람은 밟기도 하고, 그대로 밀어 놓기도 하는데, 그 아이는 집어서 내 책상에 올려 놓는 것을 보니, 그는 주의가 깊고 조심스러운 것을 알겠고,

그리고, 또 남을 밀고 먼저 나오려고 하지 않고, 가만히 자기 차례를 기다리고 있는 것을 보니, 얌전하고 겸손한 것을 알 수 있고, 또 그 뿐 아니라, 나하고 이야기할 때에 보니, 그 옷은 깨끗하게 손질을 하였고, 갈라도 깨끗하며, 외양이 단정하였고, 이는 옥같이 희며, 자기 이름을 쓸 적

에 보니, 손톱을 깨끗이 깎았던데요.

당신은 이러한 일을 좋은 천거장이라고 생각지 아니하시오? 나는 그런 사실이 훌륭한 천거장 백 장을 가져 온 것보다 나은 것이라고 생각합니다. 그리고, 천거장 여러 장을 읽은 대신에 나는 십 분 동안만 보면, 어떠한 인물인지 능히 알아 볼 수 있으니, 그도 편리하지 아니하오?"

제삼십 일 과　아르키메데스의 원리

아르키메데스는 이탤리 반도에 있는 시라큐스에 살던 유명한 희랍의 수학자이었읍니다. 그런데, 그는 그 나라 왕과 가깝게 지냈읍니다.

매우 슬기가 있어, 어떤 어려운 문제든지 잘 풀어 놓으므로, 크게 존경을 받았는데, 여기에 그의 발명에 대한 유명한 이야기가 있읍니다.

시라큐스는 아주 작은 나라이었읍니다. 그래서, 왕은 큰 금관을 하나 만들어 쓰고, 시라큐스에 참 훌륭한 왕이 있다는 것을 자랑하고 싶었읍니다.

그래서, 하루는 금관이나, 그 밖에 은금붙이 만드는 금은장이를 불렀읍니다.

왕은 순금 열 근을 주면서 말하였읍

니다.

"이것을 가지고, 여러 왕들이 부러워할
만큼, 훌륭한 관을 하나 만들어라. 그리
고, 내가 준 것을 깔축없이 다 넣고,
딴 것은 조금이라도 섞으면 아니 된다."
"예 분부 대로 하오리다."
금은장이는 왕에게서 순금 열 근을 받
았읍니다.
"이제 구십 일 안으로 중량이 털끝
만큼도 틀림 없도록 금관을 만들어
바치오리다."
하고, 금은장이는 왕궁에서 물러갔읍니다.
구십 일이 되는 날 그 금은장이가
그 금관을 가지고 왔읍니다.
보매 그 금관은 어떻게 잘 만들었는
지, 그렇게 묘하고, 아름다운 왕관은, 과
연 처음 보는 것이었읍니다.

왕은 그것을 받아 보고 대단히 기뻐
하였고, 왕을 모시고 있는 신하들도 모
두 칭찬을 하였읍니다. 그런데, 왕은 그
관을 써 본즉, 이상스럽게도 무겁고 불편
하였읍니다. 그러나, 열 근어치 금이 그
대로 들어 있는 줄로만 믿고, 여간 불
편한 것은 마음에 두지 아니하였읍니다.

그러나, 일을 분명히 하기 위하여, 신
하를 시켜서, 저울로 한 번 달아 보게
하였으나, 꼭 열 근이 되기 때문에 안
심을 하였읍니다.

"내 마음에 만족한 금관을 만들어
바친, 네 공로는 잊을 길이 없다.
너는 매우 공교하게, 잘 만둘었을 뿐
아니라, 내가 준 금을 조금이라도 축
내지 아니 하였으니, 고맙다."
왕은 이렇게 한껏 칭찬하였읍니다.

그리자, 왕 옆에 있는 <u>아르키메데스</u>를 향하여,

"그대는, 이 금판에 대하여 어떻게 생각하오?"

하고 물었읍니다.

"물건은 매우 훌륭하게 되었읍니다. 그러나, 금으로 말하면, 빛이 변했읍니다. 본래 금덩이 적에 있던, 그런 아름다운 빛은 없어졌읍니다."

이 말을 듣고 왕이 하는 말이,

"금 빛이야 으레 누런 것이 아닌가, 그런데, 그대가 지금 말을 하니 말이지, 이것이 본래 금덩어리로 있을 적에는 이보다 더 훨씬 빛깔이 훌륭했던걸."

"만일 그 금은장이가 금을 몇 돈 중 떼 내고, 놋이나 은을 넣어서, 중

량을 채웠다면, 어찌하시겠읍니까?"

아르키메데스의 이 말에 왕은 다시 하는 말이,

"오! 그럴 수가 있을라고, 금은 일할 때에 빛이 변했을 따름이겠지."

그러나, 왕은 생각하면 생각할수록 그 금판으로 인하여, 불안한 마음을 금할 길이 없었읍니다. 그래서, 마침내 왕은 아르키메데스에게 묻기를,

"금은장이가 나를 속였는지, 알아 볼 도리가 없을까?"

"저도 알 도리가 없는 데요."

아르키메데스는 이렇게 대답하고 나왔지마는, 그는 본시 아무리 어려운 문제라도 풀어 내기를 좋아하는 사람이라, 그 금판 사건이 마음에 걸리게 되었읍니다.

하루는 목욕탕에 들어갔다가, 물이 얼

마큼 넘쳐 나가는 것을 보았읍니다.

"하하, 이것이 이상하다."

하고, 그는 속으로 생각하기를 시작하였
읍니다.

"내가 여태까지 이 사실에 주의(注意)를
못 하였지마는, 여기에 까닭이 있을 것
이다. 나는 지금 내 몸의 용적(容積) 만한
물의 용적을 내보냈다. 그러나, 내 몸
의 용적의 절반 만한 사람이라면, 또
그 절반 만한 물을 내보벌 것이다. 오
냐, 그러면, 내 몸뚱이를 이 통에 넣는
대신, 왕으 금관을 넣을 것 같으면, 금관
의 용적 만한 용적의 물을 내보벌 것
이다. 옳치, 그러면, 금은 은보다 훨씬
무겁다. 순금 열 근은, 금 일곱 근에은
세 근 섞은 것과 용적이 같을 리가
없다. 만일에, 왕의 금관이 순금이라면,
다른 순금 열 근과 용적이 같은 물을

내보벌 것이요, 만일에 순금에 은이 섞
였다면, 더 큰 용적의 물을 내보벌 것
이다. 이제 알았다. 알았다."

이 생각이 번쩍 머리에 들어오자, 그
는 너무도 기뻐서, 옷 입기도 잊어 버
리고, 왕궁(王宮)으로 달려 갔읍니다.

"알았다. 알았다. 알았다."
하면서, 왕궁으로 들어갔읍니다.

그리하여, 그 왕관을 실험해 보기로 하
였읍니다. 그런데, 순금 열 근 용적보다
더 많은 물을 내보냈읍니다. 그런즉, 금
은장이가 거기에, 은을 섞은 것은 다시
의심할 것이 없는 일입니다.

이리하여, 아르키메데스는 어떤 물질(物質)의
밀도(密度)를 이렇게 결정할 수 있다고 하는
것을 발견(發見)하였읍니다.

이 원리(原理)를 아르키메데스의 원리라고
합니다.

제삼십 이 과   앉은뱅이

둥그신 그 얼굴에 쪽빛옷 고운 단장,
따로 가 외진 돌에,
누를 보라 피오신고.
남이 다 날 버린다고,
나도 나를 버리리까.

노비산 모롱이는 어린 내 자라던 곳.
이 봄도 그 언덕에
앉은뱅이 피련마는,
따 담던 그 날의 가방은
버린 데도 모르겠네.

제삼십 삼 과 꾸준한 희생(犧牲)

옳은 일을 위하여, 피를 흘리고, 목숨을 버리는 것은 귀한 일이다. 역사(歷史)에 나타난, 그런 행동(行動)을 우리는 우럴어 보고, 그런 행동을 하는 이를 우리는 '의사(義士)'라 '열사(烈士)'라 이름하여 숭배(崇拜)한다. 그들이 있었으므로, 역사는 비뚤어 진 길에서 바로 잡히고, 인류(人類)는 타락(墮落)에서 향상(向上)으로 나아간다.

그와 동시에, 우리는 또한 꾸준한 희생자(犧牲者)를 요구하는 것을 잊어서는 아니 되겠다. 사실(事實)은 이 꾸준한 희생이 일시(一時)의 희생보다 더 어려운 일이라고 하겠다. 한 때에 내 몸을 희생하는 것도 어렵겠거든, 하물며 십 년, 이십 년, 한 평생을 두고, 한 목적(目的), 한 이상(理想)을 향하여

굽히지 않고, 꾸준히 나아가는 것이 더욱 귀하다고 아니 할 것인가?

사람의 지조(志操)를 귀히 여기고, 절개(節槪)를 우럴어 보는 까닭도 여기 있는 것이다.

꾸준한 회생을 각오(覺悟)한 사람에게는, 낙망이 없는 것이다. 그는 한 걸음을 앞으로 나아가면, 한 걸음만큼 성공(成功)한 것이다. 그에게는 실패(失敗)는 성공으로 나아가는 한 층층대에 불과하다. 일생을 실패(失敗)에 그친다 하더라도, 그 후손(後孫)이 성공할 씨를 뿌려 준 것이다 그는 의심을 갖지 않았다. 그는 이름을 내고, 영광(榮光)을 받으려고 하는, 야심(野心)이나 욕망(慾望)을 갖지 않았다. 세상이 알든지 말든지, 한 모퉁이에 숨어서, 인류의 큰 행진(行進)에 한 직분(職分)을 맡아 싸우는 투사(鬪士)다. 오직 자기의 직책에 최선(最善)의 노력을 다하는 것이 곧 그에게는 성공이라는 것이다.

이러한 사람의 끼친 덕으로 세상 사람은 복(福)을 받나니, 이러한 사람이 많은 나라는 흥(興)하고 성(盛)하는 것이다.

한 때의 감격(感激)으로 한 때의 용(勇)맹(猛)을 내는 것은, 저마다 할 수 있는 일이다. 그러나, 꾸준한 노력으로 일생을 희생하는 것은, 오직 뜻 굳은 사람만이 할 수 있는 것이다.

꾸준하게, 근기(根氣) 있게 낙망을 모르고, 희생적 정신을 가지고 살아 가는 이는, 나라의 보배요, 세계의 빛이다. 우리 나라에도, 그런 귀한 인물이 적지 아니하였다. 물론(勿論) 그네들은 그 이름이 전해 지지 아니하였다. 이름이 전해 지기를 원하지도 않았던 것이다.

그 중에도 다행히 이름이 전해 진 이

로 대동여지도를 그리고, 출판하기에 꾸
준한 노력으로, 일생을 바친 김 정호 같
은 이도 있고, 또 잃어 버린 나라의
주권을 찾으려고, 우리 조선의 광복을
위하여, 사랑하는 처자도 돌아보지 않고,
해외에 객이 되어서, 갖은 풍상과 고초
를 달게 받아 가면서, 꾸준히 노력하신
애국지사와 우국열사도 있다.

　꾸준히 근기 있게, 낙망을 모르고, 나
라를 위하여, 세상 사람을 위하여, 나를
희생하는 사람이 얼마나 귀한고.

　그런 사람이 우리 나라에 많이 있으
면, 그것이 우리의 희망이요. 세계에 자
랑거리가 될 것이다.

제삼십 사 과 우리 나라

조선은 우리 나라입니다 우리 조상님네가 여기에 나셨고, 여기에 묻히셨고, 우리 자손(子孫)들이 또(又) 영원(永遠)히 살 나라입니다. 지나간 수천 년 동안 우리 이웃에 사는 민족(民族)들이 여러 번 우리 나라를 탐내어서 쳐들어 왔으나, 우리 조상님네는 피로 써 이를 지켜 오셨읍니다. 울지 문덕(乙支文德), 연 개소문(淵蓋蘇文), 강 감찬(姜邯贊) 이 순신(李舜臣) 같은 이는 이러한 큰 어른들입니다.

우리의 민족성이 이렇게 굳셀 뿐 아니라, 재주도 갸륵하여서 벌써 지금부터 사천 이백 여 년 전에 삼백 육십 가지로 된 훌륭한 헌법(憲法)을 가진 나라를 일우었고, 삼국(三國) 시대(時代)의 미술(美術), 공예(工藝), 음악(音樂)도 멀리 이웃 나라에까지 스승이 되었

읍니다

　지금도 대동강 가의 옛 무덤이며 경주와 부여의 고적에서, 우리 조상이 지어 놓으신 빛난 문화의 자취를 볼 수가 있읍니다.

　또 애국정신은 우리 나라 사람의 자랑거리입니다 고구려의 조의선인 신라의 국선 화랑은 유교나 불교의 정신을 받은 것이 아나요, 우리 민족이 본래부터 가지고 있던 신앙과 도덕에서 울어나온 것이며 그 중심으로 말하면,

　"나라에 충성하고, 부모에게 효도하고, 남파 사킬 때에 거짓이 없고 신을 지키고 의를 위하야는 생명이라도 애끼지 않고 싸움에 나아가서는 물러가지 아니하고, 생명을 소중히 여겨서 합부로 죽이지 말라."

하는 여섯 가지입니다.

우리 역사에는 이 여섯 가지를 그대로 지킨 사람의 기록이 많읍니다. 양만춘(陽萬春), 김유신(金庾信), 성충(成忠)이 다 이러한 사람이었고 지금 우리 겨레의 핏줄에도 바로 이 피가 흐르고 있읍입니다.

근대(近代)에 이르러서는 이러한 아름다운 민족정신이 많이 쇠(衰)하였거니와, 앞으로는 이 정신이 다시 꽃이 피어서, 우리 민족은 크고도 아름다운 문화를 지어, 앞날에 온 세계가 서로 돕고 사랑하여, 함께 즐기고 살아 가는 낙원(樂園)이 되도록 하기에 새로운 빛이 되고 힘이 될 것입니다.

우리 국토(國土)로 말하여도 또 다행히 대륙(大陸)에 연접(連接)하여, 온대지방(溫帶地方)에 처해 있어서, 기후(氣候)가 알맞아 살기가 좋으며, 삼면(三面)에 바다가 둘러 있어서 교통(交通)이 편하여, 발전할 길이 넓습니다.

"산은 높고, 물은 맑다." 하여, 예로부터 이웃 나라 사람들이 부러워하였거니와, 다만 경치만 아름다운 것이 아니라, 흙이 좋아서 모든 곡식과 과실이 다 잘 되고, 더욱이 맛이 좋으며, 금과 석탄과, 그 밖에 귀중한 광물이 많이 묻혀 있고, 수력전기도 넉넉하여서, 앞으로 농업이 개량되며, 공업이 크게 발달될 수가 있습니다.

우리 민족의 빼어난 머리와 부지런함으로, 과학을 잘 공부하고, 발명에 힘을 써서, 농업이나 공업이 잘 발달되면, 참 행복스러운 살림을 하게 될 것입니다.

제삼십 오 과 나의 조국(祖國)

아득한 역사(歷史)를 품에 품고,

구비쳐 흐르는 두만강(豆滿江) 물.

세계의 하늘과 서로 통(通)한,

자유(自由)와 평화(平和)의 우리 하늘.

　　무궁화(無窮花) 꽃피는 나의 조국.

　　이 땅에 태어난 복된 우리.

백두산(白頭山) 꼭대기 맑은 정기(精氣),

대대(代代)로 물리며 크는 겨레.

이마에 흐르는 땀 방울로,

나날이 살찌는 우리 옥토(沃土).

　　무궁화 꽃피는 나의 조국.

　　이 땅에 태어난 복된 우리.

西曆一九四七年十二月十一日 印　刷

西曆一九四七年十二月二十日 發　行

초등국어교본

改正定價　四十五圓

著作者　朝鮮語學會

飜刻版

東京都豊島區池袋一ノ六一一

發行兼
編輯著　朝鮮文化敎育會

東京都豊島區池袋一ノ六一一

發行所　朝鮮文化敎育會

東京都港區麻布霞町七

印刷所　朝鮮圖書出版協會

8. 어린이 國史 (상)

初等教材編纂委員會 編

어린이 國史 上卷

朝聯文化部版

初等教材編纂委員會 編

어린이國史

上卷

朝聯文化部版

어린이 國史　上卷　目次　끝

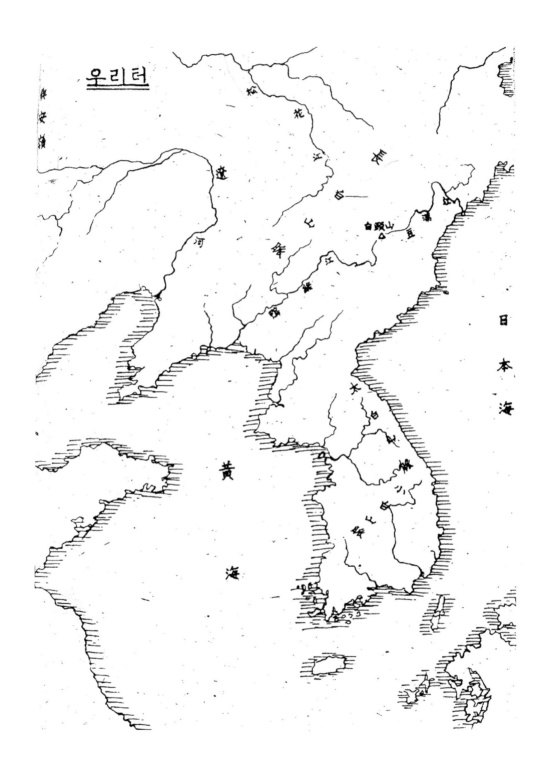

어린이 國史

上卷

第一課 시초

옛날 시초에는 사람이 살지않았읍니다.

지금 우리들이 朝鮮이라고 부르는 땅에도 매-

山에는 숲이 무성했고, 들에는 여러가지 풀이 가
득했고, 바닷가에는 갈대가 바람에 나붓기고 있었읍니
다.

숲속에는 범이나 곰이 살고, 풀속에는 토끼가 깡
충거리고, 갈대우에는 새가 앉어서 지지거리고 ……

아무데도 사람이란 그림자도 찾아볼수 없었음니다

그런때에 蒙古서 살든 사람들이 興安領을 넘어서

지금滿洲에 와서 살기始作했음니다。滿洲에 살든 사

람들이 얼마後에 더살기 좋은곳이 없을까해서 鴨

綠江과 豆滿江을 전너서 朝鮮땅으로 이사해 드러오

기始作했음니다。

朝鮮에는 사람도없고 땃뜻하고 먹을것이나 옷지어

입을것이 많았기때문에、많은사람들이 朝鮮으로 옴

가와서 살기始作했음니다。

그것은 아득한 옛날일이기 때문에、자세한것은 알

수없지만 그 사람들은 "불"(火)밀줄을 알고, 돌로만

든 도구(道具)를 쓰고있었든 것이라고 합니다.

맨처음 朝鮮에 온사람들은, 朝鮮땅의 主人이되었

음니다. 그러나 지금모양으로 朝鮮사람이라고 따로

라를 가지지는 못했음니다. 各地에서 저쪽 山間이나

나 이쪽벌판이나 바닷가에서、몇잡식 뭉쳐서 사냥

으로 범이나 곰이나 토끼나 오소리나、그런것을 잡

아서 거죽은 옷을지어입고 고기는먹고 뼈로는 잡

것(道具)를 만들어쓰고、바닷가에 사는 사람들은 낚

시를만들어 고기를 잡아서 그려먹고 살았음니다。

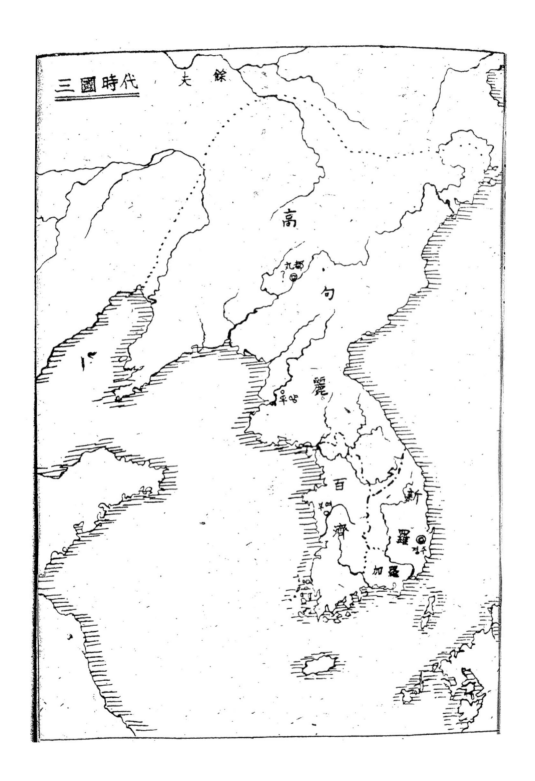

땅을갈고、 풀씨를 뿌려서 農業하기를 始作하여、 먹을

꼬 입을것을 生産하꼬、 닭이나 개를 집에서 키우는

法을 發見하여、 사람의 生活을 女子의손으로도 해

나아갈수있게 만들었든것임니다.

셋재로는、 그때사람들은、 하느님이라는것이 있어서、

모一든것은 하느님마음대로 움즉인다꼬、 생각했는데

그하느님게 祭祀하꼬、 福을받도록 비는것은 女子의

일이였읍니다. 그래서 女子는 하느님을 섬기는、

거룩한 사람으로 생각되였읍니다.

이렇게 女子는 모一든것에서、 男子보다더 힘이망

마음대로 모든것을 처리하지않고 그의 主人은 子였읍니다. 집에는 어머니가 主人이되고, 한 마을에도 가장 權勢있는 사람은 女子였읍니다.

거기에는 세가지 原因이있다고 합니다. 첫재는 지금모양으로 집이있어서, 한家族식, 뭉쳐서 산것이아니고, 모든 사람이 共同生活을 했기때문에, 아버지와 어머니가있으면서도, 어린이들은 어머니만을 어,버,이로 생각하고 자랐기때문에, 모든 어린이와 젊은이는 어머니의 것이였읍니다.

둘재로는 여직것 사냥만으로 살다가, 女子들은

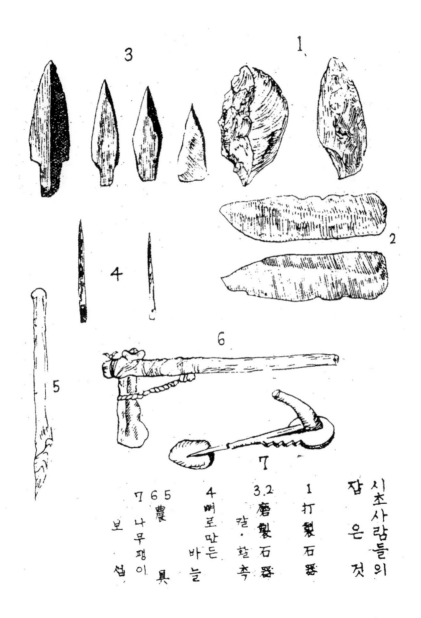

시초사람들의 잡은 것

1 打製石器
3.2 磨製石器
   칼·화촉
4 뼈로만든 바늘
5 農具
6 나무팽이
7 보섭

그런데 사람들은 혼자
니다. 그것은 여러사람이 힘을 합하면, 제각기하는 것보
다 몇갑절이나 큰힘을, 낼수있다는 것이 였읍니다.
그래서 사람들은 이곳저곳에서 뭉쳐서살며, 서로하
는 일을 의론해서, 가치힘을합하여 먹을것 입을것을
求하였읍니다.
이렇게 뭉친것을, 마을이라고합니다. 한마을안에
사는사람들은, 네것내것이 없고, 다같이 벌어서 다같
이먹고 입고. 서로사랑하며 사이좋게 지냈읍니다.
그런데 마을과 마을사이에는, 서로 쟝사도하고

흠도 있었읍니다。 지금으로 말하면、 그것은 한 나라(國家)나 마찬가지였읍니다。 그때에 장사라고 하는것은、 지금모양으로 돈(貨幣)을가지고 사고팔고 하는것이 아니라、 물건과 물건을 서로 바꾸는것이였읍니다。

사람들은 반듯이 어느마을에 속하여、 그마을사람은 모다 한뭉치가되여、共同으로 生産하고、 生産한 물건은 모다 마을의것이라고 해서、 어느한사람이 가지고 있지않았읍니다。

그리고 지금모양으로、 남자들이 主人이되여 남자의

이사람들은 언제나 自然속에서 自然어ㅣ ㅅㄷㄹ
며 살았읍니다。 그리고 지금모양으로 좋은 武器도 없
었기때문에、 무서운것이 많았읍니다。 그中에도 범과
뱀은 가장무서운 動物이라하여、 범과뱀은 건드리지
않기로하였고、 그들들을 神으로섬기기로 하였읍니다。
그런데、 범이나 뱀과反對로 사람에게 가장 고맙
친절한것이 하나 있었읍니다。 그것은 햇님(太陽)
이였읍니다。
지금모양으로、 電燈이나 石油燈을 쓸줄모르는
그때사람들은 밤이면 깜깜한 어둠속에서、 무섭게

지냈읍니다。 이 무서운 어둠을 거더치워주는것은

햇님이였읍니다。 밤이되면 춥습니다。 이추위를 물

려쳐주는것도 햇님이였읍니다。

그래서 햇님을 우리들의 하느님으로 언제나ᆞ

맘게생각하며、 절하고 햇님게 제사지냈읍니다。 一

第二課 마을

오래 사는동안에、 사람이 많아졌읍니다。 그래서먹

을것도 많아야되겠고、 입을것도 많아야되게되였읍니

다。 지금것 ✓사냥으로잡어먹고있는、 動物도不足하고

한사람이 제각기 잡어서는 안되게되였읍니다。

왔읍니다.

第三課 나라(國)

누가 가져왔는지, 南中國으로부터 朝鮮에 벼쌀을 가져왔읍니다. 사람들은 벼를심어 먹을줄을 배왔읍니다. 그래서 힘들게 사냥을 하지않고도, 살아갈수 있었읍니다. 그뒤로부터 살기도 혈하고, 사람도 많아졌읍니다.

마을과 마을이 서로 따로 있으면, 不便하게되였읍니다. 이마을에 없는물건이 저마을에 있을때도있고 또 아한마을을 만으로는 어찌할수없는 큰일이있는때도

있고하여、사람들은 마을이따로 갈라있는것보다、合하

면 좋겠다고、생각하여、여러마을을 合하여、나라、

(國家)를 만들었읍니다。

朝鮮에 맨-처음으로 나라가된것은、지금부터四

千年이나 前이라고 하지만、그대일은 알수가없읍니

다。지금우리들이 믿을수있는것은、지금부터 한二千

年前 생긴 세나라、高句麗、百濟、新羅가 朝鮮

에 맨처음생긴 나라입니다。

이세나라가 생긴데도 한가지原因이 있읍니다。그것은

中國에는 우리보다도、三千年이나 前에 나라가되여、

모든 것이 우리보다 앞섰고, 더잘살었든 것임니

그래서 그들은 나라를 더넓혀 생각으로, 朝鮮에까지

軍士를 보내서 朝鮮을 中國에 넣어버릴생각으로,

지금平壤을中心으로, 漢四郡이란것을 만들고 있었음

니다.

이것을본 朝鮮사람들은, 마을이 서로서로 갈라져서

있는것보다, 마을이서로 合力하여서, 나라를세우는것

이 더좋겠다고 생각하여, 처음에는 長白山脈에걸쳐있

으며, 언제나 勇敢하게 사냥을하며, 살든사람들이

일어서서 高句麗라는 나라를 세우고, 우리는 우

12

리손으로 生活해야겠다고、하면서、中國 사람들은 내

여쫓어버렸읍니다。

그러나、맨처음 되던 高句麗라는 나라도、시초에는

지금모양으로、完全한 나라는되지못하고、여러마을을

사람이모여서、그中에도 勇敢하고、재조있는 사람을

내세워서、그나라의 主人을 삼았읍니다。

高句麗를 본받어서、구다음으로 百濟가지금、全

羅道、忠淸南道 땅에 나라를 세우고、그다음에는

新羅가、慶尙道와 忠淸北道、江原道 땅에 나라를

세웠읍니다。

이세나라는 거이같은때에, 앞서고 두서고해서 서우 진나라입니다. 그年代는 잘알수없게되었음니다. 夫

略 西紀前五十年頃이라고 생각됩니다.

第四課 高句麗

高句麗와, 百濟와, 新羅의 세나라가된때의 일을이 야기로, 자미있게 전하여온것이 있음니다.

滿洲松花江이흐르는 벌판에 夫餘라는나라가있고, 그 나라 王金蛙라는사람이 이뿐아가씨를 집에 다려다두 었음니다. 얼마아니해서 그아가씨는 아해를 나었음니 다. 王이 사람으로

다 아해가아니고 큰알(卵)이였음니다. 王이

서 알을 낳는것은, 좋지못한 일이라고하여서, 도야지에
게 가져다 주었읍니다. 그러나 도야지는 먹지않았읍
니다. 그다음에는 길가에 가져다 버렸더니, 길을지나
가는 말파소도 그것을 밟지않고, 피하야 지내갔읍니
다. 또운다시 별판에내다 버렸더니, 새들이 날러와서
날개로덮어, 땃듯이 보호했읍니다.
또은 이상히 녀여서, 다시 그알을 가져다가 부서버
리려했지만, 그알은 굳어서좀처럼 부서지지 않았읍
니다.
또은하는수없이 다시 그알을 낳은, 어머니에게

돌려주었읍니다。 어머니는 그 알을 가슴에 따듯이품

었읍니다。 그랬더니 얼마뒤에 그 알 속에서는 玉파같

은、男兒가 나왔읍니다。 얼골이 아조 잘라고、재조

가 능했답니다。

玉의집에서、玉의 아들들파 같이 놀며、자라났

는데、재조가 넘우도 능했기때문에、다른 동무들은、

항상 그를미워했읍니다。 재조중에도 "활;(弓)을

잘쏘기때문에、夫餘에서는、활잘쏘는사람을 朱蒙

이라고했는고로、그의 일홈을 朱蒙이라고 했읍니다

。玉은 朱蒙에게 마방간 직히를 식혔읍니다。

16

朱蒙은 혼자서 말을 먹이면서, 잘 달리는 말과 잘못

달리는 말을 구별하여, 잘 알아보게 되엿읍니다

그러든 지음에, 王의 아들은 朱蒙이 넘우도 재조

가 능해서 그냥 두엇다가는 朱蒙이 王을 害할지도 모

른다고 해서、王에게 朱蒙을 없이하라고말 하엿읍니다

。朱蒙의 어머니가 그말을 엿듣고 朱蒙에게、멀리로

도망하라고 했읍니다。朱蒙은 일이 급한줄을 알고、

말중에서도 가장잘 달리는 말을타고、南쪽으로

달렷읍니다。王子들은 그를 잡으려 따러왔으나

-17-

卒本이란 江이 흐르는, 살기좋음 곳까지와서 생겨
되였읍니다. 그곳에살든 사람들은, 朱蒙이勇敢하고
재조가있다고하여, 나라를세우고 王으로 삼았읍니다.
王이된뒤에 朱蒙이란 일홈을 버리고 東明聖王이라
고하였는데, 이東明聖王이 高句麗의 첫번王입니다.

第五課 百濟·新羅

東明聖王이 高句麗나라 王이된뒤에, 두아들을 낳았읍
니다. 맏아들을 沸流라하고, 둘재를 溫祚라고 했읍
니다. 沸流와 溫祚가 王子로서 자라고 있을저에, 東明聖
王이 夫餘에있을저에 낳은아들, 瑠璃가 아버지되는

東明聖王을 찾어서, 高句麗에 왔읍니다. 그래서 琉璃

와 沸流兄弟와는, 서로 自己들만이 王子라고 닷토 왔지만

아버지 東明聖王은, 夫餘에서온 琉璃를 더사랑했읍니다

。 沸流와溫祚는 장차 瑠璃와서로 싸호게될것을 생각해

서, 高句麗를 떠나서 동무들을 다리고, 南쪽朝鮮으

로 갔읍니다. 兄되는 沸流는 지금仁川근처에와서, 바

다가보는 쁠판이좋다고 그곳에서 살기로하고, 아우되는

溫祚는 더南쪽으로 가서, 지금廣州땅에와서 살았읍니

다。

沸流가 살든곳은 물이짜고, 濕氣가 많아서, 살수없었기

때문에 열마後에 그곳을떠나서、溫祚가 살고있는곳을、찾아가보았읍니다。溫祚는 같이온사람을 거느리고、잘

살고있었읍니다。그곳에는 많은、마을이있어서、아직것 나라를 세우지않

고 살든곳이였읍니다。溫祚는 여러 마을사람들을모아서、百濟라는 나라를 세우고、그나라 王이되었읍니다。

처음에는 조곰한 나라였으나、後에 차츰커져서 훌륭한 나라가되여、서울을 扶餘로 옮겼읍니다。

이렇게、高句麗와、百濟의王들은 北쪽에서 온사람

들이 였읍니다。

高句麗와、百濟가 제각기 큰 나라가 되였을때까지、

금慶尚道땅에는 아직 것 나라가 되지않고、큰마을이 여

섯개나 있었읍니다。그 여섯마을의 어른되는 사람들은、

언제나 서로 마을로 갈라져서、사는것이 不便하니、나라

를세우지 않으면 안되겠다고、생각했읍니다。오랫동안

그런생각을 하고있다가、朴赫居世라는 사람이 나서、그 여

섯마을을 모도 合하여、徐羅(後에 新羅)라는 나라를 만作

들었읍니다。

이 朴赫居世라는 어른은 아조훌륭한 사람이였기때문에

後에 사람들이 그는 普通 사람과 다르다고 해서、다음

파갈은、이야기를 꾸며서、젼했읍니다.

어떤날、여섯마을中의 하나인、高墟村에 蘇伐公이란어른이 楊山밑에있는、蘿井움물가 숲속에서、말한필우룹을 꿀고、우는것을 보았읍니다. 이상히여겨서、그곳에가본즉、말은 온데간데없이 없어지고、그자리에 큰알(卵)이 하나있었읍니다. 그알을 가져다가、거죽을 깨트렸드니. 그속에서 男兒가 나왔읍니다. 蘇伐公이집에서 열살될때까지 자랐읍니다. 재조가 많고、어질기때문에、그를 여섯마을을 合한、나라의 王으로삼았다고합니다.

박파갈은. 알속에서 나왔다고. 해서、성을 朴이라고、했

22

다합니다.

高句麗、百濟、新羅의 세나라가 되였다는것은、朝鮮 사람 全體로보아서、꼭살기좋게 되것이였읍니다。외그런 고하면、여지것제각기 마을속에서、서로갈라져서 따로살면、 가포샀은곳에 가지도못하고、딴마을에있는 물건을 가져 오지도 못하든것이、高句麗이면 高句麗한나라안에서는、아 무곳에나 마음대로 오고갈수있고、必要한 物件도 쟝사할 수있게 되였읍니다。

그대신、두가지 큰일이 생겼읍니다。

첫재는 女子代身으로 男子가더 勢力이있게 되였읍니

것입니다.

나라가 생기면서, 다 울며다 울며다...

戰爭을 하는데는 女子보다 男子가더重要하기때문에,

軍士는 全部 男子가되였읍니다. 軍士들中에 가장勇敢하

고 지혜가있는사람이 軍士를거느리고, 戰場에나가고 軍

士들은 그의마음대로 움즉일수있었읍니다. 그런사람을

"軍長이라고함니다. 軍長의勢力은 싸홈이많을수록

더커졌읍니다. 그래서、세나라가 建國할때에는、軍長이 그

主人이 되였든것입니다. 그와同時에、여직것、女子가 男

子들보다 힘이많든것이, 그反對로 男子가、女子보다 힘

24

이 많아지고, 나라의 도도 男子가되엿읍니다.

세나라의 王은 모ー다 "軍長"이엿읍니다. 둘재는 여자

것은 모ー든 사람이 다같은 權利를 가지고, 비슷한 生活을 하

든 것이, 세나라가 생기든때쯤해서、權力 있는 사람과 없는 사

람이 생기게되고、잘사는집과 못사는집이 있게되였읍니다.

다시 말하면、富者집과 어려운집이 생겼읍니다.

그中돈많은 사람은 나라의 王이엿읍니다. 그다음은 王

파갈이 나라의 모ー든일을 하는 몇々사람들이엿읍니다.

。그사람들은 처음에 戰爭을 하기 爲하야、軍士를 마

25

에 있는 모ㅡ든사람을 마음대로 할수있었음니다

이가업는때에는、自己가 가지고싶은 모ㅡ든것을 달른사

람들에게 가저오라했음니다。그래서 도은 富者가 되였음

니다。

第 六 課 三國時代 (一)

세나라의、王들은、제각기 제나라를 넓히려고、애썼음

니다。

많은 젊은 男子를 뽑아내서、매일々 戰爭하는 練

習을 시켜가지고、달른 나라에서 조꼼이라도、마음놓고

있을 때에는 그 나라의땅을 빼았으려고、쳐드러가군 했

읍니다。그래서 이때의 朝鮮땅에는、싸홈이 끝일줄 모르고

언제나 사람들은 戰爭때문에 고생하였읍니다。

어린이들은 아버지를 戰場에보내고、또 兄님을 戰爭에

보내고、늙은 할아버지와、어머니와 함께 집에 머을것을

만들기 爲하여、農事짓기에 죽을번 하였든 지경입니다。

모든것은、王이마음대로하는 戰爭을 爲하여 바쳐야되

였읍니다。죽을힘을다하여 지어놓은 農事는 軍士드

이가 머을것이라하여、모다 王에게 바치고、옷감도 좋은

것은 모ー다 王에게 바쳤읍니다。

와 적삼을 입고、물을 뜯어먹고、또는 소나무껍질을
같아먹고、언제나 굶주리고 춤게지냈읍니다。
세나라시절에는 슲은일도 많이 있었지만 다른한짝으로생
각하면、그것은 반듯이 슲은일만은、않이였읍니다。
그때는 朝鮮歷史全體로보면、우리어린이와 같은 시절
이였읍니다。모-든것을 맛나게먹고、무럭〈자라며 싱
싱하게 뛰여놀든때가、세나라 시절이였읍니다。장차큰朝
鮮의 主人이될、준비를 하든시절이였읍니다。
그때에 우리朝鮮사람이 본받은것은、中國이였읍니다。
中國은 그때벌서 모-든것에、우리보다 앞선 나라였읍니

다.

그때 朝鮮에서도, 벼를 심어 쌀밥을 지어먹을줄은, 알았으나, 中國사람처럼 農事를 잘지을줄은, 몰랐든것을, 모-든 자분것(道具)을 써가며, 農事짓기를 배우고, 또 中國사람들처럼 가볍고쓰기좋은 돈(貨幣)을 만들어 장사도, 편하게할수있게 되였든것입니다. 또, 中國사람들에게 글자(文字)를 배와서, 글을읽고 글을쓰기도배왔읍니다

이렇게 살림사리를 잘하게된것이 가장 큰일이였지만 이에따라 朝鮮사람들은 생각하는법도, 中國사람들에게 많이배왔읍니다.

사람은 옳은일을하고、착한 行動을 해야만 된다고하는孔子와孟子의 생각도 배왔읍니다。

사람은 난대로、그냥살아야할것을、여러가지법과 규모를 맨들어 지혜를써서、不自然하게 만들었기때문에 잘살수가스없어졌다고、생각하는 老子와 莊子의 생각도、받아드렸읍니다。

그리고 하늘에 뜬해와、별과、달은 어째서 저렇게 움즉이고있을까하는것도、생각해보게 되였읍니다。 또 빗날 사람들은 어떻게 살아왔을가하는 歷史도 생각해보고、後에나는 아들과 딸들을爲하야、많은글을 써놓았읍니다.

이런모-든것을 中國에서 받아드려서, 배우고, 본땄지만

그中에도 가장 朝鮮사람의 마음을 움즉인것은, 印度에

서생겨난 佛敎의 생각이였읍니다.

지금우리들이 절간 (寺院)에가면, 부처님을 볼수있

읍니다. 부처님이란것은 지금부터, 二千四百年이나前에

印度라는나라에있든, 釋迦란사람의 모습을 그대로만

들어놓은것이 라고합니다. 釋迦라는사람은 이世上

에 數많은 사람들은 무엇때문에 살고있으며, 어떻게

어떻게되노 ? 어째서 잘사는사람과 못사는사람이있

을까 ? 이런 問題를 생각하고, 또생각한끝에 그것을 깨

닷고、많은사람에게 알르켜 주었다고합니다。그것을

지금 佛敎라고하는데、이佛敎가 지금부터 約二千年前

에 中國어드러왔읍니다。많은中國사람들이 그것을

배우고 옳다고 믿어왔읍니다。

우리朝鮮사람들은 西紀三七二年以後에 먼즘 中國

에가까운 高句麗어서 배우고、그뒤로 百濟와 新羅

어서도 본받았읍니다。

그때 朝鮮은 싸홈이만코、사람이어즈러워서 이런가르
침을 받아드리기에 꼭알맞었읍니다. 처음에는 지
허있는 몇사람만이 佛敎를 믿었으나、後에는 여러
사람이 저마다 믿게되였읍니다.

어젚오. 착한일을 많이하면、죽은뒤에 좋은곳으로
갈수있다、다른사람이 아무리 못살게구러도 지々않고
착한일을 하자、그렇면、모ー든사람은 다같이 잘살게되
다꼬 하였읍니다.

세나라의 王들은、佛敎를 나라의 민음으로 定하였
읍니다。

그것은 백성을 다스리기에 편했든 까닭입니다. 또이

아모런 일을 하여도, 사람들은 죽어서 잘 살겠다고 또

파다토려 하지않기때문입니다.

第七課 三國時代 (二)

「北쪽 高句麗는 맨처음 선나라이고, 가장 군세고、國土

도 넓었읍니다. 그것은 그나라사람들이 추운 山谷間에

서 사냥으로 살든、튼튼하고、날세고、勇敢하든 까닭

도 있었지만、中國이나、蒙古같은 딴나라사람들과 접

촉이 많았기때문에、그비들이 좋은 점을 많이 본받

아서、제나라힘을 걸렀든 것입니다.

34

싸홈잘하기는、廣開好太王이란 님금때였읍니다。

쪽에있는 百濟와、新羅는 말할것도없고、바다건너있는 日本에서도、그때의 高句麗軍士를 몸시무서워했다고 합니다。그때中國은 全世界에서 가장文明한나라였고、가장크고 強한나라였읍니다。그中國에서 隋楊帝라는 王은、朝鮮땅에 탐이나서、二百萬이나되는 많은軍士를 물과물으로 한거번에보내서、쳐드러오게 하였지만、清川江에서 高句麗軍士에게 徹하고、겨우三千名이남아서 피해도라갔다고 합니다。그뿐아니라、隋라는 나[라]는、

35

그때에 가장싸흠잘한사람은、 乙支文德이란 사람이라고

합니다。 지금도 安州라는곳、 白祥樓에는 그의 石像이남

아있읍니다。

그後에도 中國에서는 몇번이나、 쳐드러왔지만、 번마다 우

리高句麗에는、 익이지、 못하였읍니다。 그래서、 그때의中國

사람들은 高句麗를 아조무섭고、 훌륭한나라로 생

각하게 되였읍니다。 지금 西洋사람들이 朝鮮을 KOREA、

라고 부르는것은、 그때에 中國에와본西洋사람들이 中

國에서 高句麗라고、 부르는것을、 그대로 西洋에다 傳

하였든것이라고합니다。

西南쪽에 있는 百濟나라는, 西쪽과南쪽에 바다가둘려있

바다에서는 고기가나고, 파란바다저쪽에는 楊子江가에있

文明한中國사람들이 살고있었읍니다.

배를타고 東南쪽으로 차를돌리면, 아직우리나라보다

훨신뒤떨어진, 日本사람들이 살고있었읍니다.

그래서 百濟사람들은, 고기를잡아먹고 살다가, 때로는

中國에가서 좋은것을 많이가져다가 쓰고, 남은것은 日

本에 돌려주었읍니다. 日本사람들은 百濟사람들을 先

生으로생각하고, 떠고맙게 여였읍니다. 지금日本奈良에이

는 좋은古蹟이라고하는것은, 百濟사람들 손이가지않은

...것이 없다고합니다. 朝鮮의 東南쪽에 있든, 新羅 나라는 地圖를보면 알수 있는 것파같이 높은 山脈이 比파西를 꼭막아놓았읍니다. 인山脈은, 말하자면 高句麗와百濟를 막아주는 담장이였읍니다.

新羅는 아늑한담장안에서, 저이들끼리 정다웁게 잘살았읍니다. 이따금 山을넘어서, 高句麗로 때로는배를타고 中國으로가서, 좋은것을 가져다가는 제것을 만들어서 제마음에 꼭맞게고쳐서 쓰고 있었기때문에, 다른나라보다 自然스럽고, 아름다운 살림을 할수있었읍니다.

新羅는 이런살림을 하여가면서、차츰 커지고 強해졌읍니다。그래서、나종에는 高句麗나 百濟보다도、强하고、여무진 나라가 되였읍니다。

그中에도、新羅의 기둥이된것은、新羅의 젊은사람들이였읍니다。 新羅에는 넷날부터 貴한집젊은 男子들이모여서、글工夫와、戰術로서 修養하는、花郎이란것이 있었읍니다。이花郎이란것은 新羅에만 있는것이였읍니다。그리고 이花郎에 속한사람들이、新羅를튼튼한 나라로 만들었읍니다。그中에도 有名한사람은、지금으로부터 約一千三百年前에난、金庾信이란 將軍 이였음니다.

第 八 課　新羅의 統一 (一)

그때 高句麗와、百濟는、新羅가 南쪽에 호올로 있는 틈을 타서、그땅을 빼았을양으로、몇번이나 新羅로 쳐들어왔읍니다. 新羅의 젊은軍士들은、自己나라를 지히려고、죽음을 다하야 싸왔읍니다。金庾信將軍은 언제나 젊은軍士들을 다리고、軍士들과갗이高句麗軍士의 말을 쏘아 너머트리고、百濟軍士의 화矢(살弓矢)을 막아내였읍니다。

朝鮮땅에 이렇게 싸홈이 한창얼적에、中國에서는

① 新唐助

隋라는 나라가、高句麗와 싸오다는해버리고、唐이란나

라가 새로써 튼튼 해졌읍니다.

新羅에서는 혼자서、高句麗와、百濟를 막아내기

에 벅차게되여서、하는수없이 唐나라에 도움을받기

로했읍니다.

王의 친척되는 金春秋라는사람이、그때문에 배를

타고 唐나라로 갔읍니다.

金春秋라는 사람은 열

끝도 잘생기고 말도 잘했읍니다. 그래서 唐나라王은

金春秋를 믿고、그의 말대로 新羅를 도와주기로 約

束했읍니다.

金春秋가 唐에서도라온지 열마안해서、王이죽고 王이되며、나라안을잠

王의아들이 없어서 金春秋는 王이되여、

닷스리고、金庾信은 밖에나가서 잘싸왔음니다。그래서

金春秋（武烈王）와 金庾信은 안과밖에서 힘썼기때

문에、新羅나라는 차츰〳〵 튼〳〵하고、훌륭한나라가

되였음니다。기기에 唐나라가 新羅를 도왔음니다。

처음에 唐나라와 合力해서 高句麗를 쳐 없이해려

하였으나、高句麗는 넘우도 强하여서、뜻대로하지

못하고、百濟로 쳐드러왔음니다。

百濟나라 義慈王은 그때에 新羅에서 쳐들어올

줄을 모르고, 많은사람을 모아서, 술먹고 놀기로날

을보내고있었읍니다. 或시 그러지말라고, 하는사람이있으
면, 그사람은 잡어서 갇우어버렸읍니다. 그래서 百濟나라

에는 착하고, 일잘하는 臣下는모다 없어지고 놀기좋아

하고, 거짓말잘하는사람이 義慈王앞에 모여들어서도

에게 거짓말로, 나라가 太平하다고, 하며 놀고술먹기

를 권했읍니다.

그러는차에, 난데없이 新羅의많은 軍士가 물밀듯이

쳐드러왔읍니다. : 그뿐아니라, 蘇定方이란 唐나라將軍

。百濟義慈王은 新羅와唐의軍士를 앞파뒤로 맞나서、하는수없이 도망하고 말았읍니다. 王파갈이 살든 많은 사람들은、싸호다 죽고、三千이나되는 宮女들은、그름에 白馬江이 흐르는 絕壁에나와서、물에 에뛰여들어 죽었다고합니다. 지금 扶餘에있는 落花岩이란 絕壁은、그꽃같은 젊은女子들이 떨어졌다고하여 일홈지였다고합니다. 新羅軍士가 몰려드러서、또이살든 百濟의서울扶餘에는、宮闕을 불사라버렸읍니다.

第九課 新羅의 統一 (二)

新羅사람들을 못살게굴던 百濟는 없어졌지만, 가장무서운 高句麗는 아직 그대로 남아있었읍니다. 그러나 新羅의 힘만으로는 어쩔수없었읍니다. 高句麗는 범우도 強했기때문입니다. 그런데 高句麗가 무서웠든것은, 唐나로도 마찬가지였읍니다. 唐나라에서도 新羅와같이 高句麗를 쳐없이하쟈고 말하였읍니다.

新羅에 文武王은 百濟扶餘에가있든 金庚信將軍을불러서, 다시 高句麗와 싸홀것을 命令하였읍니다

여습니다。 잡어도라와서 疲勞한 몸을 쉴사이도 없이

시망은 軍士를다리고、 눈이한길이나싸인 鳥嶺을 넘어

高句麗의서울 平壤으로 먼길을떠났읍니다。 추운겨울

인데도 잠방과 저삼밖에 못입은 軍士들은、 얼마되지

는 食糧을지고 가다가、 여러사람이 얼어죽었읍니다。

그래도 新羅의 軍士들은 죽엄을 무릅쓰고、 걸어갔음

니다。

이런때에 高句麗에는 泉蓋蘇文（천합소문）이란將軍이 있어서

나라의모-든일을 제마음대로움즉이요、 좋지못한일도많

이하였읍니다。 그래서 國民들의 不平도많았으나、그갈살

아 있는 동안에는、 두러워서 아모도 하는 수없이 그의 딸

에 服從하고 있었읍니다。

그런데 蓋蘇文이 갑작이죽어버리쟈、 사람들은 좋다고생

각하든데、 그의아들 셋이서 서로 아버지대신 뽑내겠다고、

라앉에서 저이들끼리、 서로 싸호고 있었읍니다。

달로았읍니다。 그래서 高句麗의힘은 셋으로갈려서 나

그러는때에、 新羅의 金庾信將軍이 南쪽으로 쳐드러왔

고、 唐나라의軍士가 北쪽으로 쳐드러왔읍니다。 高句

麗는 힘이 셋으로 갈라져서、 弱해졌다고는 하여도、

그때 世界에서 가장 强하다든 唐나라와 新羅를 相對
로 二年間이나 싸왔읍니다. 그동안에 金慶信將軍은
病으로, 慶州로 도라가고 말았읍니다.

그러나 종사(宗人) 高句麗는, 이기지 못하였읍니다. 오랫동
안 南北으로 달려드는 다른나라 軍士들에게 시달리다가
마츰내 넘어지고 말았읍니다.

高句麗의 軍士들은 唐나라에 잡혀가게 되였읍니
다. 平壤에 살든 사람들은, 外國사람들에게 업눌려살
기도싫고, 나라가는것이 슬어서, 눌다가 北쪽間
島로 이사하였읍니다.

高句麗의 어린이들은 아버지

와 어머니를 따라서、여짓것 살든 집과 터를 등지고、山설

고、물설은 벌판으로 가서、바람에 불리며 새로운 살림

을 시작하지 않으면 안되였읍니다.

六六八年、지금부터 約一三○○年 前일입니다. 高句麗、

의 어린이들이 커서 제힘으로 渤海라는 나라를 세

운것은、그로부터 四十二年後입니다.

百濟와 高句麗가 없어진뒤、그땅을 新羅와 唐이 서

로、차지하려고、얼마동안 서로 다토았으나、唐에서는

무서운 高句麗가 없어진것을、다행으로 생각하고、다

시 戰爭을 버려 농을 생각도 없어져서、지금 大同江以

오래간만에 平和가 찾아왔읍니다.

南당을 新羅에 주고 말았읍니다. 그리하여 朝鮮어늘

第 十 課 新羅의 文化

一, 口

唐나라王이 鸚鵡새 한 쌍을, 新羅 興德王에게 보냈읍
니다. 그때까지 朝鮮에는 앵무새가 없었기때문에, 王은

처음보는 그새를 몹시사랑했읍니다. 날마다 쳐마(軒)

끝에 鳥籠을 걸어놓고, 말을 배와주었읍니다.

그런데 열마안해서 암새가 병이들어 죽었읍니다.

송새가 호을로 슬이울었읍니다. 王은 불상히 생각

하고, 송새앞에 좋은 거울을 걸어놓아주었읍니다.

숭새는 거울 속에 빛인, 제 얼굴을 보고, 죽은 암새인

줄 알고, 처음에는 즐거히 노래하며 놀았읍니다. 그러

다가 어느날, 거울 속에 있는 암새를 주둥이로 쪼아 보

았읍니다. 그래서 거울 속에 있는 것이 제 모양인 줄 알고

더욱 슬이 울다가 숭새마자 죽어버렸다고 합니다.

이것은 朝鮮에 처음 온 앵무새의 슬은 이야기지만,

그때 朝鮮에는 여지껏없든 것이 많이 唐나라로부터 와

옷입는모양 짐짓는양 飮食 먹는법 모-든 것을 唐

읍니다.

배워왔다는 뜻도 있읍니다。외그런고하면 그대 唐나라사람들은 西域 波斯 羅馬 에까지 장사를하였기때문입니다。

그래서 新羅의 어린이들은 朝鮮명주에 波斯서온 명주로 옷을 지어입은일도있고 朝鮮명주에 波斯것과같이 물드려입은이도 있었읍니다。

朝鮮에 여지것 없든것을 이때에 波斯서 배워왔읍니다。누나들도 唐이나 西洋式으로 머리를들고 燕脂와 粉을 발르고 봄바람에 뽀뿌라나무가지나부끼는 關川가를 唐나라 風樂소리를 들었읍니다。

어린이들을 즐겁게한것은 그비 이였읍니다。

거러오고 거러가고하며 갈가집

52

다。그리고 늙은이들은 나무그늘 밑에서 쟝기(將碁)두

길를 배왔읍니다。지금으로 말하면 우리들이 쪼米利加

나、露西亞사람들에게 모ー든 것을 배우는 것과 마찬가지

였읍니다。

지금우리가 慶州에가면、그대의 여러가지 물건을 볼

수있읍니다。金으로된 王冠에는 구슬이달려서、하늘

하늘 춤추고 있읍니다。石窟庵에있는、釋迦와모ー

든佛像은 살아있는것같이 生氣가있고、딴데서는 다

시찾아볼수없이 아름답습니다。佛國寺에 있는돌다

라 石塔들에는、…사람이만든 建築物中에 으뜸

53

가는 것입니다. 膽星臺는 東洋에서 第一 오래된 天

文臺입니다. 武烈王陵앞에 놓여있는 돌거북이碑는

움즉일듯이 산것갓습니다. 皇龍寺라는 절자리는 그

지초돌만이 남이있지만, 놀랠만큼 넓고 큼니다. 慶

쩌에있는 우리나라 보배는 하나~모다 말할수

없이 많슴니다. 그리고, 말로해서 알아듣지 못할만

금 좋은것입니다.

이모~든 보배는, 新羅적에 되것이지만, 그價値는언

제까지나 사람의마음을 움즉이고있으며, 時代가 흐

를사록 더욱 빛나는것입니다. 그때에 唐나라에서 본

받아만든 것이지만、唐나라에서 찾아볼수없는 優美

한것이오、朝鮮香氣가 푹々나는 것입니다。

新羅시절에 朝鮮은、그리큰나라는 못되지만、가쟝아

름다웠오、우리나라는 가쟝빛났읍니다。

日本에서는 慶州에 學生을보내 工夫시였읍니다。

그리고 많은것을 배와갔읍니다。그中에도 자미있는것

은、日本에는 고양이(猫)가 없든것을、그때에 가져

갔다고합니다。

新羅의 자랑거리는 아직도 많습니다。이런보배를만

들어 쓰든 新羅사람들中에는、훌륭한사람들이 열

55

마든지 있었읍니다. 元曉라는 사람은 젊어슬적에 唐

나라에가서 佛敎工夫를 하려고, 義湘이란 동무와같이

먼길을 떠났읍니다. 遼河까지 왔을적에 해가지고, 밤

이되였읍니다. 그 근방에 집이없어서, 들에자기로 했음

니다. 밤에 목이말라, 냇물을마시려고 나왔읍니다. 그

러나 그릇이 없었읍니다. 이리저리 찾는데, 마춤 조곰마

한 박이하나, 떨어져있었읍니다. 그박으로 물을떠마시

가지고 단기기좋겠다고, 그냥가지고와서, 다시잠이들었읍니

다. 그다음날 날이새인뒤에, 그박을보니, 그것은 박이아

프, 사람의 해골이였읍니다.

56

元曉는 깨달았읍니다. 사람의 알이란것이 모ㅡ다 그렁다고 생각했읍니다. 그길로, 元曉는 발길을 돌려 慶州로 도라오고 말았읍니다. 동무 義湘은 혼자서 唐나라로 가서, 많은工夫를 하고 왔읍니다. 그後에 元曉는 혼자서 工夫하여, 義湘보다도 더 많은일을 했읍니다. 그中에도 큰일은 여자것佛敎는, 理치가 까다롭고, 어렵기때문에 工夫를 하거나, 돈이많은사람이 아니면 믿지못하는 것이였읍니다. 그런佛敎를 모든사람에게 알기쉽게 말하여 알려주고, 複雜한 理치를 간촐히하여서, 누구나 알게하였읍니다. 이런 훌륭한사람은 딴나라에도, 찾아보기 힘들다합니다.

率居(솔거)라는 사람은 그림을 잘그렸읍니다. 그가 皇龍寺(황룡사)

벽에 그린소나무는 정말 살아있는 소나무와 같아서, 소

리개가 날러와서, 앉으려다가는 벽에부닥쳐서, 떨어지

군 했답니다. 몇해지나가서 그빛갈이 히미해졌기 때

문에, 졀에살든중이 고쳐색칠했드니, 그뒤로는 다시

소리개가 날러오지않었다고 합니다. 그밖에도 率居(솔거)

는, 芬皇寺(분황사)와 斷俗寺(단속사)에도 부쳐님을 그렸다고한는데,

지금우리들이 그그림을 볼수없는것은 퍽섭々한일

입니다.

崔致遠이란 사람은 十二才적에、혼자서 唐나라에가서

工夫를 하여서 훌륭한사람이되여、新羅에도라왔읍니

다。넘우도 훌륭한 사람이였기때문에 新羅사람들은

그를몰라보고、본쳐만켜하였지만 그는조금도 나쁘게생

각지않고、홀로山속에서 많은工夫를 하였읍니다。지

금 우리들이 녯날일을 알자면、그가쓴쟼을 읽어보

는것이 가쟝좋습니다。그만큼그는 모든것을 많이

알고 많이工夫하였읍니다。

張弓福이란 사람은、바다에 익숙한 사람이였읍니

다。莞島라는 섬에집을짓고、朝鮮에서 中國으로 나

日本으로 가는 배는거이 全部 그가 가지고 있었읍니다. 日
本나라에서 中國에갈일이 있었거나, 물건을 가져가고, 가
져올일이 있을때에는, 그에게 부탁하지않으면 안 되였
읍니다.

그러는동안에 여러가지 사정을 알게되였읍니다. 그
中큰일은, 中國에서 朝鮮에와서, 우리나라사람들을 잡
아다가. 종(奴隷)으로 팔아먹는, 버릇이 있는것을
알았읍니다. 그는 또에게말하여, 제집에 武士를두고,
그런中國사람의 배를마음대로 오지못하게 하였읍니
다. 그뒤로는, 우리나라사람들이 마음놓고, 살수있게

되였다고합니다. 新羅때에는, 이런사람도많고, 자미있는
이야기도 많습니다.

第十一課 新羅의 衰弱

新羅가 우리나라의 主人이된後、二百五十年쯤 平和로
웠읍니다.

그동안에 王들은 백성에게서、좋은물건을 많이받아드
렸읍니다. 新羅의 文物이 빛나는것도、그덕택이였읍니다
。 그러나 오랫동안 平和로히 지내는데서、두가지 폐단
이 생겼읍니다.

첫째는, 싸흠을 잘 적정이 없어졌기때문에 王들은 쯤

61

하고 살며、맛나는것을 먹고、고운옷을 입고、날마다 놀며자

내였읍니다。좋은 것은 唐나라에서、사오게하였읍니다。둘째는、딴나

그러는동안에 또의돈이 없어졌읍니다。

라에서 쳐드러올근심도 없었기때문에、新羅나라안에서

저이들끼리、서로 세력다툼을 시작하였읍니다。힘있

는 사람들이、서로 또이되려고、하였읍니다。또은 딴

사람에게、또의자리를 빼았기지 않으려고、모든힘을 다

하지않으면 안되였읍니다。그러니 저절로 나라일이 나、

백성들을 돌볼사이가 없었읍니다。

백성들이 어떻게 땀을 흘려가며、農事를 짓고、고

62

생하며 옷감을 짜내는지도 모르고, 또은 저만이 잘살

기 위해서 많은 쌀을 받아드리고, 좋은 옷감은죄

다 받아드렸읍니다.

가장 심한것은 眞聖이란 女王때입니다. 또은 아모

일도 하지않고, 하려고도 않았읍니다. 다만 그날

을 어떻게 재미있고, 즐겁게 지날가 생각할뿐이었

읍니다. 그래서 놀기좋아하는 무리들이 모여들어서또

을 가운데두고, 좋지못한 일만하였읍니다.

地方어서는 도적이 많아졌읍니다. 처음에는 조고마

한 도적이 차츰 커져서, 나중에는 많은 사람이 무리

를 지어서、軍士들 모양으로 싸홈을 하며、도적질을 하

거 되였읍니다。가장 큰무리는、梁吉(양길)이란 사람이 거

느리는 도적의 떼였읍니다。그런데 梁吉이 믿에는、

弓裔(궁예)란 재조 있는 사람이 있어서、많은 도적을 잘가

르쳐서、나라의 軍士모양으로 訓練을 식여가지고、종지

못한 일을 하지못하게 했읍니다。그래서 많은 백성들

은、弓裔가 新羅의 王보다 좋다고 하게되였읍니다。오

러人氣를 모아가지고、弓裔는 제가王이라고하며、後

高句麗(泰封태봉)라는 나라를 만들고、鐵原을 서울로

정했읍니다。

64

얼마뒤에 西쪽에서는、甄萱(지훤)이란 사람이 後百濟라는

나라를 세우고、지금 光州에 있으며、그 地方사람들을 제

백성이라 했읍니다。

이렇게해서、朝鮮에는 다시 세나라가 버러져서、서로

다토게 되였읍니다。

第 十二 課 後三國

백성들이 新羅王의 말을 안듣게된것은、王들의 잘

못도 있었지만 사실 그原因은 좀더 깊은것입니다。

그것은 한사람의 일로 비해서 말하자면、少年시절

에는、차츰——자라서、어렸을때옷이 맞지않아져서

들어 그 치지 않으면, 안되게 되는것과 마찬가지로, 우

리 朝鮮 나라도, 新羅가 統一한지 二百五十年間에 훨씬 자

라서, 慶州만을 잘살게 만들어 놓았든, 新羅라는옷

은 맞지 않게 되였든 것입니다. 慶州에서 떠러저있는

곳에있는 사람들도, 慶州에있는 사람들모양으로, 잘

살지않으면 않되겠다고, 이러서々 新羅라는 어린임적

옷을 벗어버리려하게 된것입니다. 弓裔와, 甄萱이

란 사람들은, 이런때에 앞갈잡이로 나선, 허자비라고

도 하겠읍니다.

弓裔란 사람은, 본래 新羅의 王族이고, 재조도 있었

66

많은백성이 좋게 생각했지만 늙어가면서 정신을 차리지못하고, 잘못된일을 많이하게 되었기때문에、사람들은 그를 미워하고、그보다도 弓裔의 部下로 있는 王建(완전)이란사람이 더좋겠다고하여서、그를잡아 죽이고、王建을、그나라의 王으로 세우게 되었읍니다。

王建은 鐵原에서、開城으로 서울을 옮기고、거기서 장차에 큰나라를、서울준비를 하고 있었읍니다。

그런데 한편 甄萱은、성급히 新羅를 엎어트리고自己가、그代身 朝鮮의王이되려생각하고、많은軍士를다리고、慶州로 쳐들어갔읍니다。

67

그때 新羅王은、여러사람들을 鮑石亭(표석정)이란곳에 모

아놓고、날마다 밤을새워가며 술을마시고、노래하며、

춤추며、즐거히 놀고있었읍니다。

鮑石亭에 몰려드러온、甄萱의軍士는、王을잡아갈

로버여버리고、많은女子를 잡아갔읍니다。그러나 글로

인해서、新羅는 근하지는않고、그대신 王이 드러섰

읍니다。敬順王이라고합니다。敬順王은 甄萱을 미

위하고、北쪽王建에게 힘을빌려고、생각했읍니다。王

建의힘으로、新羅를다시 튼튼하게 만들어보려고、애

썼지만、新羅는 기우려가는 잡파갈았읍니다。

68

王은 하는수없이 王建에게 모-든것을 맛겨버리려고 생각하고, 어떤날 雁鴨池(안압지)라는 못가에, 臨殿에있는 모-든사람들파, 臣下들을 모아놓고, 제생각을 말했읍니다.

千年間이나 있든나라를 다른사람에게 주고마는것은 王을위하야, 슬은일이고, 나라를 잃어버리는 백성에게도, 슬은일이였읍니다. 연못을 바라보면서臣下들은 눈물을 흘렸읍니다. 물우에뜬 오리무리들파 같이, 아무말도 없었읍니다.

될수만있으면, 그대로 나라를 유지하고 싶었으나,

또도 없어지고、畢生도 없어지고、政治하던 사람도 없어지고、따

라서 백성들의 마음까지도 떠나버린 新羅를、다시바로

잠을 재조는 없었읍니다。

"上監님、그렇다고해서 그냥 나라를 내여주는것은、

넘우도 사내답지 못한일이라고 생각합니다。사내답

게 끝까지 싸우고、모다가 죽으면 그만아님니까?…"

라고、말한것은 또의 아들이였읍니다。

도은 대답했읍니다。

"싸우는것도 좋기는하지만、아무리해도 이기지못할

싸홈을 하는것은 쓸데없이 많은사람을 죽이고、

70

백성을 더못살게 구르는 것밖에 없다。

王의아들은、그길로 宮殿을 나와서 아무말도없이 머ㄹ

리 金剛山으로 드러가서、머리를깎고 돌틈에서자고

나무껍질과 풀뿌리를 먹고、늘상배(麻)옷을입고、생

을 마쳤다고합니다。그래서 우리가 부르기를、麻衣

太子라고합니다。

麻衣太子가 없어진뒤에、慶州에는 王의말에 反對하

는사람은 없어졌읍니다。

敬順王은 王建에게 사람을 보냈읍니다。新羅나라

는 全部 당신께 맡앗것이니、그대신 나를잘살게하

여달라고 ……

王建은 싸호지도、 않고 큰나라를 얻게되였읍니다。

남은것은 後百濟王、 甄萱뿐이였읍니다。 그런데、마츰

王은 아들파 사이가 좋지않아서、서로다토고 있었읍

니다。 王建은 使臣을보내서 말했읍니다。

後百濟한나라를 처없이하는것은 쉬운일이지만、많

은사람이 죽을것이고、많은사람을 못살게만들것을

생각하여、참고있든 터이니、新羅敬順王이 한것을본

받아、우리나라에 무릎을꿇으면、잘대접하겠다고 ……

後百濟王은王建과 싸와서、이갈수없는줄을알고、아들

※ 1쪽 누락

高句麗와같이、 좋은 나라를 만들어야겠다는 생각이고、

그러기위해서는、서울이 한복판에 있어야되겠다고、해서、

北쪽으로 가져다가、開城에다 정했읍니다。高句麗와같

이 平壤에 가져가려고도 했지만、王建이집이 開城이었고、

또、南中國파 쟝사하기도 편하다고、생각했기 때문입니다。

그리고 新羅王들이 생각지못했든 것을 했읍니다。

첫재는、新羅때에는、慶州가서울이고、慶州만이 모ー

든것의 中心地가 되었든것을、王建은 서울인 開城

外에、西京(平壤)南京(京城)東京(慶州)을、各地方

74

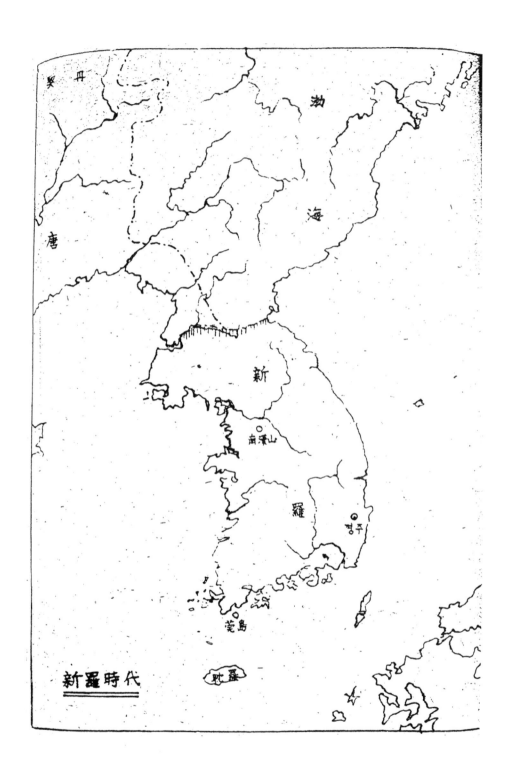

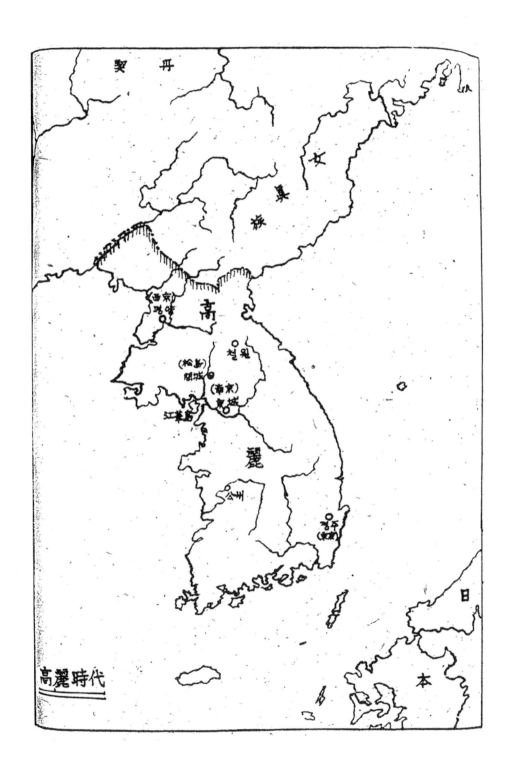

契丹

女真族

高

西京
平壤

철원

(松岳)
開城

(南京)
漢城

江華島

麗

公州

경주
(東京)

日

本

高麗時代

의 中心地로 삼고·정사하기와·政治하기에 편하게 만

들었읍니다.

둘째는、朝鮮땅이 좁아서、못쓰겠다 생각하고、여직

것 中國사람들이 차지하고있든、北쪽을 빼았고·다시

東쪽까지도、朝鮮땅을 만들지 않으면 안되겠다고·王

子들에게 말했읍니다。王建이 죽은後에、그의 아들들

은、王建의 말을 잇지않고、언제나 北쪽과 東쪽으로

나라땅을 넓히려 애썼읍니다.

셋째로는、나라의땅을 全部 빼았아서、王의것으로 했

읍니다. 그땅은 王의마음대로、百下의 땅에따라서 나

누어주었읍니다。그래서 新羅적에 백성들의 살림에
맞지않는 經濟가、어지간이 맞게되여서、백성들이 살
기좋게되였읍니다。그러나 그먼신 땅을 또 어게서 얻은
사람들은 그 땅을가지고、뽑버기 시작했읍니다。그 땅에서
農事짓는백성을 저것처럼 부려먹고、그사람들이 만든
물건을 모다저것이라고해서、저혼자만 잘살려했읍니다
。그리고 많은사람을 소나、말이나、그렇지않으면 물
건파같이 부려먹었읍니다。사람은 사람이면서도、같은
사람은 아니였읍니다。지금말로하면 종(奴隷)이였읍니

76

그때의 어린이들은 나면서부터 奴隷였읍니다. 즐겁게

마음대로 놀수없고, 힘든일을 허야만되였읍니다. 그런

데, 또이나, 높은사람들의 집에난 어린이들은, 우리들이

생각못할 만큼 잘살고, 잘놀았다고합니다.

第 十四 課 佛 教

王建은, 高麗나라를 세운것도, 부처님의 덕택이랴고

생각했읍니다. 제가 王이된것도, 부처님의 은헤라고, 밑

었읍니다. 그래서 죽을저에 아들에게 말했읍니다.

"高麗를 보호허주는것은 부처님이니, 부처님을

잘 섬기지 않으면 안된다. ㅁ......

사실, 그 태사람들은 부처님을 고맙게 생각했읍니다.

부처님만만으면 잘살수있고, 죽어서도 좋은 곳으로 가

서, 더잘살수있다고 생각했읍니다.

王建이 죽은지 百年이나 되때일압니다.

그때도, 文宗은 王子들을 앞에모아앉이고, 물었읍니다.

"너이들中에, 누가 부처님을 가장잘 섬걸것없요?"

아자 열살도 못되 뗏쩌아들 義天이 말했읍니다.

"王子도 중(僧)이 될수 있읍니까?"

"그럼!"

"上監님이 허락하시면, 제가 중이되여, 부처님을 잘

78

섬기겠읍니다 ..

義天은 중이되는 것이 무엇인지 잘몰랐지만, 사람들 가운데, 중이 가장좋은 것같이 생각되였든 것입니다. 그보다도…

義天이 十一才되는해, 늦은봄날, 宮廷에서 머리를깎고, 중모습을 취리고, 어머니와 아버지있는곳을떠나, 혼자서 靈通寺라는 절로 갔읍니다. 절간에서 佛教工夫를 하는동안에, 朝鮮에서보다 中國에가서 하는것이 더좋겠다고, 생각하고, 아버지에게 中國에가서 工夫하겠다고 말했읍니다. 그렇나, 아버지는 허락지않았읍니다. 그렇나 아모리해도 가프 없었기때문에, 젊은 義天은 제마음대로

불교에 ... 中國에가서 工夫를하고 많은 책

을 사가지고, 도라왔읍니다. 高麗에 도라온 義天은,

大覺國師라고 불리우며, 그때제일큰절 二千八百間이나

되는, 興王寺에 住持가 되여, 天台宗이란 새로운 佛

敎를 가르쳤읍니다. 高麗나라의 많은사람이, 佛敎

를 믿게되였읍니다. 新羅적에는 慶州에있든 사람

들만이 믿든것이, 高麗적에는 나라안에있는 모ー든

사람이, 잔사는사람이나, 못사는집이나 할것없이, 佛

敎를 믿게되고, 사람들의 살림도, 佛敎의 가르침대

로 하게되였읍니다. 어린이들이 가장즐거히 노는 明

節은、四月八日、釋迦가 죽은날로 定했음니다。그
날、잠々마다 燈불을 달고、노래부르고 춤추며、男
子나女子나 할것없이、모다 즐거히 뛰놀았음니다。
일하는포생도、살아가는 슲은도、다맞고、모든사람
이 같이 즐거히 지낼수있는날이였음니다。
많은사람이 佛教를믿게 되였기때문에、졀(寺院)
이 많이생기고、졀에는 많은중(僧)이 살았음니다。
중들은 사람들의 福을 받어준다고하며、아침부러
밤늦게까지、부쳐님앞에 꿀어앉어서、木鐸을 두드
리며、念佛을 중얼거렸음니다。

高麗王들은, 할아버지되는 王建의가르침대로, 北

쪽으로 나라를 넓히려고 애썼읍니다. 그러나, 그것은

北쪽에있든, 싸홈잘하기로 有名한 두民族때문에,

마음대로 되지않았읍니다.

첫재는, 滿洲에있는 契丹(거란)사람들입니다. 그들은 바

다에서나는 고기와, 소곰을 얻고 싶었읍니다. 그래서

바다가 둘러있는, 우리나라를 빼았으려고 몇번이나

淸川江을넘어서 쳐들어왔읍니다. 한번은 王이살고있는

開城까지와서, 집들을 불질은 일도 있었읍니다. 王은

하는수없이, 그들에게 降伏(항복)하고, 그들의 말대로 하려고 했

읍니다. 그때에 姜邯贊(강잠찬)이란 사람은 노에게,

"기다려봅시다. 臣이 살아있는동안, 上監을 욕보이지

는 않게싸옵니다."

고 말하여, 노을 잠시 南쪽으로 피하라하고, 남아있는 軍

士들을 이끌고 나가서, 契丹軍의 뒤로돌아가서 뒷걸음을

막아놓고. 모조리 살로잡았읍니다. 軍士 말、갑옷、칼

창이 山같이 쌓였읍니다. 姜邯贊은、그것을 모다、

수레(車)에싰고, 開城으로 도라왔읍니다.

조은 그를 위해서, 먼걸음을 마주나가며 맞들 보살함,

83

그 다음에、高麗사람들이 욱본것은、東北쪽에있는 ⓦ

眞사람들이 였읍니다。그사람들은、高麗땅이 더살기좋

은줄알고、해마다 조끔식 땅을빼앗고 드러와서、高

麗사람들을 못살게 구렀읍니다。軍士를 다리고가면、

그들은 모다도망하여、山속에 숨었다가、高麗軍士들

이 돌아오면、다시나와서 못살게 구렀읍니다。조은어

쪄면 죵을지를 몰랐읍니다。

그때、尹(윤)瓘(관)이란사람이 나서、제가맏아할것을 王에게

84

말하고、 오랫동안 女眞사람들과 싸온끝에、 女眞사람들

을 모다 내쫓고、 그자리에 높이城을쌓고、 女眞사람들

이 다시들어오지못하게 하였읍니다。

高麗사람들은 姜邯贊과、 尹瓘을 모다같이 고맙게생각했음니다。

將軍이라고해서、 나라를직혀준

第十六課 妙淸의亂

高麗적부터 朝鮮사람들은、 風水란것을 생각하였음

니다。 風水란것은 처음에 中國사람들이 생각한것인데

사람에게 좋은곳과 좋지않은곳이있어、 좋은것을 明堂

이라하고。 明堂에살면 모든일이 마음대로 잘되고、 좋지

85

영은무엇신고, ……가나하고 어찌니 ……

정만하고 살게된다는 것이였읍니다.

明堂(명당)이란것은 玄武(현무), 朱雀(주작), 青龍(청룡), 白虎(백호)라고 하여, 뒤에 높은山이있고, 東(동)에 두던이있고, 西(서)에山같이 갈로놓이고, 앞에 물이흐르는곳이라고 합니다.

高麗(고려)적부터 朝鮮(조선)사람들은 이런곳을 찾어서, 집을 짓고, 先祖(선조)의무덤을 쓰려고, 설로다토았읍니다.

이런생각은 백성들보다도, 王室(왕실)에먼져 배잦았읍니다.

나라에 딴民族(민족)이 참로하고, 일이마음대로 안되여, 백성들이 平安(평안)히살수없는것은, 또이살고있는 宮闕(궁궐)자리가 明堂

○뜻도부 까닭이라고, 생각하기 시작하였읍니다。 妙淸이

란 중이 王에게 말했읍니다。

"開城보다 平壤이, 더明堂입니다。王이 서울을 平壤

으로, 옮기면, 옛날高句麗보다 더强大한 나라가되고、

北쪽, 鴨綠江 넘어까지도, 우리나라 땅이될것입니다。"

王은 그럴듯하게 생각하고, 平壤으로 옮가 가려고, 먼

츰 平壤에 가보길로 했읍니다。王이 大同江을 건너려

고 배를 탔읍니다。江우에 무지개모양으로, 고운문이가

떴읍니다。王은 이상이 너여서, 妙淸에게 물었읍니

다。

"져것이 무었이냐?"

"上監님이오신다고、 江말에있는龍이 기뻐서、 춤을흘리는것이 옵니다。"

"그러냐?"

또은 그덕거렸읍니다。 그것은 龍의춤이 아니였읍니다。 대쳐. 세상에 龍이란것이 있을리가없읍니다。 妙淸이가 피를피여. 속에참기를을 비저넣은 떡을. 또이보지않게 江물속에 던진것을、 고기가 물어뜯어. 그속에 기름이 물우에 떠오른것이였읍니다。 그러나 그때사람들은、 龍이란것이 있다고생각하였기 때문에. 또은 妙淸의 말

88

을믿고, 그자리에서, 平壤으로 옮가오기로, 마음을 졍하

고, 王이있을 宮殿을 새로짓게 하였읍니다. 妙淸은 王

을 모셔오려고, 몇달동안걸려서 宮殿을 지었읍니다.

그앞이 끝날때에, 마춤 큰바람이 부러서, 宮殿을 모다

날려버렸읍니다.

·開城에있는 사람들은, 王이平壤으로 가는것을, 좋지않게

생각하고, 王에게 말했읍니다. 하느님이 王을平壤으로

옮가가지말라고 하는것이라고,

王은 다시생각을 돌려서, 平壤으로 안가기로 했음

니다. 妙淸은 성이났읍니다. 그래서 이제부터는 王의 말

을 안 드릿겠다고 하며, 平壤에 大爲國이라 나라를 세워

高麗를 쳐없이한다하며、 開城으로 軍士들과같이 떠났음니다.

開城 사람들은 몹시무서웠음니다。 平壤이란곳은 뗏날부터、 사람이많이살고、 물자가많고、 交通이便하여、 나라를 세우면、 그세력이 커질수있기때문임니다。 開城에서는、 가

쟝지혜있고、 勇敢한 金富軾이란 사람이 軍士를다리

와 싸왔음니다。 오랫동안 싸온뒤에、 妙淸이잡혀죽고、 싸홈은 끝났음니다。 또은 아모탈이 없었음니다。 이것

을 妙淸의 亂이라고 하는데、 一一三六年일임니다。

第十七課 文官과武官

나라에 文官과 武官이란것이 高麗적부터 분명하게 갈라졌읍니다. 싸홈이 있을적에는 武官이 뽑벘읍니다. 平和한때는 文官이 제世上이라고 떠들었읍니다. 妙淸의亂이 있었다고는해도 女眞과 契丹이 참로하지않게 된 以後는 나라이 平和한셈이였읍니다. 그래서 文臣들이 나라일을 돌보게되고 또은 文臣들만을 貴여워했읍니다.

一二七年 八月 무더운 어느날 王은 臣下들을 다리고 興王侍로 놀려갔읍니라. 술을마시며 詩를짓는다고 文臣

91

밤이되도록 ᄒᆞ루 ... 놀았읍니다。하로終日놀고

다리든 武官들은 배가풀으고 하지않았읍니다。밖에서 기

은 武官들을 불러서 五兵手搏(수박)이란 춤을 추라고 그런데도

했읍니다。춤추는 武官을보고 武官은 無智하다

고 文官들이 놀려주었읍니다。武官들은 성이나서 文

官들파 다토았으나 王이 못하게 했든고로 그만두고 말

았지만 大將鄭仲夫는 몹시 성이났읍니다。얼마전에

文臣金富軾의 어린아들에게 잡혀서 燭불로 수염을

태우고 놀림감이 되였든 일이있었든것을 생각하고

이젠는 더참을수없다하고、 몇알後에 軍士를다리고、文官들을 모조리 잡아죽이고、王파王子는 멀리로 流配뻔뒤어、王의아들을 王자리에앉이고、제마음대로 나라를 다스리게되였읍니다.

그뒤에 武臣들이 나라에功勞가 많다고하며 王에게땅은땅파 많은사람을 얻어서 武臣들은 부자가되였읍니다。武臣들은 제집에 軍士들을 걸우고、제말을 듣지않는사람은、모다잡아 없이하였읍니다。그래서、나종에는 王도武臣들의 말을 그대로듣지않으면 안되게되였음

北쪽으로부터 여직껏 보지않든 사람이와서, 또을맛나ㄱ

다고 하였읍니다. 그사람은 우리나라 말을할줄도모르고

듣을줄도 몰랐읍니다. 같이온 女眞사람의 말을 듣으

면, 그는 蒙古에서 왔다고합니다.

王에게 편지한장을 드렸읍니다. 그것은 蒙古王의아우

忽必烈이란사람의 편지인데

獺_달 皮_피 一萬 觔_근

細_세 紬_주 三千 匹_필

紵_저 二千 匹

綿子 一萬斤

龍團墨 一千丁

筆 二百管

紙 十萬張

紫草 五萬斤

紅花 藍筍 朱紅 各五十斤

油 二十斤

을 보내면, 이제부터 高麗를 아우의나라로 생각할
터이라고 써있었읍니다. 또은 성을내고 그사람을잡
아 죽였읍니다.

蒙古라는 나라는 그때우리나라보다 훨신크고 强한 나라였음니다. 아니 우리나라와는 비할수없이 큰나라 였음니다. 그 세력이 서양에까지 별혀서 歷史에다.

시없는 强한나라였지만 그때우리나라 사람들은 그것 을 몰랐음니다. 더욱히 우리가언제나 깔보는 女眞 사람과 같이왔음으로 댓스럽지 않게생각했든것임니 다.

그랬더니 그後에 蒙古사람들은 딸을타고 우리나라 에 쳐들어왔음니다. 처음에는 그들파싸와서 얼마동

안 나아갓이는 종이 ...못하고 武臣들은 ...보았다

리프、江華島라는 섬으로、서울을옮기고、말았읍니다。

우리나라 全部가 蒙古軍士의 말발굽에 밟히고、모든 백성이 욕을보았지만、王이옮아간 江華島에만、平和한 때나 다름없었읍니다。여지것 바다를 보지못하고、배

를적어 건너줄을 모르는 蒙古사람들은、마즌편 바다언떠까지와서、王을 나오라 재촉했을뿐입니다。

王은 開城서 옮아갈적에、많은사람을 다리고 갔읍니다。開城에있는 宮殿속에서、살든때와 다름이없

다。

은 쫌을두고 일을새롯읍니다。

그리고, 토은 생각했읍니다. 우리나라가 蒙古사람

들에게 시달리고, 못살게된것은, 부쳐님의 은덕이엷

어진 까닭이니, 부쳐님을 잘 섬기고, 부쳐님께 빌면모

든일이 잘되고, 우리나라는 다시 平和로워질것이다, 고···

그래서 토은, 蒙古軍士들이 불살라버린 大藏經을새

로 만들기로 하고, 全羅道땅에서 좋은材木을 많이

가져다가, 十六年이나 걸려서, 좋은, 木版을 쪼아 냈음

니다. 이大藏經木版은, 지금 慶尙南道 海印寺에

남아있읍니다. 그래서 다른나라사람들이, 와보고는 놀래

고 칭찬합니다. 그팽히 크고, 높으나反으 ㅁㅁㅁ...,

92

게、잘 만들었는지 모르겠다고、그리고 이런것은 世界에

도、朝鮮에밖에 없는 좋고、貴重한것이라고 합니다。

도은、다시 燃燈會와、八關會를 여러번 열게하였읍니다。

燃燈會란것은 부쳐님게 큰燭불을 올리며、싸홈

이 없어지게 하여달라고 비는것이고、八關會란것은 여러

가지神게 八罪八厄을 물러쳐달라고、祭祀하는것압니다。

燃燈會나、八關會가끝나면、또 모ー든사람들은 밤이깊도

록、몇일동안、즐거히 노는것이였읍니다。

이렇게 놀고있는 동안에 江華島로 옮아갔또파、여러

사람들은 싸홈도 잇고지낼 지경이였읍니다。

보아. 다시 開城에서 살고 있을 저파갈이, 아름다운 질그

롯(陶磁器)을 만들라고 했읍니다. 그래서 많은 종들을

모아놓고, 돈을많이 주었읍니다. 종들은 저각기, 저가 조

은것을 만들어서 토에게드리려고 애썼읍니다. 그렇게해서

곱고, 아름다운 질그릇이 무수하게 만들어졌읍니다. 이

질그릇들은, 우리나라에서뿐아니라, 이世上에 사람이 만든

것들中에서 가장 좋은것이라고 합니다. 지금우리가世界

어느나라이나, 큰博物舘에 가면, 高麗磁器라고 하는 그때

의 그릇들을 찾아볼수있읍니다.

지금 우리가 생각하면, 참으로 이상한일임니다. 우리나라

가、그렇게 모진고생을 하든때에、어떻게 그런좋은것을
여러가지 만들었는지 모를알압니다。

第十九 課 蒙古와의 關係 (二)

王이、江華島로 옮아간지 三十年이되였읍니다。蒙古에는그
동안에 王이죽고、그아우 忽必烈이 王이되여、世祖라고 하였
읍니다。世祖는 오랫동안、우리나라와 싸왔지만、이기함든
줄을알고、軍士를 돌려가고、말로서 우리나라도을 달랬
읍니다。우리도 오랫동안 고생하든터이라、하는수없이그
대로、江華島에서 開城으로 나왔읍니다。

서로 싸우지말고、平和로히 지내쟈고 말했읍니다。高麗

이〜〜은이 좋겠다고、王子를 蒙古로 보냈읍니다。世祖는 열여섯살난、齊國公主(世祖의딸)를 高麗王子에게 시집보내기로 했읍니다。一二七四年五月、開城에는 蒙古의王女가 宮殿속에 와있게되었읍니다、사람들은 이제야、蒙古가 어떻게 큰나라인가를、알게되였읍니다。蒙古말을 배우기 시작했읍니다。蒙古사람 모양으로 옷을 지어입고、머리도 蒙古式으로、가운데를 깎고、두쪽으로 따어느렸읍니다。알홈도 "이지리푸카、"아라토도시리、라던가、"무다시리、라고、우스운 알홈을 지었읍니다。

102

처음에는 蒙古에서 그렇게하라고해서, 하든것이 나중

에는, 저마다 스스로, 딸흐게 되였습니다.

그때, 開城거리는 蒙古사람의 거리와 비슷했다고 함

니다. 이렇게 蒙古의 흉내를 내는 것은, 것모양뿐

만아니라, 생각하는뻡파, 살림하는뻡까지도, 그렇게 되

였읍니다.

첫재, 高麗가 나라를 세운以來, 女眞, 契丹, 蒙古로

쉴새없이 딴나라사람들파 싸와오는동안 民族意識이란

것이생겨, 우리나라사람들은 모다함을 合하여서, 딴나라

사람들을 막아내지 않으면, 안되겠다는 생각을하게되

103

고, 그러기위해서는, 우리나라도 따나라에 지지 않는 글을

은 것을 가지고 있다고 할 必要가 생겼었는데. 이와같흔

생각을 蒙古사람들도 하고. 蒙古도은 그래서 建國神話

를 만들고. 蒙古글자를 만들었읍니다. 高麗에서도, 그

를, 본받아서 넷날부터 전해오든, 壇君네이야기를

建國神話로 삼고, 朝鮮의 歷史를 꿈여내려고 했읍니다

。그리고, 朝鮮글자도 있어야되겠다고 생각하게되었읍니다。

이생각은, 이로부터 차츰차츰 發達해서, 壇君이 西紀前

二三三三年에 우리나라를 세웠다고 믿게되고, 글자는 그로

부터 百年後에, 李祹(世宗大王)란 사람이 "한글"을

또한가지는 蒙古사람들이 하는것을 본받아서、中國에 있는 朱子學을 받아 드린것입니다。朱子學이란 것은 二三〇年、中國에 朱子라는 사람이나서、孔子님이 생각한것을다시 그때社會에 맞도록 해석한 思想인데、이 朱子學을 工夫하면 좋은 사람이될수있고、나라를 잘 다스릴수도 있다고해서、蒙古에서 하는대로、朱子學工夫 잘한사람을 試驗으로 뽑게되었읍니다。이렇게 한것이 後에 우리나라에 儒教가퍼지고、어린이들이 漢文工夫를 더많이 하느라고、애쓰지 않으면、안되게되、장 본이라고합니다.

第二十課 綿花

一三六〇年、文益漸(문익점)이란 사람은, 恭愍王(공민왕)이 蒙古王에게 보내는 편지를 가지고, 蒙古로 갔읍니다. 그런데, 그보다 먼저 좋지못한 일을 하고, 恭愍王에 쫓겨서 蒙古로 가 있든 文益漸이란 사람이, 文益漸을 보고서, 蒙古王에게 崔濡(최유)라는 사람은 좋지못한 사람이고, 이번에 王을 害하려고 온것이라고.

거짓말을 하였읍니다. 蒙古王은 그말을 끔이들고 文益漸을 잡아서, 雲南이란 곳으로 流配보냈읍니다.

하는수없이 ㅁ굿으로 갔읍니다. 그런데

雲南이란곳에는 여지것 보지못하든, 좋은것이 있었읍니다. 그것은 우리들이 옷을해입는 까지 우리나라에는 棉花(면화)란것이 없었읍니다. 그때 文益漸은

棉花(면화)란것이 없었읍니다. 文益漸은

생각했읍니다.

棉花를 우리나라에서도 심어서. 옷을해입었으면 얼마나 좋을까?! 고.

그는 雲南에있는 동안에, 그곳사람들이 棉花農事짓는것을 잘보아두었읍니다. 그들이 어떻게 씨를부리고, 어떻게 그것을 가꾸어서. 木花를 따고. 솜을만들고.

107

옷잠을 만드는가를 배왔읍니다.

그리고 雲南에서 도라올적에 棉花種子 세알을 붓 대에 넣어가지고 왔읍니다. 오는길에, 딴나라사람에게 빼 앗길가 해서입니다.

慶尙南道 江城에 있는 제집에 돌아온, 文益漸은 그 씨를 안해의 아버지 鄭天益에게주고, 그農事짓는법을 아르켜주었읍니다.

봄이되여서 심은 棉花씨 세알中에, 한알만이 살아서 싹이돌아 났읍니다. 이한대의 棉花가, 우리나라에 처

음으로 棉花꽃이 피였읍니다. 그한대가 퍼져서, 따뜻한솜을

108

많이 뽑았음니다。 얼마後에、 文萊란 사람이 솜에서 실

뽑는 기게를 만들어 실로도 쓰게되고、 짜서 옷잠도 만들

게 되였음니다。 우리나라 백성들이 따뜻한 옷을입

고、 따뜻한 이부자리에서、 잘수 있게된것은 이때부터입

니다。

第 二十 課 백성의 시달림

오파、그밑에 붙어서、 뽑낼수 있는 사람들은、 모-든 것

을 蒙古사람들 모양으로하고、 그흉내내기에 분주했지

만、 그사람들에게 눌리워서 사는 백성들은、 그런時間도

없고。 그럴만큼 돈도 없었음니다。 백성들은 여나다

軍량을 기르며 軍飯산람을하면서、三十年間이나 蒙古

軍士들에게 시달리고、모든것을 빼앗겨서、살림이 할수

없이 빈판하였읍니다。 그렇게 못살게 구른 蒙古사람

들이 좋다고、그사람들을 숭내내는、토파、上流階級사

람들이 우수웠읍니다。 그런데 이때부터 더욱백성을

못살게한것이 두가지 있었읍니다。

하나는 佛敎、또하나는 잘사는사람(權門豪家)였읍니

다。 高麗王들이 代々로 佛敎를 장레하고、절간에 돈

과 물건을 주었읍니다。 부처님만 믿고있으면 나라일이

잘된다 하여서、그때에는 중(僧)이 가장높은 자리에

앉고, 좋은살림을 하게했읍니다. 法律에, 한잡에 三兄弟가 있으면, 그中에 하나는 중이될수있다고 했읍니다.

그래서 사람들은 중이되여서, 잘먹고, 힘든일않고, 모-든사람에게 대접받으려고, 저마다 중이되였읍니다. 차츰차츰 중이 많아지고, 따라서 나라에 일하는사람이 적어졌읍니다. 그래도 중들은 백성을 위해서, 福을 빌어준다고하며, 먹을것과 입을것을 가져갔읍니다. 백성들은 중이잘살게 해준다고, 모-든것을 절깐에 가져다 부쳐님 앞에 받였읍니다.

잘사는 사람들은 시초에 나라에 功勞가 있다고 하며도

111

에게서, 얻은 土地와 종(奴隸)을 차지하고, 農事를 시켜

서, 富者가 되 사람들입니다. 처음에 돈으로 土地를 사서

저땅을 넓혀가지고, 사람도 돈으로사서, 종으로 일을식히

며 더욱돈을 모아가지고, 나중에는 제집에다 軍士를걸러

서, 軍士들의힘으로 土地를 빼았었읍니다. 그래서, 넓

은土地를 제것이라고해서, 農事짓는 백성들에게 땅

값으로, 모-든것을 빼았아가고, 凶年이들어서 빼았아

갈 물건이 없으면, 어린이들을빼았고, 그땅에서 내어

쫓어 버렸읍니다. 백성들은 農事지어 머을 땅을

빼았기고, 잡어서 살수가 없어져서, 갈가에서 헴헤고,

112

오락가락하며 울었음니다。

또 파 몇사람이 잘 살기 위해서, 나라의 많은사람은 거지로 변했음니다。 그런데, 또 백성을 더욱못살게 하는 일이 생겼음니다。

第 二十二 課 外賊들

蒙古王 世祖가 高麗와 和親한것은, 딴생각이 있어서 한일이였음니다。 世祖는 우리나라보다도, 南中國에 있든 宋이란 나라가 더무서웠든것입니다。 宋을 치쟈면。 南朝鮮·에서·바다를 건너、 앞뒤로、 쳐드러가는것이 좋겠다고·생각

113

世祖는, 곳 日本을 쳐없이할 생각을 하였읍니다。日本파 싸호쟈면, 바다를 건너야 됩니다。蒙古사람들은 배도 없고, 바다를 건널줄을 몰랐읍니다。그래서 우리나라에 배를 만들라고 했읍니다。

우리백성、三萬五千名이 밤파 낮을 가리지않고 일해서、九百척의 배를 만들었읍니다。軍士六千名도、蒙古를 위해서 밭었읍니다。그리고、二萬六千名의 떠올것도 마련하지 않으면 안되였읍니다。

안되줄 알았읍니다。

이렇게 많은사람과 물건을 드려서, 떠난배는, 風波에 깨

지고 말았읍니다.

이런일이 있은 七年後에, 一三八一年, 우리백성들은 꼭같

은 고생을, 다시 되푸리하지않으면 안되었읍니다. 그러

나 이번도 또, 이기지는 못했읍니다. 그러나 이두번싸홈에

日本나라는 말못되고, 그백성들은 살아가기가 힘들어져서,

바다를건너 도적질을 떠났읍니다. 그도적은 가장가운

朝鮮에, 가장많이 오고 여러번왔읍니다. 그것을 倭寇라

고 합니다. 이 倭寇로 말미암아, 우리백성들은 많은고생

을하고, 마음놓고, 알도못할 지경이 였읍니다.

읍니다. 사방에서 도적과 反亂軍이 일어났읍니다. 그中

크고, 우리나라에 판게있든것은 紅頭賊이였읍니다. 紅

頭[賊]이란말은 머리가 빨한도적이란 뜻읍니다. 지금軍士들

의 모자와같이, 紅色수건을 머리에감고, 그표적을 삼

았기때문에 생긴 일홈읍니다. 처음, 中國에서 일어서

점々그세력이 커가지고, 鴨綠江을 건너서 우리나라에

까지 드러왔읍니다. 高麗의 軍士들은, 紅頭賊과 싸

왔지만, 물밀듯이 몰려드러오는 그세력을 막아내지

못하고, 紅頭賊은 開城까지 드러왔읍니다. 王은 다

116

시 江華島로 피했읍니다。그러나、많은백성은 그들의
손에 죽었읍니다。그들은 토이살든 좋은宮殿과 開城
의 모—든집을 불살라버리고、그불에다 젊은 어머니
들의 젖 (乳房)을 칼로베여서、구어먹었다고 합니다。
그들은、단지 도적질하는것이 目的이였기때문에、開城
에 오래살지않고、다시 北으로 돌아가고 말았음
니다。

이렇게 해서、백성들은 더못살게 되였읍니다。여러번
外亂에 토도 돈이 많이없어 젔읍니다。

高麗나라는 모—든사람이 빈곤해졌읍니다。

117

恭愍王이란 남금은 그림을 잘고 렸읍니다. 죽은 王后

魯國公主의 畫像을 그려서 부쳐놓고, 아츰져녁, 그리

고 졈심때, 밥상을 받뜨는 公主의 畫像앞에서 公主의

살아있을때를 생각하며, 울었읍니다. 王이 졈었을 저

에는, 기우러져가는 高麗나라를 바로잡아 보려고, 蒙

古사람들을 내좇고, 蒙古땅을 빼았읍니다. 그리고 머

리도 蒙古사람들 쳐럼들지 못하게하고, 蒙古의옷도

벗어버렸읍니다. 軍士들도 많이갈러서, 高麗를 다

시 튼々한 나라로 만들어보려고, 했지만, 원체 나라

ㄴㅇㅈㄱ 비슷들 전부가 거지모양으로 변한

高麗나라는, 쉽사리 强허지는 않았읍니다. 그런데

가, 사랑하든 魯國公主가 죽어버렸읍니다. 王에게는

다시더 힘써나라일을 돌볼생각이 없어지고, 말았읍

니다. 王은 모든것을 잊어버리고, 오로지 公主를 생

각하며 살아보려고, 辛旽이란 중에게 모든일을 맡

신하라고 했읍니다. 그런데 辛旽이란 사람은, 나라를

조금도 생각지 않고, 혼자만 즐거히살려고, 좋지못

한일을 많이했읍니다. 그래도 王은 본쳐만쳐하고, 그

대로 두었읍니다.

119

는 못쓰겠다고 잡아 없이하고 말았읍니다. 그리고 高

麗를 다시 바로 잡아보려고 애썼읍니다.

그런때에 蒙古사람들은 나라를 없이하고, 中國에 朱

元璋이란사람이, 明이란 새나라를 세웠읍니다. 그러나,

明은아직 크지 않았기 때문에, 滿洲에까지 그힘이 먼지

못하고, 滿洲는 임자없는 땅이되었읍니다. 이런때에 高

麗에서는, 三萬八千八百이나되는 軍士를 滿洲로 보냈읍

니다. 그런데 이軍士를 거느리고 떠난, 李成桂라는 將

軍은, 생각을 달리했읍니다.

120

데, 새로 땅을 넓혀함이없고, 둘재는 지금 明나라에서

보고만있다고 해도, 래종에는 우리나라와 싸호게 될것이니,

朝鮮같은 젹은나라로서, 中國사람과 싸호면 못이길것이니,

차라리 지금 滿洲를 너버려두고, 나라안을 잘다스리는것이

좋겠다고 하여, 그는 滿洲까지 가기前에 鴨綠江에있었는

威化島에서,

"비가오고 江물이 불어서 가지못하겠다"

고, 하면서 다시 開城으로 도라왔읍니다. 開城에있든 또

파, 崔瑩將軍은 그것을 잘못했다고 하여, 李成桂와

城에서 쫓겨나고 말았읍니다. 王을 쫓아낸 李成桂는,

어린王의 알가의 한사람을 王으로 삼고, 모든것을 제손으

로 처리하게 되였읍니다.

그런데 文臣들이 그것은 옳지않다고 反對했읍니다. 그

中 사람들이 尊敬하든, 李穡(리색)파 鄭夢周(정몽주)였읍니다.

李成桂는 그들이 미웠읍니다. 그래서, 李穡은 잡아서

머ㄹ리로 流配하고, 鄭夢周만은 달래서 제 部下로 하

려했지만 李成桂의 아들 芳遠(방원)은 참지못하고, 그를

없이할 생각이였읍니다. 芳遠의 部下로있든,

趙英珪는 큰쇠방망이를 들고、善竹橋라는 돌다리밑에
숨어 있었읍니다。집으로 도라가는 鄭夢周를、기다리는 것
이였읍니다。져녁때가 되였을지음에、술이취한 鄭夢周가
지나가려는곳을、뒤로 달려들어서、갈겼읍니다。鄭夢周의
머리에서는 새빨한 피가 흘러서、다리를 물드렸읍니다。
지금도 善竹橋우에는 그피가 남아있다고 합니다。
그後에는、李成桂의 하는일에 反對하는 사람은 없어
졌읍니다。그는 王이할일을 제가모다 했읍니다。
"당신은 王보다 더 나라를 잘다스리고있으니、차라리 王
을 없이하고 당신이 王이 되는것이 좋을듯 합니다

鄭道傳이리 사랑이 李成桂에게 망하읍니다. 어서 "으로

李成桂도, 제가 王이되여 볼생각이 없지않든차이라,

"그러는것도 좋겠다"

고, 대답하였읍니다.

鄭道傳은 다른사람들과 꾸며가지고, 高麗의 王을 걸

어치우프 李成桂를 王으로 삼게하였읍니다.

이렇거해서 高麗라는 나라는, 王建이 세운지 四百七十

五年만에 없어졌읍니다. 지금으로 부터, 五百五十年前,

西紀一三九二年 일앎니다.

어린이 國史

上卷 끝

一九四六年五月十日　印　刷
一九四六年五月二十日　初版發行

어린이國史 上卷

著作者　初等教材編纂委員會
東京芝區田村町二丁目二番地
発行者　在日本朝鮮人聯盟中央總本部

【엮은이】

▌김인덕(金仁德)

　　성균관대학교 문학박사

　　청암대학교 조교수

　　청암대학교 재일코리안연구소 부소장

　　재일조선인사 및 근현대한일관계사 전공

　　『재일조선인 역사교육』(2015)

　　『재일조선인 민족교육 연구』(2016)

▌김경호(金耿昊)

　　일본 도쿄대학 대학원 총합문화연구과 박사과정 수료

　　재일조선인사 및 사회운동사 전공

　　『帝國日本の再編と二つの「在日」』(공저, 2010)

　　『在日朝鮮人生活保護資料』(2권, 2013)